Jean-Pierre Le Goff

Mes années folles

Révolte et nihilisme du peuple adolescent après Mai 68

Robert Laffont Stock

ISBN : 978-2-221-26734-9
Dépôt légal : septembre 2023
Éditions Robert Laffont – 92, avenue de France 75013 Paris

À mes anciens camarades
de Caen et d'ailleurs.

Introduction

Une révolution qui ne dit pas son nom

Il est une expérience étrange : celle de se voir « soi-même comme un autre[1] » dans le rapport entre le passé et le présent. En rangeant ma bibliothèque, j'ai redécouvert de vieux livres qui avaient connu leurs heures de gloire au tournant des années 1960-1970. Un demi-siècle plus tard, en relisant ces ouvrages, j'ai éprouvé une drôle d'impression. Ils m'ont soudain replongé dans ces « années folles » dont j'avais gardé des souvenirs embrouillés. Les idées, le style et le vocabulaire me sont encore familiers tout en étant devenus une sorte de langue morte gravée dans des manuscrits anciens que je parviens encore à décrypter. Les notes griffonnées dans les marges témoignent d'une ardeur juvénile oscillant entre décryptage laborieux, appropriation enthousiaste et jugements sommaires. Ces livres m'ont accompagné lorsque j'étais étudiant à Caen. J'avais vécu Mai 68 comme une libération et j'étais devenu un acteur véhément du mouvement étudiant.

Certains de ces ouvrages me paraissent aujourd'hui relever d'une rhétorique et d'un vocabulaire abscons issu

1. Expression empruntée à Paul Ricœur, *Soi-même comme un autre*, Paris, Seuil, 1990.

des sciences humaines, accumulant des effets énigmatiques de profondeur qui impressionnaient le néophyte que j'étais. Leur prétention théorique et scientifique était à la hauteur de leur degré d'abstraction sans que leur rapport avec la réalité m'apparût toujours clairement.

Les textes révolutionnaires quant à eux se nourrissent à de multiples sources : anarchistes, situationnistes, marxistes, léninistes, trotskistes, conseillistes, guévaristes, maoïstes... Ils constituaient une sorte de marché des idées subversives mises à disposition au sein des universités et des librairies contestataires.

Tous ces écrits formaient un drôle de mélange. Leur contenu, leur style et leur vocabulaire étaient divers : de l'anarcho-situationnisme volontiers provocateur, voire ordurier, à la langue de bois marxiste-léniniste la plus pure avec ses dogmes et son catéchisme militant, en passant par des théories critiques qui remettaient en cause les conceptions spiritualistes et les philosophies du sujet. Malgré leurs différences, tous prônaient une révolution, notion emblématique et fourre-tout de ces années folles.

La question ne pouvait manquer de se poser : pourquoi avais-je lu autant de livres, certains savants, d'autres idéologiques et bêtement militants ? Comment avais-je pu les prendre tous au sérieux et m'aveugler « révolutionnairement » à ce point ?

Quelle révolution ?

Après Mai 68, un milieu intellectuel contestataire parisien, avec le Quartier latin en référence, avait acquis de l'audience au sein des universités de province. Ce milieu avait tendance à se prendre pour le centre du monde. Il cultivait un imaginaire révolutionnaire dont le rapport avec la réalité d'un pays moderne comme la France m'apparaît aujourd'hui pour le moins problématique. Cette *intelligentsia* avec ses « anars » et ses révolutionnaires de salon bénéficiait des effets de mode et d'une notoriété qui lui garantissaient un certain confort au sein de la « société du spectacle » et une sécurité contre la répression de l'« État bourgeois », ce qui ne l'empêchait pas de dénoncer le fascisme à la moindre occasion. Cette situation a-t-elle fondamentalement changé ?

Le poids du contexte culturel de l'époque n'explique pas tout. Les années de l'après-Mai 68 ne furent pas seulement une « saga des intellectuels » et une « révolution dans le champ du savoir » ; elles engageaient, chez les jeunes soixante-huitards dont j'étais, des représentations, des affects et des passions qui ne relevaient pas d'un pur rapport intellectuel aux théories critiques du moment. Tel est précisément ce que ce livre entend montrer.

Quand on évoque ces années-là, on ne manque pas de rappeler que le fond de l'air était encore rouge face à des injustices, des dictatures, des guerres impérialistes... On cite l'idéalisme de la jeunesse et ses excès pour expliquer ce qui peut apparaître comme des dérives. Cette explication laisse facilement de côté non seulement les idéologies, mais les passions et les pratiques destructrices qui s'articulaient à elles comme un tourbillon fou. Les conditions de l'époque, les injustices bien réelles ne peuvent rendre compte d'une radicalité qui confondait parfois le rêve et la réalité, donnant lieu à des fantasmagories révolutionnaires.

Plus encore que les années 1960 et l'événement Mai 68, trouver la bonne distance pour traiter ces années folles ne va donc pas de soi. Entre le gauchisme qui perdure et une droite extrême qui considère que Mai 68 est responsable de tous nos maux, il est difficile de comprendre ces années où s'est formé le creuset bouillonnant d'une révolution d'un genre particulier.

L'hypothèse qui parcourt ce livre est que cette révolution n'est pas seulement une sorte de *remake* dérisoire des révoltes et des révolutions passées auxquelles elle peut se référer, mais qu'elle a une consistance propre, avant tout culturelle, et qu'elle est liée au surgissement d'un nouvel acteur historique : le « peuple adolescent[1] ».

Pour importantes que furent la grève générale et les luttes populaires en Mai 68, elles ne constituaient pas l'élément fondamentalement nouveau d'une révolution qui a concerné la jeunesse intellectuelle dans un ensemble de pays sous des formes variées, liées à l'histoire propre des pays en question. Comme l'avait bien compris Edgar Morin à l'époque, en France, la « Commune étudiante » a été une « sorte de 1789 socio-juvénile »[2].

Cette révolution de la seconde moitié du XXe siècle a inauguré une ère nouvelle dans l'histoire des sociétés démocratiques. Elle n'a pas seulement remis en cause l'autoritarisme, le moralisme, les bureaucraties et les hiérarchies sclérosées, dénoncé les injustices de l'époque, elle a opéré un bouleversement du tissu éducatif et sociétal. Elle a érigé l'adolescence en nouveau modèle social de comportement et opéré une rupture dans la transmission entre générations.

---

1. La notion de « peuple adolescent » a été mise en avant en 1983 par le sociologue Paul Yonnet dans un article de la revue *Le Débat* : Paul YONNET, « Rock, pop, punk. Masques et vertiges du peuple adolescent », *Le Débat*, n° 25, mai 1983, repris dans *Jeux, modes et masses*, Paris, Gallimard, 1985.

2. Edgar MORIN, « La Commune étudiante », *in* Edgar MORIN, Claude LEFORT, Jean-Marc COUDRAY, *Mai 1968 : la brèche. Premières réflexions sur les événements*, Paris, Fayard, 1968.

Parcours de vie

Mon propos ne consiste pas à dresser un tableau global de ce que fut la France de l'après-Mai 68, mais il poursuit le récit entamé dans *La France d'hier*[1] pendant les trois années suivant Mai 68, dans la région normande et à l'université de Caen qui connut des luttes étudiantes virulentes.

Fidèle à la démarche mise en œuvre précédemment, ce récit ne se situe pas en surplomb de l'histoire, mais décrit des situations, des rencontres, des lectures et des goûts en les resituant dans le contexte d'une époque. Il entend ainsi apporter son éclairage particulier et sa contribution à la compréhension « de l'intérieur » de ces années folles qui forment un conglomérat d'idées et de passions difficiles à démêler.

L'« amour fou » y côtoie la violence et le militantisme ; l'anarchisme, le surréalisme, Freud, Marx et Mao s'y croisent, en même temps que la musique, la littérature, les sciences humaines et le cinéma. L'engagement militant, sacrificiel et sectaire y apparaît comme une ultime fuite en avant, retrouvant une logique totalitaire d'un autre temps.

Après Mai 68, beaucoup ont cru comme moi aux lendemains qui chantent et les années 1970 furent vécues comme des années folles jusqu'à la désillusion.

Certains de mes amis intellectuels d'aujourd'hui ont suivi un autre chemin. Je reconnais volontiers leur culture et leur talent. Je préfère les intellectuels, les professeurs, les chercheurs qui assument honnêtement leur statut à ceux qui continuent de jouer les rebelles radicaux contre une société et des institutions dont ils profitent allègrement.

---

1. Jean-Pierre Le Goff, *La France d'hier. Récit d'un monde adolescent des années 1950 à Mai 68* [2018], Paris, Flammarion (Champs essais), 2019.

Dans les choix et les parcours de vie, ce qu'on appelle communément le « tempérament » – lié à un milieu familial, éducatif, et social – compte beaucoup. Dans la prolongation de l'adolescence et de Mai 68, le mien n'avait rien de modéré. Il prenait les aspects d'une révolte et d'un purisme qui rejetaient tout compromis, ne craignait apparemment personne et avait des allures de chien fou. Il n'eut pas de mal à se lier à d'autres « enragés » pour qui, après Mai 68, plus rien ne serait comme avant.

La passion qui m'animait alors, avec mes camarades de l'époque, n'était pas seulement d'ordre intellectuel et la recherche de la vérité importait peu. Elle était mue en arrière-fond par une volonté exacerbée de rupture avec un ordre politique, un héritage religieux et culturel qui nous paraissaient sclérosés et étouffants. Nous avions alors le sentiment d'être portés par un mouvement de révolte de la jeunesse qui concernait de nombreux pays du monde.

L'état d'esprit de l'époque qui était encore celle des Trente Glorieuses n'avait rien de dépressif. Dans les milieux contestataires, il était transgressif et jubilatoire. C'est peut-être cela qu'il est difficile de comprendre aujourd'hui pour les nouvelles générations élevées dans un tout autre contexte historique, marqué par un présent anxiogène et une vision catastrophique de l'avenir.

Les nouveaux « enragés »

Les jeunes révolutionnaires dont j'étais n'entendaient pas faire carrière dans le milieu scolaire et universitaire. Ils refusaient un avenir tout tracé en affirmant une volonté d'autonomie érigée en absolu sans trop savoir où elle mènerait. Leurs critiques n'avaient rien d'un débat entre gens policés qui s'entichaient de critiques radicales comme de pures spéculations à la mode, tout en continuant de vivre comme avant. Ils rejetaient en bloc les institutions, les honneurs assimilés à une aliénation, reprenaient à leur compte les idées critiques et révolutionnaires en les investissant d'une rage de vivre aux effets déstructurants. De jeunes étudiants en rupture de ban s'érigeaient en nouveaux héros d'une révolution inédite, bousculant tout sur leur passage sans se soucier des lendemains : « Cours, camarade, le vieux monde est derrière toi ! »

On ne comprend pas la flambée du gauchisme multiforme de l'immédiat après-Mai si on ne prend pas en compte cette dimension existentielle qui s'alimentait à toute une littérature de la révolte et de la révolution.

Ce qu'on appelait alors le « mouvement étudiant » poursuivait la révolution socio-juvénile en déniant les impasses et l'échec de la Commune étudiante de mai-juin 68. La fameuse formule situationniste : « Je prends mes désirs pour des réalités, car je crois à la réalité de mes désirs » exprimait, on ne peut mieux, ce refus de l'épreuve du réel au profit d'un fantasme de toute-puissance propre au peuple adolescent, devenu un acteur social qui entendait désormais peser dans le cours de l'histoire. Un tel slogan pris au sérieux pouvait déboucher sur n'importe quoi et nous fûmes nombreux à vouloir l'accomplir. Les universités – plus précisément les facultés de lettres et de sciences humaines – constituaient un terrain privilégié pour le mettre en pratique. Nous entendions tout bonnement mettre à bas l'« université bourgeoise » tout en bénéficiant du statut d'étudiant et de ses avantages dans un campus qui demeurait un espace protégé. Le « mouvement étudiant » gardait les aspects d'une révolte d'enfants gâtés.

Ces comportements peuvent paraître aujourd'hui préhistoriques, mais chez les jeunes soixante-huitards, ils n'en traduisaient pas moins un désir de révolution où se mêlaient confusément le refus d'une modernité devenue synonyme d'un nouveau conformisme de masse et la volonté exacerbée de vivre intensément. Pour certains, dont je fus, s'y ajoutait la volonté de retrouver une histoire épique, fût-ce au prix d'une dénaturation historique.

Les discours incendiaires et les provocations allaient de pair avec des comportements de transgression et des pratiques de rupture qui flirtaient avec la limite, voire la franchissaient allègrement, dans l'insouciance et l'irresponsabilité. À leur façon, les gauchistes voulaient brûler leur vie par les deux bouts en s'engageant dans une pratique révolutionnaire qui entendait rompre radicalement avec l'ancien monde sur tous les plans. Les acteurs de cette révolution n'étaient pas seulement mus par un idéalisme et une soif de justice qui seraient propres à la jeunesse, mais les plus enragés d'entre eux entendaient renverser toutes les valeurs en y trouvant un plaisir certain. C'est en ce sens qu'il me paraît fondé de parler de « révolte » et de « nihilisme » du peuple adolescent.

Ce parcours n'a rien d'exemplaire. Il apparaîtra à beaucoup pour le moins déraisonnable, accentuant les transgressions entamées dans l'adolescence en les faisant basculer vers de nouveaux horizons, avant que ne vienne le temps de l'échec et des désillusions.

Pour les nouveaux moralistes, le monde est simple et binaire ; le bien et le mal ne s'entremêlent pas ; l'opposition entre l'innocente victime et le pur salaud est devenue le cadre de l'appréhension de tous les maux. Ce manichéisme permet de s'en tirer à bon compte et rend aveugle aux nouvelles séductions, croyances et manipulations. Dans ces domaines, les années folles de l'après-Mai 68 ont peut-être des choses à nous apprendre, pourvu qu'on sache les comprendre et en tirer des leçons.

PREMIÈRE PARTIE

La fin des copains

1

Premières ruptures

J'avais vécu Mai 68 comme un événement éblouissant qui, l'espace de quelques semaines, avait arrêté le cours linéaire du temps, rompu avec la solitude en milieu étudiant, changé la vie et les rapports sociaux. J'étais jeune, j'avais 19 ans et j'avais découvert les manifestations et les palabres qui refaisaient le monde en remettant tout en question. Cette découverte avait un côté candide, mais nous étions nombreux à avoir vécu l'événement de cette façon : « Désormais, nous vivions la fête, le temps des miracles, le pouvoir libérateur de la parole... [...] On allait changer la vie, vivre enfin, libres, égaux, fraternels, heureux[1]. »

L'avenir n'était plus celui d'un chemin tout tracé dans une société jusqu'alors préoccupée avant tout de croissance et de consommation. Il était désormais ouvert sur de nouveaux horizons portés par un mouvement qui avait surpris tout le monde et qui ne pouvait plus s'arrêter. Les élections du mois de juin avec la victoire écrasante de la majorité gaulliste semblaient pourtant montrer le

1. Jean-Arnaud Penent, *Un printemps rouge et noir*, Paris, Robert Laffont, 1968, p. 101.

contraire, mais cela n'avait pas vraiment d'importance. Les élections, comme le disait un slogan fameux de l'époque, étaient un « piège à cons » et la victoire de la droite, un soubresaut de l'ancien monde qui ne tiendrait pas bien longtemps.

Je passai les vacances d'été à nouveau avec mes copains dans la petite maison de mes parents en bordure de mer où nous prolongeâmes à notre manière l'événement. Nous avions commencé à rompre avec les arrière-mondes de la religion et de la métaphysique qui avaient marqué notre éducation. Mai 68 avait accentué nos aspects libertaires avec le sentiment d'être partie prenante d'une révolte de la jeunesse sans précédent. Les « temps avaient changé », comme l'avait annoncé Bob Dylan. Plus rien ne serait comme avant.

Dernière visite

Mes anciens camarades de terminale et moi décidâmes de rendre une dernière fois visite à Vanden, notre professeur de philosophie qui nous avait tant marqués. La provocation faisait désormais partie du nouvel air du temps et nous allâmes le réveiller en pleine nuit dans un village perdu au cœur de la campagne normande où il habitait avec sa servante. Arrivés sur place à grands coups de klaxon, nous nous mîmes à entonner sous ses fenêtres la chanson que chantaient les sans-culottes pendant la Révolution française :

> « Ah ! ça ira, ça ira, ça ira !
> Les aristocrates à la lanterne.
> Ah ! ça ira, ça ira, ça ira !
> Les aristocrates on les pendra. »

Surpris par cette visite impromptue qui l'avait tiré du lit, il aurait pu vertement nous faire comprendre qu'il valait mieux décamper. Mais rabrouant sa mauvaise humeur après nous avoir reconnus, il nous invita à venir nous expliquer et à « boire un coup ».

Nous voulions lui faire comprendre qu'avec Mai 68 quelque chose de nouveau et d'irrémédiable s'était produit, sans pour autant être capables d'expliquer en quoi cette rupture consistait. Lui-même s'était heurté aux bien-pensants de l'institut catholique où il avait mauvaise réputation. La révolte des étudiants contre le conformisme ambiant secouait le vieux monde et il s'en réjouissait comme au bon vieux temps de sa jeunesse à l'université. Cette « insurrection de la jeunesse » avait pour lui une dimension métaphysique, *versus* Nietzsche et Mounier, qui allait contre les âmes tièdes et la société de consommation. Nous n'avions pas trop d'arguments à lui opposer, car c'étaient des auteurs qu'il nous avait fait connaître et que nous avions appréciés.

Cette rencontre nocturne avec Vanden au fin fond du Cotentin fut une nouvelle fois chaleureuse mais quelque chose avait changé. Après Mai 68, l'appartenance à une sorte d'aristocratie d'intellectuelle avec ses liens paternalistes n'était plus de saison. Notre esprit était tourné vers la promesse de nouvelles aventures que ce printemps annonçait. Tout cela restait insaisissable et flou, mais le désir de rompre les amarres était bien là. Nous l'écoutions et le respections toujours, tout en nous demandant si, après tout, lui aussi n'était pas « dépassé ».

En fait, que je le voulusse ou non, je demeurais marqué par ses cours sur Nietzsche, qui m'avaient passionné : « L'homme authentique, disait-il, est celui qui se met toujours en question et ne se satisfait jamais d'une situation acquise ; il affirme sa propre volonté dans un perpétuel dépassement de lui-même. » Dans ce domaine, Mai 68 marquait pour moi une nouvelle étape. Ce fut ma dernière rencontre avec mon maître de l'ancien monde que j'avais tant admiré.

La fin d'un mythe ?

Quelque temps plus tard, une découverte éroda un peu plus le lien de confiance qui nous unissait encore à notre professeur. Mes amis, qui étaient ses anciens élèves, et moi nous procurâmes le livre *Metabletica* dont il se disait l'auteur et auquel il faisait allusion dans ses cours. À notre grande surprise, nous découvrîmes que l'auteur de ce livre, s'il avait bien le même nom et le même prénom que lui, était un neurologue et psychiatre néerlandais qui s'interrogeait dans cet ouvrage sur l'historicité et la relativité des concepts freudiens[1]. Nous eûmes du mal à l'admettre, mais notre maître qui nous parlait tant d'« authenticité », de « valeurs », d'« éthique »… nous avait trompés.

Notre déception fut à la hauteur de l'admiration que nous lui portions. Vanden était-il un affabulateur qui avait trouvé dans sa classe un jeune public facile à tromper et avait-il lui-même fini par ne plus distinguer le vrai du faux dans un récit mythique qui le valorisait ?

Un ami de l'époque m'avait en même temps raconté les déboires de Vanden qui était tombé amoureux de sa sœur quelques années auparavant. C'était l'une de ses meilleures élèves à laquelle il veillait particulièrement. Cette passionnée de philosophie aux remarquables dissertations avait, elle aussi, été fortement impressionnée par la personnalité de cet enseignant hors du commun. Leurs relations demeuraient

1. J. H. Van Den Berg, *Metabletica ou la Psychologie historique*, trad. du hollandais par N. Van Scherpenzeel, Paris, Buchet-Chastel, 1962.

dans le cadre d'une amitié et d'un dialogue philosophiques de bon ton, mais ses réactions témoignaient de passions contredisant quelque peu son enseignement sur le rapport à l'autre qui me paraissait pour le moins angélique. Le dialogue entre les personnes avait beau se placer sous le signe de l'esprit et de l'éthique, il n'en charriait pas moins des affects et des sentiments plus ou moins avoués que les beaux discours sur les valeurs enveloppaient d'une aura spiritualiste qui m'apparaissait de plus en plus hypocrite.

J'appris la mort de Vanden dans les années 1970 par une annonce dans la rubrique nécrologique de *La Presse de la Manche*. Moins de dix ans s'étaient écoulés depuis ma terminale en classe de philosophie, mais ce passé récent semblait dater déjà d'un autre siècle. Cette nouvelle m'ébranla un instant, réactualisant soudainement un univers perdu. La brèche ouverte en Mai 68 avait produit ses effets et la disparition de mon ancien professeur de philosophie venait, à sa façon, tourner définitivement la page. Vanden occupait une place à part que je ne pouvais oublier.

Un « spirituel » encombrant

Parmi les anciennes élèves de la classe de philosophie, l'une avait particulièrement retenu mon attention. C'était une jeune femme plus âgée que moi qui n'avait rien d'une midinette ou de ces jeunes filles catholiques « qui mêlent à leur insu le plus trouble d'elles-mêmes au lyrisme tumultueux des bibliothèques roses de la piété[1] ». Elle avait un caractère indépendant et passionné et donnait à son tour des cours de philosophie.

---

1. Emmanuel MOUNIER, *L'Affrontement chrétien*, Paris, Seuil, 1965, p. 82.

J'entamai avec elle une relation de haute volée métaphysique concernant l'Être et le Néant, le matérialisme et le spiritualisme, le marxisme, l'existentialisme et le personnalisme par la même occasion. Nos conversations passionnées sur l'amour, la morale et la religion ressemblaient quelque peu à celles de *Ma nuit chez Maud*[1], mêlant sincérité et séduction, tout en restant platoniques. En l'affaire, j'étais celui qui n'avait déjà plus la foi, « anar » ouvert à la psychanalyse, alors qu'elle demeurait croyante et gardait une haute idée de la fidélité et peut-être du mariage, ce dont je me fichais éperdument.

Je lui fis connaître quelques coins perdus de La Hague, dont la petite crique à côté de la baie d'Écalgrain. C'était un jour de grand vent ; les vagues déferlaient violemment sur les galets et les rochers. Nos sentiments se mêlaient à la beauté sauvage de la côte avec l'évidence d'une communion qui faisait soudain voler en éclats nos débats de jeunes intellectuels dissertant à n'en plus finir sur le sens de la vie et les rapports humains. Nous avons passé un long moment sans rien dire, emportés par le bruit des vagues et du vent. Cette crique de galets et de rochers ressemblait à celles que l'on peut voir dans les films *Le Septième Sceau*[2] et *Persona*[3] d'Ingmar Bergman, où paysage, psychologie et métaphysique forment un tout.

À Caen, je revis mon amoureuse, alors que l'agitation en faculté des lettres se développait. Les discussions avec elle reprirent sur d'autres bases. J'étais devenu un « enragé » parmi d'autres aux allures de voyou. L'anarchisme, le surréalisme et la psychanalyse avaient relégué aux rangs d'antiquité la métaphysique et avaient fait voler en éclats les

1. Éric ROHMER, *Ma nuit chez Maud*, 1969.
2. Ingmar BERGMAN, *Le Septième Sceau*, 1957.
3. Ingmar BERGMAN, *Persona*, 1966.

méandres et les refoulements des « cathos ». J'étais visiblement en avance sur elle dans le domaine de la libération des mœurs, mais sa lecture de Freud avait provoqué ses effets et elle semblait cette fois bien décidée à franchir le pas.

Après quelques palabres et quelques verres de bière, elle me fit entrer discrètement dans sa chambre située dans un appartement de la nouvelle cité d'Hérouville-Saint-Clair. Il ne fallait surtout pas faire de bruit car habitaient là quelques bonnes sœurs qui, la sachant croyante et sérieuse, avaient accepté de lui louer une pièce pour une somme modique, étant entendu qu'elle ne pouvait y recevoir, surtout la nuit, des représentants de la gent masculine.

Ma compagne prenait des risques, d'autant plus que j'étais passablement éméché et loquace, mais elle était bien décidée à rattraper son retard dans la transgression. Malgré les incitations répétées au silence, nos ébats finirent par réveiller une bonne sœur qui dormait dans la chambre d'à côté. Celle-ci, croyant sans doute que ma compagne souffrait de quelque maladie, se précipita avec une lampe de poche pour découvrir avec un cri d'orfraie qu'elle n'était pas seule dans son lit. Ne craignant pas la provocation, je lui fis part de ma présence par un petit signe amical et un gentil « Coucou ! ». Ce qui la scandalisa d'autant plus. Elle partit aussi vite de la chambre qu'elle y était entrée, ne supportant pas un pareil spectacle. Il valait quand même mieux me rhabiller au plus vite et quitter l'appartement en veillant cette fois à ne pas faire trop de bruit. J'étais quand même embêté pour les ennuis causés à mon amie qui, à la suite de cet incident nocturne, dut vider les lieux. Elle ne m'en tint pas rigueur pour autant. Elle assumait cette petite transgression post-soixante-huitarde ; elle était indépendante et fière et c'était aussi pour cela que je l'aimais bien.

À Caen, comme beaucoup d'étudiants, j'allais souvent au cinéma. Les films de Bergman que j'aimais beaucoup m'apparaissaient désormais quelque peu décalés. Ces longs-métrages baignaient dans une atmosphère de métaphysique, de culpabilité chrétienne et de ce qu'on appelait à l'époque la « psychologie des profondeurs ». Dans *La Honte* (1968), la guerre elle-même faisait écho à l'irrésistible destruction d'un couple dans un monde oppressant d'absurdité et de mort ; le cauchemar et la folie imprégnaient *L'Heure du loup* (1969). Pourquoi fallait-il que le rapport au monde et les relations entre les êtres soient si tourmentés ? Pourquoi était-il impossible d'aimer sans souffrir ? Tous ces personnages trop occupés d'eux-mêmes, affrontant leurs démons intérieurs, se débattaient dans un huis clos mortifère qui finissait par tourner en rond. La solitude et l'angoisse étaient-elles en fin de compte la condition indépassable de l'être humain ?

Mai 68 et les copains m'avaient fait précisément découvrir le contraire, non sans illusions et excès, mais avec une pulsion de vie réjouissante malgré tout. Je me souviens de l'affiche du film *Vivre la nuit*[1] qui passait dans l'un des cinémas de Caen, tandis qu'une autre salle diffusait les films plus anciens d'Ingmar Bergman. C'était pour moi comme le symbole de la fin des tourments de la métaphysique au profit d'un appel à vivre les plaisirs de la vie jusqu'au bout.

Pour notre bande d'amis qui avait été exclue de l'école catholique, le film *If*[2] sorti en France en 1969 fut comme un miroir qui nous confortait dans notre révolte contre le vieux

1. Marcel CAMUS, *Vivre la nuit*, film franco-italien 1967.
2. Lindsay ANDERSON, *If*, film britannique lauréat de la Palme d'or au festival de Cannes de 1969.

monde décadent, en opérant un mélange séduisant entre réalité et fiction.

L'histoire se déroule dans un collège anglais qui forme les futures élites de l'*establishment* ; l'enseignement et la discipline y sont des plus rigides et autoritaires. On y pratique encore les châtiments corporels et l'entraînement militaire fait partie de la formation. Bien que ce collège anglais paraisse bien différent de l'école catholique que nous avions quittée, les cérémonies et les rituels, les messes à la chapelle, le poids des notables, le refoulement sexuel et l'ambiance malsaine ne nous étaient pas étrangers, tout comme les quelques élèves révoltés décidés à en découdre.

Le meneur de la révolte, joué par Malcom McDowell, avec son air sombre et sa détermination, nous fascinait. Le face-à-face et la danse avec une jeune fille dans le bar d'un village ressemblaient à un combat de fauves marqué par une violence sauvage à fleur de peau. La musique lancinante et les chœurs du « Sanctus » de *Missa Luba*[1] accompagnaient cette tension jusqu'à la scène finale où les jeunes insurgés, ayant volé des armes, grimpaient sur le toit de l'établissement, ouvraient le feu sur les enseignants, les militaires, les notables, les élèves et leurs parents sortant de la chapelle. Avec son blouson d'aviateur de la Seconde Guerre mondiale et son fusil-mitrailleur, le héros du film condensait la rupture entre l'ordre ancien et le nouveau. Il faisait voler en éclats Dieu et la patrie, l'école, l'armée et la tradition. La révolte de la jeunesse débouchait sur une violence cathartique avec la mort au bout… Cette fin en forme d'apocalypse était comme un rêve éveillé qui nous ravissait.

---

1. *Missa Luba* est une version chantée de la messe en latin avec des rythmes et des chants traditionnels congolais, qui a été composée par le père Guido HAAZEN, prêtre franciscain belge.

Suicides

Il m'arrivait de dormir seul dans la nouvelle maison que mes parents avaient achetée à Landemer. Ma chambre mansardée donnait directement sur la mer et ce lieu retiré me plaisait. J'y faisais de fréquents séjours pour y rattraper les cours – que je suivais plus ou moins régulièrement à la faculté de Caen – et prendre le temps de lire les philosophes, les romanciers et les poètes que j'appréciais particulièrement. S'ajoutaient à cette villégiature les visites d'amis, les jeux de cartes et des grandes discussions plus ou moins métaphysiques avec les chansons de Dylan et la musique de jazz en arrière-fond.

Un après-midi, mon ami Yves sonna à la porte et m'annonça une nouvelle qui me sidéra : Marc, un membre de notre bande, s'était tiré une balle dans la tête. Nous avions du mal à y croire. La rupture avec sa petite amie à laquelle il avait dédié des poèmes l'avait beaucoup marqué. Nous n'avions pas prêté attention à son chagrin d'amour et avions même tendance à nous en moquer comme d'une histoire un peu « cucul ». Il aimait beaucoup Jacques Brel et sa chanson « Amsterdam » qu'on écoutait souvent, tout comme « Jef », à qui il nous faisait penser[1]. Les déboires sentimentaux n'expliquaient pas tout : ce suicide demeurait une énigme qu'il emportait. Le passage à l'acte surgissait comme une altérité froide qui brisait soudain notre univers romantique et insouciant.

Marc fut enterré au petit cimetière de Nacqueville, sur la colline près du chemin de La Valette où se déroulaient nos promenades d'été. Voir le nom de notre ami gravé sur la tombe fut un choc dans ce lieu étrangement beau. On pouvait voir au loin la mer et des voiliers.

1. Jacques BREL, « Jef », *Ces gens-là*, Barclay, 1966.

Les jours ensoleillés, ce cimetière avait des aspects méditerranéens qui nous évoquaient « Le cimetière marin » de Paul Valéry :

> « Ce toit tranquille, où marchent des colombes,
> Entre les pins palpite, entre les tombes ;
> Midi le juste y compose de feux
> La mer, la mer, toujours recommencée ! [...]
> Le vent se lève !... Il faut tenter de vivre[1] ! »

Quelques mois plus tard, j'appris le suicide de Luc, un autre ami de la bande. Il habitait la banlieue parisienne et il avait soigneusement préparé son coup. Il avait acheté une carabine 22 long rifle, avait mis la *Passion selon saint Luc* de Penderecki sur son tourne-disque et téléphoné à l'un de ses amis parisiens pour lui annoncer son acte.

Luc était arrivé un jour dans une classe du secondaire de l'école catholique de Cherbourg sans que l'on comprenne pourquoi. Le supérieur de l'établissement avait alors convoqué mon ami Yves pour lui demander de veiller sur lui sans fournir d'explications. Luc était quelqu'un de très « nerveux », comme on le disait à l'époque. Autrement dit, il était agité et mal dans sa peau. Il s'était très vite intégré à notre groupe avec ses « déconnantes » et ses petites transgressions. Dans nos soirées festives, il avait parfois l'alcool triste et désespéré ; l'écoute de la chanson « Le plat pays » de Jacques Brel l'entraînait dans une sorte de désespoir intérieur que nous ne comprenions pas.

1. Paul VALÉRY, « Le cimetière marin », *in* André LAGARDE, Laurent MICHARD, *XXe siècle. Les grands auteurs français VI*, Paris, Bordas, 1964, p. 325 et p. 330.

Dominicain freudien

J'avais revu Luc à Paris au lendemain de mai-juin 68, quelques mois avant sa mort. Passionné de photo, il m'avait amené humer l'air du Quartier latin et prendre quelques clichés sur le boulevard Saint-Michel, lieu emblématique de la contestation, avant que le bitume succède aux pavés dont il gardait l'un d'entre eux précieusement. Il parlait vite et beaucoup, se passionnait pour de multiples choses, conduisait sa voiture comme un fou… Il était amoureux de la propriétaire d'un grand magasin parisien qui l'invitait souvent à déjeuner. À l'entendre, celle-ci avait les allures de Delphine Seyrig jouant la bourgeoise distinguée et charmeuse dans le film *Baisers volés*[1] de François Truffaut.

Il se disait volontiers « bouffeur de curés », mais il semblait faire une exception pour un père dominicain spécialiste de Freud qu'il admirait beaucoup. Luc avait insisté pour que mon ami Yves et moi-même le rencontrions à Paris afin de discuter philosophie et psychanalyse.

C'était un dimanche midi de janvier dans un restaurant parisien de l'île de la Cité, en face de la cathédrale Notre-Dame. Ce dominicain ne ressemblait pas à un religieux prêcheur mais à un intellectuel élégamment vêtu et fumant la pipe. Ce spécialiste de théologie morale avait de quoi nous impressionner.

Épris de psychanalyse, comme d'autres clercs de cette époque, il appartenait au courant de religieux rebelles qui entendaient, à leur façon, réconcilier l'Église et la modernité, considérant la théorie freudienne comme une science humaine indubitable dans le domaine de la sexualité. Membre d'une association médico-psychologique d'aide aux religieux, il était chargé de discerner les vocations en

1. François TRUFFAUT, *Baisers volés*, 1968.

établissant une sorte de diagnostic à la suite d'un entretien avec les candidats.

Il connaissait l'interprétation critique de Freud sur la religion mais il n'en pratiquait pas moins une lecture comparative de Freud et de la théologie morale de saint Thomas d'Aquin. La psychanalyse n'avait pas seulement pour lui des vertus thérapeutiques, mais pouvait sans doute aider à renouveler la morale en la débarrassant de ses aspects problématiques liés à la peur de la sexualité et à une culpabilité malsaine. Au vu des prêtres que j'avais connus dans mon éducation, il y avait sans doute beaucoup à faire dans ce domaine.

Tout comme mon ami Yves, je ne connaissais rien à la théologie morale, mais je pensais malgré tout que Freud avait eu le mérite de « balayer » tout cela. Ce mélange de psychanalyse, de morale et de théologie m'apparaissait comme une tentative de sauver les meubles en réponse à une révolution psychanalytique qui avait terriblement mis à mal la morale et la religion.

Face à ce père dominicain qui avait l'avantage du savoir dans le double registre de la psychanalyse et de la théologie, j'étais un jeune enflammé et peu convaincant. Je n'aimais pas trop les « cathos », même de gauche ou progressistes. Ils mélangeaient les genres et procédaient à de vastes mélis-mélos qui brouillaient les idées et les engagements. J'étais pour des ruptures franches et radicales, dussent-elles m'entraîner je ne sais où.

Pendant que nous discutions en déjeunant, notre attention fut attirée par un drapeau qui flottait au sommet de la flèche de Notre-Dame : c'était le drapeau du Front national de libération du Sud Viêt Nam (Viêt Cong) que des militants trotskistes avaient réussi à accrocher dans la nuit[1].

1. Cette action spectaculaire avait été revendiquée par le Comité Vietnam national (CVN) et l'Union nationale des étudiants de France (Unef).

Ce même jour, Jan Palach, étudiant à Prague, s'immolait par le feu sur la place Venceslas pour protester contre l'invasion de la Tchécoslovaquie par les troupes russes, qui avait eu lieu en août 68.

Cette discussion sur la psychanalyse et la religion me paraissait abstraite et décalée. Les révoltes et les luttes dans un monde encore en guerre m'incitaient de plus en plus à rompre avec ces débats d'« intellos » qui tournaient en rond. Luc qui avait organisé ce repas semblait au contraire satisfait de notre conversation avec ce religieux qu'il admirait et avec lequel il entretenait une sorte de complicité affectueuse.

Des années plus tard, après son suicide, j'apprendrais ce qu'il en avait été de leur relation : ce dominicain érudit n'était autre que son père et peut-être Luc ne l'a-t-il jamais su. Celui-ci était, semble-t-il, prêt à quitter les ordres et à se marier, mais l'Église le lui avait refusé, lui permettant seulement de voir la mère de son fils pendant les vacances.

Cette dernière connaissait de profondes crises de dépression entraînant son hospitalisation. Je compris alors les raisons qui avaient amené Luc dans cette école catholique de Cherbourg et pourquoi les bons pères veillaient sur lui, sans parvenir pour autant à calmer son agitation. Je n'ai alors pas pu m'empêcher de relier le mal-être de Luc et sa fin tragique à cette situation impossible.

Son père dominicain a beaucoup pleuré, m'a-t-on dit, lors de la messe d'enterrement de son fils, et je ne sais comment il s'est consolé d'une telle tragédie. Le suicide de Luc redoubla ma méfiance et ma colère envers les ecclésiastiques qui prêchaient la morale et la vertu.

Elle avait été menée par des militants trotskistes férus d'alpinisme et comme ils avaient scié l'échelle menant au toit, la police avait dû utiliser un hélicoptère avec un pompier accroché à un câble pour pouvoir décrocher le drapeau.

Un crime mystérieux

Le week-end de la Toussaint 1969, de retour de l'université de Caen, j'empruntai le soir la mobylette de mon père et me rendis à la maison de Landemer pour y dormir en solitaire. Mes parents m'y rejoignirent le lendemain et rien ne laissait supposer qu'un crime avait eu lieu dans la nuit non loin de là. On avait retrouvé le corps d'un lycéen cherbourgeois de 16 ans sur le chemin des Douaniers, tué d'une balle dans la tête. *La Presse de la Manche* rendit compte de ce « mystérieux crime[1] ». Toutes les hypothèses furent évoquées : crime passionnel, affaire d'espionnage (son père travaillait à l'usine de retraitement de La Hague), trafic de drogue, chantage... mais ce drame ne fut jamais élucidé.

Je n'avais pas trop prêté attention à cette affaire, mais l'un de mes camarades étudiants de Caen m'informa qu'un article paru dans le quotidien *France-Soir* pouvait me concerner. On y parlait en effet de la bande d'un certain L..., fils d'un commerçant connu qui s'exerçait à tirer à la carabine 22 long rifle sur la plage et dont l'un des lieutenants, un certain Marc, s'était suicidé... Cette dernière information me fit l'effet d'une bombe : comment un journaliste amateur de sensations avait-il osé écrire de tels sous-entendus ou, plus exactement, qui les lui avait racontés ?

Je sus assez vite qu'il s'agissait de ce que nous appelions dédaigneusement un « minet[2] » qui avait voulu sans doute se rendre intéressant en racontant cette histoire. J'appris qu'il fréquentait le Café du théâtre à Cherbourg et décidai d'aller lui dire son fait en emmenant mon vieil ami d'enfance Alain qui était baraqué. Je le semonçai vertement en menaçant

1. « Mystérieux crime à Landemer », *La Presse de la Manche*, hors-série *120 ans en Cotentin (1889-2009)*, 2009.

2. Jeune homme efféminé, élégamment vêtu.

de lui « casser la gueule », ce qui visiblement eut de l'effet, mais pas forcément celui escompté. On m'informa ainsi quelque temps plus tard qu'il avait pris peur et s'était rendu au commissariat raconter ce qui s'était passé.

La police interrogea mes parents et perquisitionna la maison de Landemer, fouilla plus particulièrement ma chambre et trouva un petit pistolet d'alarme et un revolver à plomb à air comprimé avec lequel nous nous amusions à faire des cartons. L'un de mes copains avait déjà été convoqué au commissariat et ce fut bientôt mon tour. Je m'attendais à un interrogatoire comme on en voyait dans les films de l'époque et la répression policière en Mai 68 n'avait pas arrangé l'image de la police.

À ma surprise, je fus reçu plutôt gentiment par un inspecteur qui me présenta la photo du lycéen tué et me posa des questions sur mon emploi du temps de cette nuit-là. Il avait mené l'enquête sérieusement puisqu'il mentionna les noms de tous ceux que je connaissais, sur place et à Paris. Puis, il me montra avec un petit sourire les deux « armes » trouvées au cours de la perquisition et finit par me dire que cette piste ouverte à la suite de racontars ne tenait pas debout.

Je signai la déposition et je m'apprêtai à partir, rassuré. Mais soudain il me montra l'une de ses mains à laquelle il manquait la moitié d'un doigt et me demanda avec un petit sourire en coin : « Vous savez qui m'a fait ça ? » Interloqué, je ne répondis pas. « Eh bien, c'est votre père avec qui je jouais quand j'étais jeune à Équeurdreville, au hameau Guéry. On était une bande de loustics avec des paris stupides. C'est comme ça que j'ai mis ma main sur un billot tandis que votre père s'amusait avec une hache à couper du bois : "T'es pas cap ?" Je devais retirer ma main au plus vite. Votre père a été plus rapide. Résultat : j'ai perdu un doigt ! N'oubliez pas de saluer votre père de ma part. C'est fou ce qu'on a pu rigoler et faire comme conneries quand on était jeunes ! » Dans ce domaine, j'avais sans doute de qui tenir, à la différence près – et elle n'était pas mince – qu'avec la prolongation de l'adolescence et après Mai 68, les « conneries » allaient durer beaucoup plus longtemps.

2

Romantisme *haguard*

Au lendemain de ce printemps, La Hague et ses paysages demeuraient une référence amoureuse en dehors de l'université de Caen en ébullition. Nous y revenions souvent pour prendre l'air et retrouver nos amies parisiennes qui y séjournaient de temps à autre. Les retrouvailles étaient festives et chaleureuses avec des promenades le long de la mer qui facilitaient les rapports amoureux. Landemer et le chemin des Douaniers, Éculleville et la baie de Quervière, Omonville-la-Rogue, Port-Racine et l'anse Saint-Martin, le port de Goury et la baie d'Écalgrain… autant de noms familiers d'un parcours qui n'était pas balisé. Le tourisme de masse n'existait pas encore dans cette pointe du Cotentin. Nous pouvions savourer la beauté de La Hague sans risquer de rencontrer grand monde, avec la mer toujours à nos côtés. Dans les ports d'Omonville, de Goury, de Diélette, les plaisanciers étaient minoritaires et les bars populaires vous servaient encore un café réchauffé avec son petit verre de calva comme une évidence posée sur la table qu'il était difficile de refuser.

En devenant étudiants à Caen, nous nous étions détachés de cette terre avec un sentiment de liberté, mais nous l'aimions encore comme une dernière saveur de l'enfance qu'on apprécierait de garder. Nous demeurions des privilégiés et des aristocrates qui défendions la beauté contre l'invasion des automobiles, des foules et des transistors sur les plages. Nous n'aimions pas les touristes, non seulement parce qu'ils étaient pour nous synonymes d'aliénation, mais parce qu'ils détérioraient les paysages familiers de La Hague dont nous nous sentions mentalement les propriétaires.

Un après-midi, alors que je me promenais en solitaire sur le chemin des Douaniers, je décidai de déplacer quelques grosses pierres pour empêcher les voitures de passer. En remontant vers la route goudronnée, je tombai nez à nez avec un motard de la police qui avait observé mon manège et me demanda ce que je faisais là. Je lui répondis que j'admirais le paysage et que les touristes avec leurs voitures allaient tout gâcher. À ma grande surprise, il ne me demanda pas de dégager les pierres, n'étant pas chargé de la circulation sur ce chemin de terre. Il me salua et repartit sur sa moto. Au lendemain de Mai 68, la réaction de ce policier solitaire m'avait surpris : il ne correspondait pas à l'image des « flics » et des CRS tant décriés.

La construction d'un parking pour admirer le port Racine (le « plus petit port de France ») et l'anse Saint-Martin entraîna une expédition nocturne avec un groupe de copains pour manifester notre désapprobation par des inscriptions à la peinture blanche sur la petite route goudronnée longeant la mer. Quelques autres inscriptions furent peintes à Omonville-la-Rogue : notre refus des touristes mélangeait une contestation soixante-huitarde avec une méfiance ancienne envers les « horsains[1] ». Ces protestations n'avaient aucune chance de changer quoi que ce soit,

1. Personne qui n'est pas normande, étrangère au « pays ».

mais après Mai 68 ces inscriptions quelque peu dérisoires avaient pour nous valeur d'« actions exemplaires ».

Nos parcours dans La Hague ressemblaient à un pèlerinage pour qui ne croyait plus en Dieu mais continuait d'admirer ses églises désertées témoignant de la beauté du monde ancien. Avec leurs pierres et leurs toitures grises, entourées de leur cimetière où se dressaient ses tombes et ses vieilles inscriptions, ces églises évoquaient une présence mystérieuse au milieu d'une nature balayée par le vent. Les étapes de ce pèlerinage devenu païen et sauvage consistaient en visites dans ces lieux de silence. Nous y contemplions librement leurs piliers et leurs arcades, leurs statues séculaires, leurs bas-reliefs et leurs vitraux... La petite église Saint-Martin-d'Éculleville avec son intérieur dépouillé et son cimetière avait notre préférence. Après cette visite, un chemin conduisait au haut de la falaise face à la mer, qui surplombait la baie de Quervière, célèbre lieu de contrebande des siècles passés.

Nous n'avions pas besoin de guide ni de livret pédagogique nous indiquant ce qu'il convenait d'admirer avec moult détails plus ou moins édifiants. En présence de nos compagnes du moment, ces lieux d'une grande beauté paraissaient hors du temps. Il en résultait une impression étrange et merveilleuse, alimentée par notre lecture des surréalistes pour qui le rêve était indissolublement mêlé à la réalité.

Le film réalisé pendant l'été avec les copains traduisait cette façon adolescente et romantique d'appréhender la vie. Tourné avec la caméra « super-huit[1] » d'une amie, il s'intitulait tout bonnement : *Et la mer était bleue...* et s'inspirait maladroitement de scènes de films d'art et d'essai que nous aimions. Il en résultait un curieux patchwork quelque peu

1. Format de film amateur.

prétentieux où seuls les assidus du « septième art » pouvaient déceler les traces abâtardies d'Antonioni, de Resnais, de Godard et de quelques autres revisités pour l'occasion. Le tout était accompagné d'une bande-son chaotique composée de jerks électroniques de la *Messe pour le temps présent*[1] et de la musique déchirante de *Pierrot le fou*[2]. Ce film de Jean-Luc Godard reflétait on ne peut mieux nos sentiments du moment, grâce aux paroles de la chanson interprétée par Anna Karina : « Jamais je ne t'ai dit que je t'aimerais toujours, ô mon amour[3]... » C'était comme une nouvelle façon de s'exprimer en dehors des clichés à l'eau de rose de l'ancien monde avec l'idée que désormais on ne s'en laisserait plus conter. Notre petit film se terminait par les paroles mémorables d'un copain face à la mer, comme une ultime provocation adolescente : « J'ai 20 ans, j'aime la mer, mais qu'est-ce que ça peut vous foutre ? »

Le Yalta, dernier parfum d'aventure cherbourgeois

À Cherbourg, nos soirées se terminaient souvent au Yalta, ce café-bar aux allures de pub situé sur le quai de Caligny. Ouvert de quatre heures de l'après-midi à quatre heures du matin, c'était le haut lieu d'une faune interlope de couche-tard, de *yachtmen* anglais, de marins en goguette aux multiples nationalités, de personnalités locales et de jeunes comme nous en mal d'aventure.

---

1. Michel COLOMBIER, Pierre HENRY, *Les Jerks électroniques de la* Messe pour le temps présent *et musiques concrètes de Pierre Henry pour Maurice Béjart*, Philips, 1967.
2. Jean-Luc GODARD, *Pierrot le fou*, 1965.
3. Serge REZNAVI, « Jamais je ne t'ai dit que je t'aimerais toujours, ô mon amour », 1965.

Le Yalta se distinguait de tous les autres cafés du port et des environs par sa façade de bois vernis qui le protégeait des regards extérieurs, ses vitraux qui laissaient transparaître une lumière orangée et son entrée en arcade avec son annonce « *We speak English* ». Franchir son seuil, c'était soudain se couper du monde environnant, entrer dans un univers replié sur lui-même et bien au chaud. Le grand bar en bois massif, les fauteuils autour des tables, le carrelage noir et blanc, le plafond couleur rosée, sans oublier quelques cafards qui faisaient leur apparition de temps en temps, le tout baignant dans un clair-obscur, vous plongeaient d'emblée dans un lieu à part et hors du temps. M. Muller, le vieux patron, éternellement assis derrière son comptoir (toujours à droite en entrant), avait la stature d'un commandeur impassible veillant sur ce peuple de noctambules et de buveurs impénitents, saluant les vieilles connaissances, jouant de temps en temps aux dames avec l'un des clients, sans se départir de sa prestance qui en impressionnait plus d'un.

C'était, lui aussi, un personnage hors du commun sachant tenir son rang. Alsacien d'origine, il parlait couramment allemand, avait bourlingué sur différents paquebots ; il avait vu les bateaux remplis de forçats, visité le bagne de Cayenne, combattu les Allemands pendant les deux guerres mondiales… avant de terminer son parcours à Cherbourg, dirigeant d'une main de maître ce bar qui n'attendait que lui. Son petit chien toujours à ses côtés, il était secondé par deux serveuses d'un âge avancé, fidèles au poste, à leur patron et à leurs tâches, et qui semblaient, elles aussi, là « depuis une éternité ».

Dans ce troquet hors de l'ordinaire se croisaient des catégories sociales et des tempéraments divers jusque tard dans la nuit. Les conversations pouvaient parfois s'échanger de table en table en haussant le ton, mais l'ambiance feutrée de l'endroit invitait plutôt à la discrétion. Rares étaient ceux qui ne savaient pas « tenir l'alcool », même à un stade avancé. Depuis son comptoir, le patron veillait au grain. Sa bienveillance allait de pair avec une autorité naturelle qui, de temps à autre, s'exprimait par des remontrances ou quelques « coups de gueule » qui suffisaient généralement à faire taire ceux qui déshonoraient le lieu. Le Yalta avait ses traditions et ses codes de bonne conduite en état d'ébriété.

Nous venions y chercher les derniers parfums d'une époque. Dans ce lieu chargé d'histoires aventureuses, l'arrivée impromptue d'officiers de la Kriegsmarine de la Seconde Guerre mondiale, de gangsters élégamment vêtus, ou encore de commissaires de police à chapeau mou et gabardine sortis d'un film policier des années 1950 n'aurait rien eu d'étonnant.

Une nuit, apparut soudain dans l'embrasure de la porte un tout autre personnage qui dissipa mes rêveries en me ramenant brutalement dans le présent. C'était mon père, qui, prêt à partir en mer, avec sa vareuse, ses bottes et sa casquette de marin-pêcheur, m'interpella avec force au milieu des clients étonnés : « Qu'est-ce que tu fais là à cette heure ? T'en viens-tu ? » Je devais « aller à la mer » avec lui, mais j'avais quitté discrètement le domicile le soir pour retrouver mes copains et j'avais fini par atterrir au Yalta, sans avoir vu le temps passer. Bien que passablement éméché, j'étais honteux d'avoir déserté.

Changement d'époque et changement d'histoire. Vingt ans après, M. Muller a fini par vendre son bar à la suite de déboires avec le commissaire et le préfet : « Tous les commissaires sont passés ici. Sauf ceux-là, déclarait-il en 1989 à *La Presse de la Manche*. Ils m'ont exécuté alors que j'avais rendu des services grandioses. J'avais la nuit [l'ouverture la nuit] depuis vingt-six ans. Ils m'ont fermé parce que j'avais reçu quatre hommes saouls en quatre ans[1]. » « Je suis cafetier, je ne suis pas releveur de mentalités », ajoutait-il, et c'est précisément pour cela qu'on l'aimait bien. À l'âge de 89 ans, il n'était pas décidé à vendre son établissement : « Je suis encore valable, disait-il. J'ai encore ma mémoire. J'ai fait deux guerres et voilà le remerciement qu'on me fait[2]. »

Le Yalta a changé de propriétaire pour finir aujourd'hui en « bar à burgers normands » réalisés « à partir de produits frais locaux, issus de différents artisans du Cotentin ». La devanture a été repeinte en couleur lie-de-vin, l'ancien comptoir a été remplacé par une cuisine ouverte, la salle du haut, décorée dans un style rétro, la terrasse rénovée dispose désormais d'un coin de verdure... Tout est plus propre, lumineux et ouvert. Ce n'est plus le lieu de rendez-vous des couche-tard mais un « bar à burgers » adapté à l'hygiène, aux goûts culinaires et à la jeunesse des temps nouveaux.

Le bateau de mon père

En contrepartie de mon argent de poche et pour me changer des idées d'adolescent soixante-huitard qui les inquiétaient un peu, mes parents avaient décidé que je travaillerais un mois à la pêche avec mon père pendant l'été qui s'annonçait. Malgré les contraintes que cela impliquait, cette idée ne me déplaisait pas. On m'avait tellement dit que c'était un métier dur et que je n'étais pas fait pour celui-ci

1. Henri Muller cité par François SIMON, « Le Yalta change de propriétaire. Henri Muller quitte le bar des *Parapluies de Cherbourg* », *La Presse de la Manche*, 10 avril 1989.
2. *Ibid.*

que mon envie s'était renforcée d'aller voir de plus près ce que signifiait « aller à la mer » quotidiennement.

Je ne fus pas déçu. Je découvris un monde qu'il est difficile de décrire pour qui ne l'a pas vécu. Le travail manuel et physique n'était pas mon fort, tout comme se lever tous les jours vers trois heures du matin pour aller pêcher le maquereau. Avant de partir en mer, il fallait bien se nourrir et ne pas se contenter d'un bol de café et de quelques tartines de pain beurrées. Mon père ne lésinait pas sur le pâté et le fromage, voire de temps à autre un petit bol de tripes réchauffé, ce qui, à peine réveillé, ne manquait pas de susciter chez moi quelque dégoût.

J'étais plutôt fier de ressembler à un jeune pêcheur avec, moi aussi, une vareuse et des bottes en caoutchouc, mais, pour le reste, mes premiers jours dans cette activité furent difficiles. En arrivant sur le quai du port de l'Épi où étaient ancrés les petits bateaux de pêche côtière, il fallait descendre des marches humides dont les dernières donnant dans l'eau étaient recouvertes d'algues vertes très glissantes. J'ai dû m'accrocher plusieurs fois à la rampe de fer rouillé pour ne pas me retrouver « à la baille ». Il fallait ensuite monter dans une plate – petite barque à fond plat – qui bougeait beaucoup, se tenir en équilibre et godiller pour grimper à bord à califourchon.

Le jour des grandes marées, pour ne pas être au sec, le bateau pouvait être mouillé dans l'avant-port juste à côté. Les pontons et leurs passerelles n'existaient pas encore et il fallait alors descendre sur une échelle de fer incrustée dans la pierre pour atteindre le pont. Ce petit exercice physique de nuit, sous la pluie de temps en temps, demandait une certaine vigilance si l'on ne voulait pas se retrouver dans l'eau vaseuse et noirâtre du port où flottaient des déchets sortant d'on ne sait où. Mon père qui avait atteint la cinquantaine pratiquait cet exercice avec dextérité tout en me disant sans cesse de « faire attention ».

Son bateau en bois, qu'il avait fait construire à Saint-Vaast-la-Hougue, mesurait 8 mètres de long. Le moteur était situé à la proue et pour le faire démarrer, il fallait se mettre à quatre pattes et entrer dans le réduit où régnait une odeur de fuel et de cambouis. Le travail le plus désagréable consistait à « boëtter » (appâter) les araignées de mer et les crevettes, en enfilant des poissons morts et des crabes verts vivants sur des fils de fer, après avoir fait sauter leur carapace, et à les placer dans les casiers et les nasses. Après quelques jours de pêche, j'avais des écorchures et des ampoules aux mains qui me brûlaient avec le sel marin. « C'est le métier qui rentre… » disait mon père, qui avait les mains calleuses depuis longtemps. Ce qui ne l'empêcha pas de me donner des gants de caoutchouc dont il avait pris soin de découper les doigts pour me faciliter les prises. À ces contraintes et exercices physiques s'est ajouté un désagrément annexe : de petites liaisons bleues et de fortes démangeaisons impromptues m'apprirent vite que j'étais infesté de morpions, attrapés dans les toilettes de la criée de l'Épi pour le moins insalubres et réputées comme telles. Cet apprentissage de la pêche côtière s'avérait délicat.

Il n'en réservait pas moins quelques surprises. Une nuit en quittant le port, nous aperçûmes près du bassin de l'arsenal une grande masse sombre immobile autour de laquelle patrouillait une vedette militaire équipée de projecteurs. C'était *Le Redoutable*, lancé deux ans auparavant en présence du général de Gaulle. Ce premier sous-marin à propulsion nucléaire de 9 500 tonnes et de 128 mètres de long effectuait ses essais à Cherbourg et était étroitement gardé. On pouvait distinguer de loin dans la pénombre une tête d'homme-grenouille sortant la tête hors de l'eau, nageant autour de ce qui ressemblait à un filet métallique pour empêcher toute intrusion sous-marine.

Quelques heures plus tard, alors que le jour s'était levé et que nous étions en train de pêcher, un gros hélicoptère vint se placer en vol stationnaire une vingtaine de mètres au-dessus de nous. Un militaire dans l'encoignure de la porte de l'appareil nous photographiait. « Il ne faut pas y faire attention », disait mon père malgré le bruit assourdissant. Les militaires notaient l'immatriculation, observaient attentivement ce que nous étions en train de faire et vérifiaient si le nombre de matelots à bord correspondait à ce qui était déclaré à la préfecture maritime. De ce point de vue, nous n'avions rien à craindre car mon père avait pris soin de me déclarer.

Par bonheur, je n'avais pas le mal de mer et je découvrais cet été-là un monde de sensations nouvelles. Tenir la barre et se tenir debout sur ce bateau fendant les vagues et qui tanguait en direction du large était une expérience hors de l'ordinaire qui me plaisait bien.

Parties de pêche

Pour atteindre le large, nous traversions la petite puis la grande rade protégée par de longues digues dont la construction remontait à quelques siècles[1]. Le passage de l'une à l'autre était marqué par un plus fort tangage, jusqu'à atteindre le fort de l'Ouest dont la balise flottante émettait un bruit rauque en se balançant sur l'eau. À partir de là,

1. La rade de Cherbourg qui comprend plusieurs digues est l'une des plus grandes rades artificielles au monde. Le début de sa construction date du XVIIIe siècle et l'ensemble été achevé au XIXe siècle.

nous étions en pleine mer. Le bateau n'ayant pas de cabine pour se mettre à l'abri, nous enfilions un ciré par mauvais temps, ce qui n'empêchait pas d'avoir le visage trempé par les embruns. Quand il y avait trop de roulis, on hissait un petit foc pour stabiliser un peu l'embarcation et, quand la mer était vraiment trop grosse, mon père prenait soin de m'attacher avec un bout (cordage) malgré mes protestations.

Il fallait arriver sur les lieux de pêche au lever du soleil, moment où le poisson mord plus facilement à l'hameçon. Nous étions à quelques milles de la côte, pas trop loin de la ligne où passaient les caboteurs et les cargos. Quand surgissait le *Viking* à l'horizon – car-ferry de 90 mètres de long qui reliait Southampton à Cherbourg en quatre heures trente –, nous devions y prêter attention car celui-ci arrivait très vite et les vagues de son sillage faisaient fortement tanguer le bateau. La situation s'avérait plus dangereuse quand un mur de brume repéré au loin s'abattait sur nous. On n'y voyait pas à dix mètres et, debout sur la proue, je devais souffler dans une corne de brume pour signaler notre présence. De temps à autre, comme un écho, on entendait en retour le son de la corne d'un autre bateau de pêche qui n'était pas très loin.

Arrivés sur les lieux, on déployait deux grandes gaules de part et d'autre du pont. Sur chacune d'elles était accroché un corps de lignes contenant de multiples hameçons déployés tout au long avec des plombs de traîne au bout. Le bateau avançait à allure constante, au ralenti, ce qui avait pour effet d'accentuer le roulis. Il fallait tirer un peu sur les lignes pour estimer à la main, en fonction du poids de la traîne plus ou moins important, si des maquereaux avaient mordu ou non à l'hameçon. Tous ces gestes n'avaient rien d'évident et pour m'aider à ne pas m'« emmêler les pinceaux », mon père se mettait derrière moi, me prenait le bras et tirait les lignes en même temps, comme son père l'avait fait avec lui autrefois.

Quand on passait sur un banc, ces gestes devaient se faire rapidement pour pouvoir pêcher un maximum de maquereaux. Il fallait décrocher le poisson d'un coup sec sans lui arracher la bouche, le ramasser tout frétillant sur le pont pour le mettre dans des cageots, reboëtter avec une fine lamelle de peau de maquereau prélevée sur les premiers poissons pêchés, remettre les lignes à l'eau et recommencer… Tout cela impliquait un tour de main que je commençai à acquérir au bout de quelques jours. La pêche durait quatre à cinq heures qui passaient plus ou moins vite selon que l'on tombait ou non sur de grands bancs de maquereaux. Le résultat se comptait en kilos, entre cinquante et cent les jours de beau temps.

Le retour vers le port était le meilleur moment. Assis sur le banc situé à la poupe, mon père sortait d'un sac des pommes et des tartines de pain beurré que nous dégustions avec délectation. Nous étions en pleine mer, entourés d'une flottille de bateaux de pêche qui faisaient route avec nous. Sous le ciel dégagé, on admirait sans rien dire le soleil et la mer en ayant le sentiment du travail accompli. Une ou deux fois, ma mère est venue nous attendre sur la jetée comme pour saluer la continuité d'une filiation dans le métier de la pêche, tout en sachant que celle-ci ne durerait qu'un temps.

Au port, il fallait débarquer les cageots de maquereaux, les charger dans la plate, les remonter sur le quai par l'escalier glissant, avant d'aller enfin prendre un verre au café de Caligny où mon père avait ses habitudes. C'était encore un café de pêcheurs où se croisaient ceux qui « revenaient de la mer » et ceux qui y retournaient. Le rituel était toujours le même : un café-calva suivi d'un demi de bière, avant de repartir dans la rade relever une dizaine de casiers à crabes (araignées de mer) et de nasses à crevettes. Le bateau n'avait pas de treuil et tout se faisait à la main et à la force des bras : attraper le flotteur avec une perche, tirer des dizaines de mètres de cordage pour remonter les casiers lestés au fond de l'eau, les faire passer sur le pont, saisir les araignées de mer et les clos-poings (tourteaux) pour les entasser dans des caisses. Une fois retournés au port, débarquer à nouveau les produits de la pêche… J'étais épuisé et il ne me restait plus qu'à dormir l'après-midi et le soir après « souper », pour pouvoir me lever à nouveau vers trois heures, le lendemain matin.

Après un mois de pêche, je comprenais mieux, pour l'avoir vécu, ce que voulaient dire « aller à la mer » et « faire une marée », tout en sachant que cela n'était qu'une parenthèse. Pour mes parents, la poursuite de mes études comptait par-dessus tout en vue d'« avoir une bonne situation ». C'était un travail saisonnier un peu rude que je renouvellerais pendant les vacances l'année suivante. Cette expérience limitée de la pêche en mer m'avait permis de découvrir un autre univers que celui des copains et des étudiants. Mais je n'avais pas pour autant rompu avec eux. Ils demeuraient la référence d'un monde attrayant où le rêve et le principe du plaisir pouvaient s'épanouir librement, en bénéficiant, sans le reconnaître, des avantages de la nouvelle société de consommation et des loisirs.

La pêche m'avait arraché provisoirement à ce milieu et à ses illusions. Elle a été une expérience inoubliable qui me reliait encore à l'ancien monde, lequel, pour être rude, n'en était pas moins profondément humain. La vie passant, je n'ai jamais retrouvé le goût inégalé de ces pommes et de ce pain beurré dégustés en pleine mer…

3

L'Espagne au cœur[1]

Après un mois de pêche, j'étais ragaillardi. J'avais gagné un peu d'argent et j'allais découvrir avec les copains les routes du Sud et de nouveaux paysages bien différents de ceux du Cotentin. L'Espagne condensait pour nous non seulement le soleil et la mer (sans les touristes), mais aussi les œuvres et les hymnes qui nous faisaient rêver. Les souvenirs et les récits de la guerre d'Espagne étaient encore fortement présents. Le soutien aux Républicains espagnols reliait en un tout l'engagement politique, la défense des libertés et une culture dans laquelle la musique, la littérature et la poésie occupaient une place centrale.

De la peinture et de la musique

Avant même d'être allés en Espagne, nous en avions déjà un avant-goût à travers un petit bagage culturel acquis ici ou là. En classe de terminale, j'avais découvert

1. Pablo Neruda, *L'Espagne au cœur. Hymne à la gloire du peuple en guerre*, préface par Aragon, Paris, Denoël, 1938.

quelques reproductions de peintres hispaniques dans le Lagarde et Michard du XXe siècle[1]. Mais j'avais surtout découvert la peinture espagnole classique en achetant en librairie la collection « Les chefs-d'œuvre de l'art », qui reproduisait des toiles de grands peintres, pour une somme modique[2]. Pablo Picasso et Salvador Dalí étaient, parmi les modernes, les plus célèbres en France et dans le monde entier. *Guernica*, la toile peinte pendant la guerre d'Espagne après le bombardement de la ville basque, était devenu le symbole de la dénonciation du franquisme et du fascisme, en même temps que des horreurs de la guerre. Les interviews « surréalistes » de Dalí à la télévision me faisaient rire et j'aimais certaines de ses toiles où la mer et la plage s'étirent à l'infini[3].

Mais plus encore que la peinture, c'est la musique qui nous attirait, mes amis et moi, vers l'Espagne. Un copain m'avait fait découvrir *Nuits dans les jardins d'Espagne* de Manuel de Falla (1876-1946) et le *Concerto d'Aranjuez* de Joaquim Rodrigo (1901-1999), et c'est en écoutant les disques de Manitas de Plata[4] que je découvris le flamenco.

Nous ne connaissions pas grand-chose au flamenco, sinon qu'il s'insérait dans la culture andalouse dont s'inspirait García Lorca. Mais nous aimions cette musique parce

---

1. EL GRECO, *Le Chevalier à la main sur la poitrine* ; Pablo PICASSO, *Course de taureaux* ; Joan MIRÓ, *Intérieur hollandais*, *in* André LAGARDE, Laurent MICHARD, *XXe siècle*, *op. cit.*

2. *Chefs-d'œuvre de l'art. Grands peintres*, Paris, Hachette, 1966, 5 francs.

3. Salvador Dalí avait été exclu du groupe surréaliste. André Breton l'avait affublé de l'anagramme « Avida Dollars » à cause de son goût immodéré pour l'argent et la célébrité. Il était devenu franquiste et avait reçu la plus haute distinction honorifique espagnole.

4. Manitas de Plata était un guitariste gitan illettré qui, comme Django Reinhardt, ne savait pas lire les notes de musique.

qu'elle dégageait une agressivité sensuelle, exprimait un désir constamment relancé fait de contrastes et d'oppositions, alternant, selon les formes et les moments, le tragique et le festif.

Cette musique traditionnelle avait été reprise dans un disque de Miles Davis, *Sketches of Spain*[1] (1960), qui nous avait émerveillés. L'adaptation de l'adagio du concerto d'Aranjuez et les morceaux inspirés du flamenco nous plongeaient dans un univers mélancolique, d'où le son de trompette de Miles Davis émergeait sur fond des arrangements orchestraux de Gil Evans. Ce fin joyau revisitait la tradition sans la trahir. Il la portait au contraire à un point d'incandescence. Aujourd'hui encore, cette musique me paraît être l'exemple d'une création de la modernité qui s'appuie sur un héritage, le retravaille pour aboutir à une œuvre nouvelle au sein même d'une filiation.

Des poèmes et des chansons

Il est enfin un chanteur, Paco Ibañez, qui, d'une autre manière, allait nous plonger dans la culture espagnole en nous faisant revivre une tradition poétique qui, elle aussi, allait susciter notre admiration.

Je ne connaissais de la poésie espagnole que le nom du poète et dramaturge Federico García Lorca, arrêté par une escouade franquiste et exécuté sans jugement en 1936. Un bulletin de l'Association générale des étudiants de Caen (Agec) consacré à la poésie espagnole avait publié en couverture une grande photo de Federico García Lorca avec un

1. Ce disque développe de façon magistrale une sonorité amorcée dans « Flamenco Sketches » et « All Blues » qui figurait dans son album précédent, *Kind of Blue* (1959).

bandeau rouge vertical sur lequel était écrit en gros caractères : « Liberté pour l'Espagne[1] ». Le ton de ce bulletin était très militant : « Cela fait plus d'un quart de siècle que Franco poursuit en Espagne une guerre civile permanente faite d'interdits, d'emprisonnements et d'assassinats. [...] Mais le fascisme n'a pas vaincu la poésie. [...] L'Espagne a une voix qui ne s'est jamais éteinte, c'est la voix des poètes[2]. »

La découverte du premier album de Paco Ibañez avec des poèmes de Federico García Lorca et de Luis de Gongora[3] fut pour nous un ravissement. Il était illustré par Salvador Dalí qui, avec une tache d'encre, avait dessiné le nom de Lorca à côté d'un cheval et de son cavalier, qui renvoyaient au poème « Cancon de jinete » (« Chanson du cavalier »).

La musique, la guitare et la voix de Paco Ibañez semblaient ne faire qu'un avec les poèmes qui s'enchaînaient, alternant des mélodies fortes et douces qui vous imposaient le silence, entraînant une émotion et une légère oscillation de la tête comme un doux bercement. L'écoute vous amenait dans un monde insoupçonné qui transcendait l'espace et le temps.

Le romancier Henri-François Rey avait écrit un texte figurant dans les pages intérieures de l'album : « Il fallait les doigts exacts de Paco Ibañez et sa rigueur pour mettre en musique, comme on dit mettre "en condition", les lamentos de Lorca et de Gongora. Il fallait d'abord avoir le sens du silence et ensuite celui de la note qui éclate

---

1. « Liberté pour l'Espagne », *Can Caen*, périodique de l'Association générale des étudiants, n° 4, mars 1966.

2. *Ibid.*, éditorial.

3. *Moshé Naïm présente. La poésie espagnole de nos jours et de toujours*, présentée par mise en musique et chantée par Paco IBAÑEZ, vue et peinte par Salvador DALÍ, Polydor, 1964.

dans le silence. Il fallait avoir l'amour de l'amour pour accrocher à ses mots flamboyants ces notes flamboyantes. L'amour comme la mort exige une certaine musique. Rares sont ceux qui la dépistent, la débusquent et la traquent, et finalement la domptent. Ils sont marqués, par une grâce, par un don, par un signe. Paco Ibañez est de ceux-là[1]. » Ces propos exprimaient on ne peut mieux notre admiration.

Il en allait de même pour les autres albums (1967 et 1969) illustrés par les peintres espagnols José Ortega et Antonio Saura, qui élargissaient son répertoire avec des poèmes contemporains et ajoutaient à la guitare la sonorité grave d'une contrebasse qui renforçait l'intensité de l'interprétation[2]. Paco Ibañez chantait une poésie de la beauté du monde et du tragique gardant un lien charnel avec le monde et les couches populaires :

> « C'est la poésie des pauvres, la poésie nécessaire
> Comme un pain pour chaque aurore [...]
> Comme l'air que nos poumons veulent à chaque
>   seconde [...]
> Maudite soit la poésie qui fut conçue comme un luxe
> Culturel par tous les neutres[3] »

Ces poèmes engagés n'avaient rien du « réalisme socialiste » et du militantisme triomphant. Ils exprimaient le drame de la guerre d'Espagne, un amour pour la beauté

1. Henri-François Rey, in *ibid.*

2. François Rabbath qui accompagnait alors Paco Ibañez était un contrebassiste et un musicien connu à l'époque, non seulement comme accompagnateur mais aussi comme musicien de jazz.

3. Gabriel Celaya, *La poesia es un arma gargada de futuro* (« La poésie est une arme chargée de futur »), trad. et adaptation fr. de Pierre Pascal, in *Moshé-Naïm présente*, disque cité.

de la terre et la patrie (« Un Español habla de su tierra[1] »), liaient les drames individuels à celui de tout un peuple (« Palabras para Julia[2] »), alternaient des moments noirs de rage (« Nocturno[3] ») et d'espérance retrouvée (« España en marcha[4] », « A galopar[5] »).

« La guerre est finie » ?

Pour ma part, j'avais découvert la guerre d'Espagne par la littérature et le cinéma. La lecture de romans bien connus : *L'Espoir* d'André Malraux et *Pour qui sonne le glas* d'Ernest Hemingway, parus en livre de poche[6], m'en avait donné une vision quelque peu romantique. Mais c'étaient les images d'archives et le commentaire dramatique du film de Frédéric Rossif, *Mourir à Madrid* (1963), qui m'avaient le plus frappé. Ces femmes du peuple avec leur châle noir sur la tête avaient quelques ressemblances avec ma grand-mère ; les images des femmes portant leurs enfants dans les bras sous les bombes faisaient écho au récit de ma mère fuyant avec ma sœur les bombardements en juin 1944. La défaite des Républicains, les images de l'exode et de la misère de ces milliers d'Espagnols sur les routes et que l'on désarmait en passant la frontière avec la France suscitaient en moi la colère et l'indignation.

1. Poème de Luis CERNUDA, in *ibid.*
2. Poème de José Agustín GOYTISOLO en mémoire à sa mère morte sous les bombardements franquistes en 1938 et dédié à sa fille Julia, in *ibid.*
3. Poème de Rafael ALBERTI, in *ibid.*
4. Poème de Gabriel CELAYA, in *ibid.*
5. Poème de Rafael ALBERTI, in *ibid.*
6. André MALRAUX, *L'Espoir*, Paris, Le Livre de poche, 1961 ; Ernest HEMINGWAY, *Pour qui sonne le glas*, Paris, Le Livre de poche, 1960.

J'avais acheté le disque 45 tours avec la bande originale du film composée par Maurice Jarre où figurait un air de guitare mélancolique et bouleversant. L'autre face comprenait deux chansons emblématiques de la guerre d'Espagne : « Coplas de la defensa de Madrid » et « El paso del Ebro ». Je découvrais une musique au rythme saccadé et retenais quelques paroles entraînantes que je fredonnais volontiers, comme la marque d'un combat qu'on ne pouvait oublier.

En 1966, trois ans après la sortie de *Mourir à Madrid*, le film d'Alain Resnais *La guerre est finie* avait pourtant montré le décalage existant entre les souvenirs de la guerre d'Espagne et la nouvelle situation. Le héros du film joué par Yves Montand est un membre du Parti communiste espagnol assurant la liaison entre les militants exilés à Paris et ceux restés en Espagne. La routine et l'« obscur travail de la clandestinité », l'« allégresse obstinée de l'action », le poids des anciens de la guerre d'Espagne qui enterrent leurs morts avec le drapeau de la République espagnole... lui apparaissent de plus en plus en décalage avec la réalité d'une société de l'après-guerre qui, avec le développement des loisirs de masse, ne ressemble plus à celle des années 1930. Tout en continuant son activité militante clandestine, celui-ci finit par douter de l'efficacité de son engagement et des actions menées.

Dans une conversation avec ses amis les plus proches, il finit par dire haut et fort des réalités dérangeantes que les militants ne veulent pas affronter : « L'Espagne héroïque, l'Espagne au cœur, j'en ai par-dessus la tête ! L'Espagne est devenue la bonne conscience lyrique de toute la gauche, un mythe pour anciens combattants. En attendant quatorze millions de touristes vont passer leurs vacances en Espagne. L'Espagne n'est plus qu'un rêve de touriste ou la légende de la guerre civile. [...] Ça suffit comme ça ! »

Le poids des morts, des sacrifices et des héros continuait de peser sur les nouveaux militants soixante-huitards de l'extrême gauche révolutionnaire. Ce facteur est un des éléments à la source de mon engagement gauchiste de l'après-Mai comme pour beaucoup d'autres de ma génération.

Le voyage en Espagne

Dans l'Espagne franquiste, la dictature et l'ordre moral national-catholique étaient toujours présents. Mais au tournant des années 1950-1960, le pays était entré dans une nouvelle étape de son histoire sous l'impulsion de modernisateurs libéraux[1].

En janvier 1969, le gouvernement du général Franco avait décrété l'état d'urgence sur l'ensemble du territoire national pour un délai de trois mois ; la violence policière, les arrestations, les exécutions de militants n'avaient pas cessé… Autant d'éléments qui auraient pu nous détourner de l'idée d'un voyage en Espagne.

Mais ces réalités ne pesaient pas lourd face à l'envie irrésistible de découvrir un pays qui tenait une place bien particulière dans notre imaginaire. Découvrir par nous-mêmes de nouveaux paysages dont nous avions un avant-goût culturel avait un petit parfum d'aventure. Nous partîmes, bien décidés à connaître le pays à notre manière en prenant les petites routes départementales de l'intérieur du pays pour éviter les touristes.

1. En 1957, Franco remania le gouvernement en y introduisant des membres de l'Opus Dei, œuvre catholique disposant de nombreux liens dans les réseaux d'affaires et politiques, partisans du libéralisme et de la modernisation économique du pays.

La découverte des terres espagnoles fut à la hauteur de notre attente. La traversée des villages perdus dans les montagnes, les haltes dans des auberges inconnues des touristes, la douceur des nuits sous un ciel étoilé, les fêtes de village et les feux d'artifice... nous plongeaient dans un autre monde aux antipodes de la modernité des grandes villes. La beauté des paysages ne pouvait nous faire oublier la pauvreté de certains villages reculés, avec leurs ruelles de terre au milieu desquelles coulait ce qui ressemblait à un égout, les maisons basses de pierres jaunes que les fils de vieux poteaux électriques n'atteignaient pas, les granges aux portes délabrées, les bœufs attelés et les ânes...

Pour pittoresques que fussent les traditions, quelques-unes n'en heurtaient pas moins notre sensibilité de soixante-huitards vivant dans un pays développé. Un soir en remontant vers le nord, nous repérâmes un champ désert pour y dormir. Mal nous en prit. Un couple de paysans miséreux habitant une vieille maison toute proche nous fit comprendre que cela n'était pas permis. Le terrain appartenait à un *señor* propriétaire des terres. Celui-ci était parti en vacances mais cela ne changeait rien : ils étaient les serviteurs du *señor* et lui seul pouvait décider.

Dans les villages, les paysans rassemblés le soir sur les places et dans les ruelles nous observaient comme des bêtes curieuses. Dans les rues, les hommes assis près des fontaines sifflaient à notre passage : nos compagnes portaient des minijupes et fumaient des cigarettes dans la rue. Ce qui pour nous relevait de l'évidence était perçu comme la manifestation de mœurs légères et une provocation. Nous apprîmes vite par quelques remontrances qu'il n'était pas permis d'entrer torse nu dans un café, ou avec une chemise trop ouverte...

Un soir dans un village des plus pauvres, une jeune fille ayant appris notre présence vient nous rejoindre tout endimanchée dans un café. Nous lui offrons à boire, nous rions de bon cœur avec elle et sommes prêts à l'emmener danser. Un paysan de petite taille mais trapu, portant un chapeau de paille, entre soudain dans le café, se met à crier très fort et la saisit brutalement. C'est son père qui est venu la chercher et la ramène de force à la maison. Le lendemain matin, un garde civil du village vient s'accouder au comptoir, il cherche à savoir qui nous sommes et ce que nous faisons dans ce coin perdu. Nous reprenons la route au plus vite sans demander notre reste.

Arrivés sur la côte andalouse, nous plantons nos tentes près d'Alcazaba sur les bords d'une rivière asséchée, tout près d'une crique déserte. À peine sommes-nous installés qu'un jeune berger chevauchant un âne vient nous saluer et nous faisons bientôt connaissance avec son père et son grand-père qui nous apportent des fruits et nous mettent en garde : en cas d'orage, la rivière risque de déborder de son lit et de tout emporter. Nous n'y prêtons pas attention, trop contents d'avoir trouvé un lieu isolé où ne risquent pas de venir les touristes. Par bonheur, il n'y aura pas d'orage mais des nuées de guêpes dont les paysans nous apprendront à nous protéger.

Rencontres et déconvenues

Notre petite bande avait les aspects d'une « génération perdue ». Les émotions et les passions trouvaient leur exutoire dans des manifestations alcoolisées qui nous faisaient ressembler parfois à une bande de pochtrons s'enivrant dans des soirées festives gardant encore leurs traditions locales. S'y ajoutaient des rapports amoureux compliqués avec nos compagnes où se croisaient des désirs changeants. Nous ressemblions un peu, sans le savoir, aux héros du roman d'Hemingway *Le soleil se lève aussi*, adapté au cinéma[1], se disputant les faveurs de la belle Ava Garner qui, comme l'héroïne du roman d'Hemingway, « était aussi belle quand elle était saoule que quand elle était à jeun ».

L'un de nos amis était ivre tous les soirs et ne se séparait pas d'un transistor déversant en continu de la musique arabe. Cela lui rappelait le temps passé dans les cafés en Algérie où il avait été instituteur dans le cadre de la coopération. Cette musique résonnait tard la nuit dans le petit vallon où nous avions planté nos tentes. Réveillés et inquiets par tout ce bruit, arrivèrent sur leurs ânes quelques paysans du hameau. Nous les rassurâmes quant à la santé de notre ami alcoolisé, sa musique à tue-tête et ses propos bruyants. Les « engueulades » avec ce dernier devenant quotidiennes, nous finîmes notre voyage sans lui.

Nous repartîmes vers le nord. Notre 2 CV Citroën peinait dans les côtes et atteignait les quatre-vingts à l'heure en terrain plat. La traversée des montagnes sur des routes étroites et sinueuses, dominant des vallées sans bordure de protection, impliquait une attention qui, de temps à autre, se dissipait dans l'admiration des paysages, avant qu'un coup de volant brusque nous empêche de frôler de trop près le ravin. À force de monter les côtes en essayant de doubler les camions, ma 2 CV finit par émettre la fumée noire caractéristique d'une fuite d'huile dans les cylindres. Nous aurions préféré rouler en Land Rover, pour nous représentante idéale d'un désir d'aventure qui, pour grand qu'il fût, devait malheureusement se contenter de peu.

La réparation dura deux jours dans un petit garage où nous fîmes la connaissance d'un mécanicien sympathique,

1. Ernest HEMINGWAY, *Le soleil se lève aussi* [1926], Paris, Gallimard, 1933, adapté au cinéma par Henry King en 1957, avec A. Tyrone Power, Ava Gardner, Mel Ferrer, Errol Flynn.

qui, avec ses compagnons, travailla tout le week-end pour que nous puissions reprendre la route au plus tôt.

Je voyageais en gardant en tête mes lectures toutes fraîches des écrits de la guerre d'Espagne. Des noms de villes et de fleuves me rappelaient quelques batailles célèbres : la défense victorieuse de Madrid par les troupes républicaines, la prise de Teruel, la bataille de l'Èbre, de Guadalquivir, Tolède et la défense acharnée de l'Alcazar par les troupes franquistes... Traversant la sierra de Guadarrama, nous aperçûmes du haut d'une route de montagne l'immense croix de pierre qui surplombe le mausolée de la Valle de los Caídos (la vallée de ceux qui sont tombés) où reposent plus de trente mille combattants de la guerre d'Espagne[1]...

Les choses pour moi allaient de soi : le peuple espagnol rejetait le franquisme qui ne se maintenait que par la dictature. Une telle idée allait rencontrer quelques déconvenues. Un cafetier tenant un minuscule débit de boissons sur une plage affichait derrière son comptoir le fanion d'une division franquiste à laquelle il était visiblement fier d'avoir appartenu. J'en fus surpris : celui-ci n'avait rien d'un bourgeois ou d'un aristocrate, mais appartenait aux catégories pauvres de la population qui avaient combattu les « rouges », soutenaient Franco et profitaient désormais du tourisme.

Un soir, dans un bal, le *vino tinto* (vin rouge) aidant, je me mets à chanter des bribes de chants républicains de la guerre d'Espagne. Des hommes s'approchent de ma table et me parlent dans leur langue natale dont je ne saisis que quelques mots. J'essaie confusément de leur parler des anarchistes de Barcelone, de la bataille de l'Èbre, de la colonne Durruti... Je ne sais pas au juste ce qu'ils saisissent de mes

---

1. Ce monument voulu par Franco, inauguré en 1959, fut construit par des prisonniers du régime franquiste.

propos peu cohérents, mais à voir leur attitude, je commence à comprendre que le courant entre nous ne passe pas très bien. Les copains insistent pour que nous partions au plus vite, mais je continue de plus belle à entonner quelques chants guerriers en martelant la table de mes poings. La tension monte et la bagarre n'est plus très loin. Soudain, les étudiants espagnols antifranquistes avec lesquels nous avons tissé des liens s'interposent, me prennent par le bras et m'entraînent précipitamment vers la sortie. Les hommes qui m'entouraient nous suivent et je crois bien que l'un d'eux a sorti un couteau impressionnant. Je me retrouve sur la banquette arrière d'une voiture qui démarre en trombe. Il était temps…

Un autre soir, ces jeunes étudiants nous conduisent sur le port, au local du syndicat des pêcheurs, et c'est l'heureuse surprise : tous leurs amis sont là, ils nous attendent pour une petite *fiesta*. Ils ferment les portes et les fenêtres. Ils chantent et nous invitent à faire de même. Mon ami, qui joue de la guitare, entonne des chansons de Dylan et de Peter, Paul and Mary. Nous vivons dans la fête la solidarité de la jeunesse face au vieux monde. La chanson « Times They Are Changin' » de Dylan succède à « El Ejército del Ebro », chant républicain de la guerre d'Espagne, comme l'annonce des temps nouveaux. Les héros de l'histoire ne sont plus les mêmes et le monde n'était pas nécessairement mieux avant.

Bien des années plus tard, en 2002, le film *L'Auberge espagnole*[1] donnera l'image d'un nouveau monde européen triomphant avec une jeunesse étudiante qui a su profiter du programme Erasmus pour faire ses études dans un pays de l'Union. Le héros du film découvre l'Espagne et, plus précisément, Barcelone, où les festivités nocturnes avec leurs

1. Cédric KLAPISCH, *L'Auberge espagnole*, 2002.

gueules de bois font désormais partie de l'apprentissage du multiculturalisme européen et des rencontres désinhibées. J'ai retrouvé dans ce film quelques saveurs de l'insouciance et du sentiment de liberté de mes 20 ans dans un nouveau monde gentillet où la culture adolescente triomphait. Mais où sont passés les restes de la bohème, des épopées et du peuple d'antan ?

DEUXIÈME PARTIE

« Bouillon de cultures »

1

La vie comme un roman

Un siècle plus tôt, Musset avait exprimé le malaise d'une génération qui faisait écho à ce que certains d'entre nous éprouvaient avant Mai 68 : « Derrière eux un passé à jamais détruit, s'agitant encore sur ses ruines [...] ; devant eux l'aurore d'un immense horizon, les premières clartés de l'avenir ; et entre ces deux mondes... quelque chose de semblable à l'Océan qui sépare le vieux continent de la jeune Amérique, je ne sais quoi de vague et de flottant[1]. »

Nous n'étions pas les fils de l'Empire ni les petits-fils de la Révolution, mais nous connaissions les souvenirs de la guerre qu'avaient vécue nos parents ; nous vivions sous un régime qui entretenait la flamme de la Résistance. Cette histoire épique apparaissait de plus en plus en décalage avec la société moderne pour laquelle la consommation et les loisirs promettaient un bonheur assagi. Après la guerre d'Algérie, de Gaulle lui-même ne l'avait-il pas pressenti quand, quelque temps avant le déclenchement des événements de Mai, il faisait cette confidence à son aide de camp : « Cela ne m'amuse plus beaucoup ; il n'y a plus

1. Alfred de MUSSET, *La Confession d'un enfant du siècle* (1836).

rien de difficile, ni d'héroïque à faire[1]. » Comme le disait d'une autre manière Beuve-Méry, le directeur du journal *Le Monde* : « L'ardeur et l'imagination sont aussi nécessaires que l'expansion[2]. »

Sous la figure débonnaire du Premier ministre Georges Pompidou, le gaullisme finissant pouvait faire penser à la Restauration avec ces paroles attribuées à François Guizot, chef de gouvernement : « Enrichissez-vous. » N'étions-nous pas une nouvelle génération désenchantée que la passion pour l'aventure rongeait de l'intérieur, faute de pouvoir s'exprimer pleinement ?

Une sensibilité à fleur de peau

J'avais lu Stendhal avec délectation. Je trouvais dans *Le Rouge et le Noir*, plus encore que dans *La Chartreuse de Parme*, une énergie vitale qui contrastait avec le désœuvrement. Julien Sorel, le héros du roman, avait tout pour plaire à un jeune romantique et révolté : il était solitaire, rêveur et idéaliste, rejetait le destin tracé par sa famille et son milieu social, transgressait les conventions bourgeoises. « Avoir le feu sacré et aller loin[3]. » Comment ne pas s'identifier à lui quand on a 20 ans ?

Ce « feu sacré » n'avait rien d'un spiritualisme désincarné ; il s'enracinait dans un *ego* avec une sensibilité à fleur de peau qui faisait verser des larmes mais relançait

1. Le 28 avril 1968 devant le commandant Flohic, cité par Jean LACOUTURE, *De Gaulle*, t. 3, *Le Souverain (1959-1970)*, Paris, Seuil, 1986, p. 665.

2. Pierre VIANSSON-PONTÉ, « Quand la France s'ennuie », *Le Monde*, 15 mars 1968.

3. STENDHAL, *Le Rouge et le Noir*, Paris, Marabout (Géant), 1962, p. 217.

sans cesse les mouvements de la passion contre les banalités d'une vie routinière. La flamme de la jeunesse et l'exaltation de la passion balayaient le moralisme et l'hypocrisie bourgeoise. « Qu'est-ce qu'un amour qui fait bâiller[1] ? »

La conquête du bonheur était inséparable du sentiment amoureux qui pouvait naître des hasards de la vie et des rencontres ; le « coup de foudre » s'abattait sur les êtres sans qu'ils y prennent garde et changeait leur destin. Cet amour passion projetait sur l'être aimé toute la beauté du monde ; il isolait les amants de la société et de ses conventions. Il n'allait pas sans déchirements et remords ; il rendait malheureux et parfois même conduisait à la mort. Mais il transfigurait la banalité du quotidien, intensifiait le présent, aboutissant à des moments de bonheur extrême. Ces moments ne duraient pas éternellement, mais ils constituaient ce par quoi, malgré toutes ses déconvenues, la vie valait vraiment la peine d'être vécue. « La raison lutte en vain contre les souvenirs de ce genre ; ses essais sévères ne font qu'en augmenter le charme[2]. »

Telles étaient du moins mes pensées de l'époque, issues librement de ma lecture des romans de Stendhal qui allaient au-delà du commentaire de texte d'un devoir sur table. En fait, elles relevaient encore largement du domaine de la rêverie.

Dans le même temps, j'avais découvert Boris Vian que je lisais avec d'autant plus de plaisir que ses œuvres reflétaient une mentalité nouvelle qui me concernait plus directement. Ses écrits n'étaient pas encore publiés dans la prestigieuse collection de la Pléiade et n'avaient pas grand-chose à voir avec ceux de Stendhal. L'univers de ses romans mêlait

1. *Ibid.*, p. 316.
2. *Ibid.*, p. 375.

les traits d'un univers enfantin merveilleux à des forces sombres et destructrices. Derrière l'humour et la dérision se profilait la mélancolie d'un monde perdu[1]. Son humour pataphysicien allait de pair avec la valorisation du mode de vie zazou à Saint-Germain-des-Prés, qui était devenu le lieu mythique, intellectuel et hédoniste des jeunes lettrés de l'après-guerre.

Mal-être dans la modernité

Un de mes amis étudiants, féru de littérature américaine, m'avait fait connaître l'écrivain américain J. D. Salinger. Après Boris Vian, je découvrais un autre type de littérature où l'enfance et l'adolescence devenaient les moments centraux de l'existence au sein d'une société moderne qui ne les comprenait plus.

Le livre *L'Attrape-cœurs*[2] mettait directement en scène l'adolescence et ses tourments. Le jeune Holden Caulfield n'avait rien de la fougue et de l'ambition d'un Julien Sorel ou d'un Fabrice del Dongo. On était loin des anciens récits édifiants de la jeunesse avec ses saints, ses chevaliers français « sans peur et sans reproche », ses glorieux soldats de la guerre de 14, ses héros et ses martyrs de la Résistance… Holden Caulfield était l'antihéros, jeune et déjà désabusé. Contre son mal de vivre, la psychiatrie apparaissait comme une sorte d'infirmerie sociale adaptative, indispensable au fonctionnement de la modernité.

---

1. Voir Jean-Pierre LE GOFF, *La France d'hier*, *op. cit.*, chap. II, « Le monde perdu de Boris Vian ».

2. J. D. SALINGER, *L'Attrape-cœurs* [1951], Paris, Le Livre de poche, 1967.

Aux romans traditionnels – qu'ils soient glorieux ou non – se substituait un récit à la première personne décrivant sans fioritures et de façon crue les journées d'errance et les réflexions désabusées d'un adolescent. J'aimais ce mélange détonnant de cocasse, d'humour et de désillusion. Sous un ton de dérision et d'indifférence perçaient des émotions qu'on ne maîtrisait pas et qu'on ne tenait pas à montrer. Celles-ci ne s'exprimaient pas par de longs développements, mais par un style concis, sarcastique et mordant, au plus près du langage parlé.

Ce livre allait au-delà du malaise spécifique qui pouvait exister aux États-Unis dans l'après-guerre. Il exprimait et instituait l'adolescence non plus comme un moment de transition entre l'enfance et l'âge adulte, mais comme le moment central de l'existence, avec la nostalgie d'une enfance perdue, synonyme d'innocence et de pureté. Ce roman n'encourageait pas à s'oublier et à se dépasser, il était le livre miroir du malaise de l'adolescence dans une nouvelle société pour qui la recherche du bien-être matériel, le culte de l'argent et de la réussite semblaient balayer ce qui restait d'épopée, d'idéaux et de générosité. L'auteur qui vivait dans un petit village, refusant les honneurs et la publicité, paraissait au contraire incarner l'intransigeance et l'authenticité dans un monde aliéné. Comme pour beaucoup d'autres adolescents de l'époque, ce livre était comme le miroir de mon propre désœuvrement avant que Mai 68 ne m'ouvre de nouveaux horizons plus joyeux et plus fous.

Nadja

Avant Mai 68, je ne connaissais guère le surréalisme autrement que par la présentation et les extraits de textes publiés dans le dernier tome du manuel de Lagarde et Michard consacré à la littérature du XXe siècle[1] et les poèmes d'Aragon mis en musique et chantés par Léo Ferré[2]. Le surréalisme était présenté comme un des courants littéraires intégré dans une longue histoire de la littérature française. On en oubliait ses aspects irrévérencieux et sa volonté de rupture radicale qui avaient fait scandale dans l'entre-deux-guerres.

C'est par le livre *Nadja*[3] d'André Breton que je fis connaissance avec le surréalisme.

Là aussi, la vie et la littérature paraissaient proches. *Nadja* n'avait rien d'un roman, mais s'apparentait à un récit dont l'auteur narrait ses propres expériences de vie, ses passions et ses rencontres, sans autre fil directeur que son inspiration et ses réflexions sur une « surréalité » dont il notait les moindres signes. Cette façon d'écrire était indissociable d'une façon de vivre et de penser qui affirmait la possibilité effective d'un réenchantement du monde, pourvu qu'on y soit bien disposé. J'y trouvai un nouvel univers qui entendait mêler le rêve et la réalité d'une tout autre manière que la littérature traditionnelle.

La transcription des expériences d'écriture automatique ou de sommeil hypnotique dans *Nadja* m'intéressait assez peu. Je préférais le récit de la dérive dans les rues sans but précis ou utilitaire, découvrant sous un jour nouveau les rues, les places, les monuments… Cette errance et cette disponibilité à l'imprévu offraient d'autant plus de charme

1. André LAGARDE, Laurent MICHARD, « L'âge d'or du surréalisme », *in* André LAGARDE, Laurent MICHARD, *XXe siècle*, *op. cit.*, p. 241.

2. Léo FERRÉ, *Les Chansons d'Aragon chantées par Léo Ferré*, Barclay, 1963.

3. André BRETON, *Nadja* [1928], Paris, Le Livre de poche, 1969.

qu'elles se déroulaient à Paris, ville fascinante et attirante pour un provincial comme moi.

Le récit de la rencontre avec Nadja n'occupait qu'une partie du livre, mais c'était elle qui retenait surtout mon attention. Déambulant dans les rues, Breton remarque cette femme frêle à l'allure étrange, curieusement fardée et pauvrement vêtue. Il l'aborde et lui adresse la parole, s'attendant de sa part à un refus ou à une indifférence, mais celle-ci lui répond et « sourit mystérieusement comme en *connaissance de cause*[1] ». Ainsi commençait la description méticuleuse d'une relation d'une semaine itinérante aux aspects mystérieux. Il suffisait de se mettre en « état de grâce avec le hasard », en quête du « merveilleux » dont la rencontre avec une femme constituait le point culminant. Cette « attraction passionnelle » par-delà toutes les convenances prenait alors les traits d'un miracle.

Celle qui se disait l'« âme errante » avait de quoi séduire et faire rêver un jeune homme en état de rébellion, avide d'aventure et de passion. Nadja avait tous les traits d'une marginale : elle vivait dans un hôtel, avait convoyé de la cocaïne, avait connu la prison… Son histoire demeurait secrète ; elle fascinait non seulement par sa beauté, mais par ses dons de voyance qui manifestaient on ne sait quelles forces occultes de l'esprit dont Breton était friand.

Celui-ci entendait se démarquer de toute « littérature à affabulation romanesque » et le récit de cette rencontre avait les aspects d'un procès-verbal consigné au jour le jour. Les descriptions cependant ne manquaient pas d'un certain lyrisme. Il peignait ce « mélange adorable de légèreté et de ferveur » qui ne m'était pas inconnu – l'aspect sacré en moins : « Avec respect je baise ses très jolies dents et elle alors, lentement, gravement, la seconde fois sur quelques

1. *Ibid.*, p. 72.

notes plus haut que la première : “La communion se passe en silence... la communion se passe en silence.” C’est, m’explique-t-elle, que ce baiser la laisse sous l’impression de quelque chose de sacré où ses dents “tenaient lieu d’hostie”[1]. »

Je n’en demandais pas tant, mais dans l’immédiat après-Mai 68, *Nadja* devenait pour moi une référence rebelle aux conventions. Breton avait su élever cette rencontre à la hauteur d’un mythe qui renouvelait la figure de la passion amoureuse par-delà le bien et le mal. J’y adhérais pleinement. Par l’aura et la renommée des surréalistes, Nadja venait confirmer et légitimer l’idée que ses désirs pouvaient se confondre avec la réalité et que c’était là la voie du bonheur et de la beauté dans un monde désenchanté.

Une « histoire à dormir debout »

À l’époque, je désirais sincèrement croire aux aspects merveilleux de ce récit. Je ne m’attardais guère sur une relation plus équivoque qu’il n’y paraît. Breton accompagnait Nadja dans son délire jusqu’à un certain point ; il flirtait avec la limite où la mort n’est jamais loin. Mais il gardait toujours une pulsion de vie et un souci de lui-même qui l’empêchaient de passer de l’autre côté. Nadja le fascinait et l’intéressait comme objet passionnel qui le relevait à lui-même dans son rapport avec les données obscures de l’esprit. Par ses paroles et ses gestes les plus fous, elle lui permettait de mieux connaître cette part d’ombre et d’approfondir sa connaissance de la surréalité. Elle était cet obscur objet du désir qui l’intriguait au plus haut point. Sa relation gardait les traits d’une expérience esthético-intellectuelle en passant outre tout ce qui

1. *Ibid.*, p. 107.

n'allait pas dans le sens surréaliste escompté. Breton distinguait ainsi ses « propos oiseux » de ceux qu'il estimait d'une profondeur sans égale, dont il était le juge et le garant. Nadja n'était pas toujours à la hauteur de ce qu'il attendait d'elle, mais il tenait à « la ramener à une conception réelle de sa valeur » qu'il était le seul capable de connaître et d'apprécier.

Une telle relation autocentrée et idéalisée ne pouvait tenir bien longtemps face à une réalité plus prosaïque qui finissait par l'emporter. Cette « âme errante » allait perdre le charme des premières rencontres et les discussions violentes entre eux iraient en s'aggravant. Dans l'une des lettres qu'elle écrivit à Breton après leur dernière rencontre, elle lui confiait qu'elle l'attendait, lui envoyait des dessins, le suppliait : « Pourquoi m'avoir élevée si haut pour me laisser tomber ensuite[1] ? »

Nadja finirait internée dans un asile et la réaction de Breton serait des plus sommaires : « L'essentiel est que pour Nadja je ne pense pas qu'il puisse y avoir une extrême différence entre l'intérieur d'un asile et l'extérieur[2]. »

La fin de ce récit s'ouvre à des invocations et à des interrogations qui me laissaient perplexe : « Qui vive ? Est-ce vous, Nadja ? Est-il vrai que l'au-delà, tout l'au-delà soit dans cette vie ? Je ne vous entends pas. Qui vive ? Est-ce moi seul ? Est-ce moi-même[3] ? » Breton flirtait avec la folie de Nadja dans une passion qui demeurait centrée sur l'exploration de lui-même avec une certaine idée de son propre génie[4].

1. Cité par Frédérique ROUSSEL, « Été 1919. Nadja, Breton à la folie », *Libération*, 9 août 2019.

2. André BRETON, *Nadja*, *op. cit.*, p. 158.

3. *Ibid*, p. 169.

4. Après la guerre, s'affirmant comme le théoricien attitré du surréalisme, André Breton dira : « L'héroïne de ce livre est faite pour centrer sur elle tout l'appétit de merveilleux et pourtant la séduction

Nadja renvoyait confusément à mes relations amoureuses de l'époque qui habitaient Saint-Germain-en-Laye et venaient passer leurs vacances à La Hague. Il m'arrivait de faire des allers-retours dans cette ville pour les y rencontrer. Je découvrais son château, ses rues et la forêt où s'étaient promenés Breton et Nadja. L'une de mes amies fréquentait les milieux marginaux et ne dédaignait pas de prendre de temps à autre des substances illicites, ce qui lui donnait des allures quelque peu déjantées. L'analogie avec Nadja était tentante, mais trompeuse : à la différence de cette dernière, mon amie aimait la « déconnante » et savait rigoler.

À Saint-Germain-en-Laye, lors de la fête des Loges, je m'étais amusé à me faire lire les lignes de la main dans une roulotte par une voyante prénommée, comme il se doit, « Madame Irma ». Je n'y cherchais pas une quelconque révélation sur ma destinée et ne croyais guère à ces prédictions d'une généralité confondante. Mais cela m'amusait de rencontrer une « voyante », figure énigmatique à laquelle Breton accordait tant d'importance. À vrai dire, la Madame Irma en question me déçut. Après avoir lu les lignes de la main, elle me proposa de me tirer les cartes pour y voir un peu plus clair dans un avenir déjà bien embrouillé. Ses dons pour la voyance n'étaient pas exempts de préoccupations pécuniaires qui m'empêchèrent de me livrer

qu'elle exerce sur moi reste d'ordre intellectuel » (*Entretiens avec André Breton recueillis et présentés par André Parinaud*, émission radiophonique diffusée en juin 1950 sur la chaîne nationale). Ce qui n'était pas vraiment le cas à l'époque où il écrivit *Nadja*. Dans la réédition en 1964, il n'hésitera pas à supprimer du livre le passage sur la nuit d'amour passée dans un hôtel avec Nadja. Celle-ci était devenue l'un des êtres-objets de référence qui illustraient les conceptions surréalistes d'un milieu parisien.

plus avant à une expérience dont la dimension surréaliste m'échappait. Je n'étais probablement pas tombé sur la bonne voyante…

C'est également à Saint-Germain avec une autre de mes compagnes que je découvris *Suzanne*, la chanson de Leonard Cohen, qui nous entraînait dans une autre « surréalité » amoureuse. Les paroles légèrement ésotériques évoquaient tour à tour la rivière, la mer, les bateaux et les sirènes, sans oublier Jésus le marin marchant sur la mer… Suzanne était elle aussi une femme étrange et fascinante. Elle n'était qu'à « moitié folle », mais elle était hospitalière, douce et apaisante, à la différence de Nadja et de ses tourments.

La mélodie et le timbre de voix si particuliers de Leonard Cohen créaient d'emblée un univers intime à la fois grave et apaisé. La complicité amoureuse s'y logeait, mêlant l'esprit et les corps avec délicatesse et volupté. Je pouvais « voyager les yeux fermés », Suzanne me « prenait par la main pour passer une nuit sans fin ». Nadja, Suzanne, mais aussi Marianne, célébrée par Leonard Cohen[1], constituaient autant de figures du désir adolescent, dont l'incarnation et le visage se renouvelaient et se superposaient au gré des rencontres. Avec Leonard Cohen, les amours électives ne duraient jamais bien longtemps. L'homme demeurait cet éternel étranger à la recherche de lui-même, habité par la figure de la femme comme un talisman. Le narcissisme adolescent pouvait s'y complaire ardemment.

Avec Leonard Cohen, l'illumination mystique n'était pas toujours au rendez-vous avec ou sans l'aide des substances illicites. L'inquiétude, la tristesse voire la dépression coexistaient avec l'évocation de ces moments fusionnels qui se conjuguaient au passé. En fin de compte, Leonard Cohen

---

1. Leonard COHEN, « So Long Marianne », *Songs of Leonard Cohen*, Columbia Records, 1967.

n'est-il pas celui qui « a cherché dans l'amour un absolu qui dépasserait toute religion, sans rien trouver d'autre que la précarité des sentiments, des étreintes, des relations[1] » ? C'est précisément cette déchirure qu'il a su traduire en poèmes et en chansons. Ce perpétuel amoureux est devenu l'un des chanteurs les plus obscurs et talentueux du peuple adolescent dont la culture deviendrait universelle et concernerait tous les âges[2] : « *Dance me to the end of love*[3]. »

Les chansons de Leonard Cohen célébraient ces moments sensuels en dehors des désordres du monde et du temps. On aurait voulu qu'ils durent toujours. Leur réminiscence mélancolique avec des paroles hermétiques et des références bibliques créaient un vague à l'âme énigmatique dont le charme opérait spontanément. Cette quête éperdue et charnelle de l'amour et de la beauté avait les aspects d'une mystique sans transcendance et sans nom. Cette « épiphanie charnelle », cette « ode païenne à l'épanouissement sexuel »[4], avec l'orgasme comme suprême moment fusionnel[5] avait les traits d'un « saint sacrement ». La passion,

---

1. Gilles TORDJMAN, *Leonard Cohen*, Paris, Le Castor astral, 2006, p. 80.

2. Georges Pompidou, président de la République, déclarait que Leonard Cohen était son chanteur favori et qu'il emportait ses disques pendant ses vacances. On aurait tort d'y voir une simple opération de communication de cet amoureux de poésie française, conservateur et moderne à la fois.

3. Leonard COHEN, « Dance Me to the End of Love », *Various Position*, 1989. Voir aussi la belle vidéo officielle de cette chanson : www.youtube.com/watch?v=NGorjBVag0I&ab_channel=LeonardCohenVEVO.

4. Gilles TORDJMAN, *Leonard Cohen*, *op. cit.*, p. 17 et 47.

5. « Quand je vois le visage d'une femme transformée par l'orgasme que nous avons atteint ensemble, je sais que nous nous sommes rejoints. Tout le restant ce sont des idées. C'est le vocabulaire d'aujourd'hui, le seul langage qui reste », Leonard COHEN,

la nostalgie et la quête d'un absolu se réinvestissaient dans le monde de l'« ici-bas » et le réenchantaient par la même occasion. À l'époque de la mort de Dieu et de la désillusion, n'étaient-elles pas les restes naturalisés d'un judaïsme et d'un christianisme mal en point ?

The Favorite Game, trad. de l'anglais par Michel Doury, Paris, Christian Bourgeois, 1971.

2

La seconde jeunesse du surréalisme

La Commune étudiante avait proclamé « l'imagination au pouvoir » et des graffitis écrits par des mains anonymes contrastaient avec les slogans militants : « L'ennui transpire », « La vie est ailleurs », « L'infini n'a pas d'accent », « Sous les pavés la plage »... Ce qui comptait avant tout, pour moi comme pour beaucoup d'autres jeunes étudiants et lycéens, était de vivre sa jeunesse librement et intensément et de « faire la révolution », sans que je sache ce que ce mot pouvait signifier précisément. Je trouvais alors dans les écrits surréalistes comme un écho de Mai 68 et de quoi satisfaire mon imagination.

Nouvelle innocence

Dès l'origine du mouvement, les surréalistes avaient encensé la jeunesse en l'exhortant à ne compter que sur elle-même : « Le surréalisme, déclarait André Breton, est né d'une affirmation de foi sans limites dans le *génie* de la jeunesse[1]. » Et de rappeler la liste des artistes de référence (Lautréamont, Rimbaud, Novalis...) qui écrivirent leurs œuvres très tôt et dont la vie fut courte pour beaucoup, sans oublier d'y ajouter, dans un autre registre, Saint-Just, guillotiné à 27 ans[2].

Par-delà ces références aux grandes figures poétiques ou révolutionnaires, ce qui comptait avant tout était ce sentiment de liberté vécu comme une « recréation constante d'énergie », excluant « toute idée d'équilibre confortable » dans la quête éperdue de l'amour et de la beauté. Cette quête ne relevait plus seulement des arts et des lettres, des œuvres classiques telles que les humanités nous les avaient enseignées. Ils étaient inséparables de certaines coïncidences où « les cheminements intérieurs sont *analogues* aux parcours parmi les dédales de la réalité extérieure[3] ». Ils se révélaient dans la vie quotidienne d'une société moderne, pourvu qu'on soit disposé à les ressentir comme des messages sibyllins qui nous étaient adressés. C'était comme le ressort secret d'une « jeunesse éternelle » qui pouvait se vivre dans la répétition de moments intenses au goût d'éternité.

Le désir sexuel y était pour beaucoup. Pour Breton, il n'avait plus rien de honteux, mais il demeurait auréolé d'un mystère aux aspects merveilleux. Après la faute originelle et la vie considérée comme une vallée de larmes, c'était désormais le paradis sur terre retrouvé avec la femme comme nouvelle figure du divin. Au regard d'une éducation chrétienne marquée par le dolorisme et une culpabilité malsaine,

---

1. André BRETON, « Situation du surréalisme entre les deux guerres. Discours aux étudiants français de l'université de Yale, 10 décembre 1942 », in *La Clé des champs* [1953], Paris, Pauvert, 1979, p. 63.

2. *Ibid.*

3. André BRETON, *Arcane 17*, Paris, Union générale d'éditions, 1965, p. 164.

cette perspective était vécue comme une libération joyeuse. À sa façon, Breton affirmait une nouvelle innocence qui pouvait satisfaire la révolte du peuple adolescent. Le moralisme dissimulait sa part de refoulement et d'hypocrisie chez les prêcheurs de vertu. Finies les considérations abstraites, spiritualistes et métaphysiques ; un nouvel égotisme passionné prenait le dessus, qui donnait à la femme le statut de plaque sensible d'une révélation de soi-même. La vie se dotait alors d'un goût d'aventure avec ses risques et ses déchirures. Mais cette aventure était des plus attirantes, surtout quand on a 20 ans.

Du diable et du bon Dieu

Les féministes ne manqueront pas, non sans raison, de voir dans ce « songe brumeux, parfois très beau, presque toujours sans poids » un machisme et un narcissisme masqués sous une rhétorique de l'amour, où la femme est « proie et servante des délires oniriques des mâles »[1]. Elles feront éclater cette vision de la femme fragile, trouble et charmante, au profit d'une femme affirmant son autonomie radicale, se libérant des stéréotypes dont elle est l'objet. La poésie n'y gagnera pas au change. La libération sexuelle post-soixante-huitarde et le féminisme radical prendront d'autres voies plus crues que celles de l'amour unique et enchanteur promu par André Breton. Ce dernier passera finalement pour idéaliste et verbeux en regard d'auteurs plus sombres et radicaux.

Antonin Artaud qui avait rompu avec Breton était de ceux-là : « Ce qui me sépare des surréalistes, écrivait-il, c'est

---

1. Xavière GAUTHIER, *Surréalisme et sexualité*, Paris, Gallimard (Idées), 1971, p. 270.

qu'ils aiment autant la vie que je la méprise[1]. » Sa rage d'exister allait de pair avec une « fatigue de mort[2] », une angoisse et une souffrance insupportables dont il ne pouvait se déprendre.

Les écrits de Georges Bataille étaient également aux antipodes de l'univers surréaliste et merveilleux d'André Breton. Pour Bataille, l'érotisme inhérent à la transgression des interdits procurait une volupté d'un genre particulier. Elle liait inexorablement « le désir et l'effroi, le plaisir intense et l'angoisse » qui était la marque même de « l'expérience du péché »[3]. Cet « érotisme angoissé » me paraissait porter les restes d'un christianisme obsédé par la sexualité et la culpabilité mortifère. Je partageais alors les propos incisifs de Breton pour qui « M. Bataille fait profession de ne vouloir considérer au monde que ce qu'il y a de plus vil, de plus décourageant et de plus corrompu[4] ».

Le fait que Bataille, qui professait la transgression et l'excès, exerçait la profession de bibliothécaire s'avérait incongru. Je ne pouvais m'empêcher de penser au poème fameux de Rimbaud, « Les Assis » :

> « Ils ont greffé dans des amours épileptiques
> Leur fantasque ossature aux grands squelettes noirs
> De leurs chaises ; leurs pieds aux barreaux rachitiques
> S'entrelacent pour les matins et pour les soirs[5] ! »

---

1. Antonin ARTAUD, « À la grande nuit ou le bluff surréaliste », *L'Ombilic des limbes, suivi de Le Pèse-nerfs et autres textes*, Paris, Gallimard, 1968, p. 228.

2. *Ibid.*, p. 62.

3. Georges BATAILLE, *L'Érotisme*, Paris, Union générale d'édition, 1965, p. 43.

4. André BRETON, « Second manifeste du surréalisme » [1930], *in* André BRETON, *Manifeste du surréalisme*, Paris, Gallimard (Idées), 1969, p. 144.

5. Arthur RIMBAUD, « Les assis », *in* Arthur RIMBAUD, *Poésies* [1891], repris, mis en musique et chanté par Léo FERRÉ, *Léo ferré chante Verlaine et Rimbaud*, Barclay, 1966.

Les quelques jeunes disciples de Bataille que je connaissais restaient des intellectuels gardant le souci de leur carrière tout en ayant une « aventure intérieure » qui n'avait rien de réjouissant. Bien qu'ils fussent capables de parler le plus sérieusement du monde de l'érotisme, je n'arrivais guère à les prendre au sérieux. Je doutais fortement de leur capacité de mettre en application les pratiques les plus scabreuses qui les fascinaient tant. En tout cas, leur rapport à la sexualité me paraissait mal dégagé, quoi qu'ils en disent, d'un moralisme chrétien pour qui le « péché de chair » continuait d'exercer son emprise au sein même de la transgression.

Je préférais l'amour fou, dont le lyrisme et les aspects idéalistes faisaient encore écho à la grâce et au paradis dont j'avais été nourri dans mon enfance. Si le « surréel » n'était pas le surnaturel[1], il lui ressemblait quand même étrangement. Débarrassé de toute référence à un au-delà et de l'idée même de péché, le désir amoureux devenait naturel et restait lumineux.

La révolte érigée en absolu

L'affirmation surréaliste d'une « volonté non conformiste à tous les égards[2] » avait de quoi satisfaire également la révolte du peuple adolescent. Destinée à « secouer désespérément l'inertie générale », la frénésie surréaliste était « l'inverse de l'ennui[3] ». Elle affirmait le « dogme

1. Robert KOPP, *Album André Breton*, Paris, Gallimard (Bibliothèque de la Pléiade), 2008, p. 14.

2. André BRETON, « Situation du surréalisme entre les deux guerres », discours cité, p. 69-70.

3. Albert CAMUS, « La frénésie est l'envers de l'ennui », in *L'Homme révolté* [1955], Paris, Gallimard (Folio essais), 1985, p. 73.

de la révolte absolue, de l'insoumission totale, du sabotage en règle[1] » : « L'acte surréaliste le plus simple, déclarait le *Second manifeste du surréalisme*, consiste, revolvers au poing, à descendre dans la rue et à tirer au hasard, tant qu'on peut, dans la foule[2]. »

Cette formulation qui faisait scandale ou suscitait la moquerie (avait-on vu un surréaliste accomplir un tel geste ?) restait de l'ordre de la provocation. Breton prenait soin d'indiquer qu'il s'agissait là d'une « disposition d'esprit » et qu'il n'entendait pas recommander un tel acte. La précision s'imposait, mais la provocation demeurait un trait identitaire des surréalistes.

Je trouvais dans leurs écrits la critique radicale d'une autorité et des institutions sclérosées, du matérialisme ambiant, d'une vie marquée par le conformisme... Tout semblait bon à prendre dans le rejet d'une société que les surréalistes jugeaient, comme nous, en voie de décomposition.

À la fin des années 1960, la différence d'époque et de situation était pourtant manifeste : les surréalistes étaient de jeunes hommes d'une vingtaine d'années marqués par la guerre de 1914, alors qu'au même âge nous étions des « enfants gâtés » qui n'avaient pas connu la guerre et les malheurs du passé.

L'envie surréaliste d'en finir avec le « petit système d'avilissement et de crétinisation en vigueur[3] » de l'entre-deux-guerres ressemblait à la critique soixante-huitarde du paternalisme, du conformisme et de l'ennui. Ce « système de crétinisation » semblait s'être considérablement

---

1. André BRETON, « Situation du surréalisme entre les deux guerres », discours cité, p. 69-70.

2. *Ibid.*, p. 78.

3. André BRETON, « Second manifeste du surréalisme », *op. cit.*

développé depuis lors avec la consommation, les médias et les loisirs de masse assimilés à de l'aliénation.

Tout comme les jeunes surréalistes à leurs débuts, les soixante-huitards les plus déterminés n'avaient pas le « souci de la place qu'ils occuperont *dans le monde*[1] ». Ils gardaient un côté aristocratique vis-à-vis d'une majorité de la population qui « perdait sa vie à la gagner » sans se poser trop de questions.

Avec le surréalisme, la révolte contre l'autorité et les contraintes de la vie sociale n'était pas seulement liée à une situation et à un âge de la vie, elle s'érigeait en « dogme » et en « mode d'être absolu » : « La rébellion porte sa justification en elle-même tout à fait indépendamment des charmes qu'elle a de modifier ou non l'état de fait qui l'a déterminée. Elle est l'étincelle dans le vent mais l'étincelle qui cherche la poudrière[2]. » Avec le peuple adolescent soixante-huitard, cette étincelle semblait avoir trouvé une nouvelle poudrière.

Provocations

La lecture de *L'Histoire du surréalisme* de Maurice Nadeau[3] allait parfaire mon éducation. Les surréalistes maniaient l'insulte et la provocation ; ils créaient le scandale dans les milieux artistiques et intellectuels. Ils s'en prenaient aux « recteurs des universités européennes », les traitant d'imposteurs et de « plaie d'un monde » ; ils en appelaient au dalaï-lama et aux « écoles de Bouddha » pour

1. *Ibid.*, p. 77.
2. André BRETON, *Arcane 17*, *op. cit.*, p. 108.
3. Maurice NADEAU, *Histoire du surréalisme*, Paris, Seuil (Points), 1970.

en finir avec la civilisation occidentale[1] ; ils détestaient le christianisme et les curés qu'ils insultaient joyeusement, tout comme le nationalisme, les associations d'anciens combattants de la guerre de 1914.

« La Marseillaise », qui « fut dans son temps un symbole de la vie », était devenue pour eux le « chant des asticots »[2]. Ils « crachaient » sur les trois couleurs du drapeau français et n'hésitaient pas à écrire que si on les obligeait à faire la guerre à nouveau, ils combattraient sous le « glorieux casque à pointe allemand[3] ». « Nous sommes ceux-là qui donneront toujours la main à l'ennemi[4] », avait déclaré Aragon. De quoi mettre en rage les militaires, les anciens combattants, les représentants de l'État et de l'Église... et la grande majorité des Français. Les surréalistes n'en avaient cure ; ils se réjouissaient des réactions qu'ils pouvaient susciter, y trouvant un moyen de se faire connaître et de relancer leurs provocations. De quoi inspirer les situationnistes et les étudiants soixante-huitards les plus radicaux.

Le poème « Front rouge » d'Aragon, que m'avait fait connaître mon ami Paul Yonnet, était un modèle du genre.

1. *La Révolution surréaliste*, n° 3, 15 avril 1925, in *La Révolution surréaliste. Collection complète*, Paris, Jean-Michel Place, 1991. Ces textes d'Antonin Artaud ont été également publiés *in* Antonin ARTAUD, *L'Ombilic des limbes*, *op. cit.*

2. Max MORISE, « La Marseillaise » [1930], in *Tracts surréalistes et déclarations collectives*, t. 1, *1922/1939*, Paris, Éric Losfeld, 1980, p. 144.

3. Georges SADOUL, Jean CAUPENNE, « À M. K., reçu premier à l'École militaire de Saint-Cyr (Seine-et-Oise) » [16 septembre 1929], in *Le Surréalisme au service de la révolution*, n° 1, in *Le Surréalisme au service de la révolution. Collection complète*, p. 34.

4. Louis ARAGON, « Fragments d'une conférence », *La Révolution surréaliste*, n° 4, juillet 1925, p. 25, in *La Révolution surréaliste. Collection complète*, *op. cit.*

Ce texte faisait écho au sentiment de vide et à l'ennui profond que nous éprouvions dans un milieu bourgeois et provincial.

> « Les journées sont de feutre
> les hommes de brouillard Monde ouaté
> sans heurt [...]
>
> Ô pendulettes pendulettes
> avez-vous fait rêver les fiancés sur les grands boulevards
> et le lit Louis seize avec un an de crédit
>
> Dans les cimetières les gens de ce pays si bien huilé
> se tiennent avec la décence de marbre
> Leurs petites maisons ressemblent
> à des dessus de cheminée
>
> Combien coûtent les chrysanthèmes cette année[1]. »

Aragon s'en prenait au conformisme et aux bourgeois satisfaits avec une rage jubilatoire (« J'assiste à l'écrasement d'un monde hors d'usage/J'assiste avec enivrement au pilonnage des bourgeois[2] »). Contre ce « monde ouaté », ses allusions aux hommes qui « descendaient des faubourgs », au flot noir qui « se formait comme un poing qui se ferme » tandis que les « boutiques portaient leurs volets à leurs yeux pour ne pas voir passer l'éclair »[3], me rappelaient les manifestations et les émeutes ouvrières de janvier 1968 à Caen.

---

1. Louis Aragon, « Front rouge » [1932], in *La littérature de la révolution mondiale*, organe de l'Union internationale des écrivains (UIER) créée par l'URSS, poème reproduit in *Tracts surréalistes et déclarations collectives*, t. 1, *op. cit.*, p. 460.
2. *Ibid.*, p. 462.
3. *Ibid.*, p. 460.

Nous étions fascinés par l'audace provocatrice d'Aragon qui n'hésitait pas à écrire :

« Il y a toujours des armuriers dans la ville
des autos aux portes des bourgeois
Pliez les réverbères comme des fétus de paille
faites valser les kiosques les bancs les fontaines Wallace
Descendez les flics
Camarades
Descendez les flics[1]. »

Aragon continuait en appelant à faire feu non seulement sur les dirigeants politiques de droite mais sur Léon Blum et sur les « ours savants de la social-démocratie », tout en chantant la gloire du communisme et de l'Union soviétique[2]. Qu'importaient pour nous ces aspects caricaturaux ? La révolte et le lyrisme ravageur d'Aragon emportaient tout.

Marx, Rimbaud… et Freud

La révolte des surréalistes avait pris une couleur politique. Ils saluaient la révolution bolchevique, soutenaient la lutte des Marocains contre l'armée française lors de la guerre du Rif, se rapprochant des communistes à cette occasion[3],

1. *Ibid.* p. 461.
2. Aragon, qui avait écrit « Front rouge » à son retour de Russie en 1931, fut inculpé pour provocation au meurtre et la revue qui l'avait publié fut saisie. Les surréalistes prirent sa défense et lancèrent une pétition. Les charges contre Aragon ne furent finalement pas retenues.
3. « La révolution d'abord et toujours » [1925], texte signé conjointement par les surréalistes et les membres de *Clarté*, revue

ils appelaient à boycotter l'Exposition coloniale[1]... Leur revue avait fini par changer significativement de nom : de *La Révolution surréaliste* au *Surréalisme au service de la révolution*. Mais, à vrai dire, qui était au service de qui ?

Cette révolution mêlait la révolte individuelle et artistique à la révolution prolétarienne sous l'égide des bolcheviques qui avaient bien d'autres idées en tête que celles du milieu artistique et bohème parisien. Comme l'avait justement souligné Raymond Aron – auteur que j'ignorais superbement à l'époque –, à ses origines, l'alliance des surréalistes et des bolcheviques était née de circonstances exceptionnelles et fondée sur un malentendu : « On dénonçait d'une même voix convention artistique, conformisme éthique, tyrannie de l'argent. On en voulait autant à l'ordre chrétien qu'à l'ordre capitaliste[2]. » Décidément, l'histoire semblait se répéter.

La Commune étudiante avait remis au goût du jour les propos d'André Breton tenus trente-trois ans plus tôt : « "Transformer le monde", a dit Marx ; "Changer la vie", a dit Rimbaud : ces deux mots d'ordre pour nous n'en font plus qu'un[3]. » À ces deux références, Breton aurait pu ajouter Freud dont il attendait « d'autres exploits que des exploits d'huissier[4] ».

---

d'intellectuels communistes, in *La Révolution surréaliste*, n° 5, 15 octobre 1925 in *La Révolution surréaliste. Collection complète*, *op. cit.*

1. « Ne visitez pas l'Exposition coloniale » [1931], in *Tracts surréalistes et déclarations collectives*, t. 1, *op. cit.*, p. 194.

2. Raymond ARON, « Le mythe de la révolution », in *L'Opium des intellectuels* [1955], Paris, Calmann-Lévy (Agora), 1986, p. 56-57.

3. André BRETON, « Position politique du surréalisme », discours au Congrès des écrivains (1935).

4. André BRETON, *Nadja*, *op. cit.*, p. 25-27.

Breton considérait la méthode d'interprétation des rêves et l'importance accordée à la sexualité dans la vie inconsciente comme les acquisitions les plus importantes de la psychanalyse[1]. Il allait même jusqu'à reprocher à Freud d'avoir esquivé la signification sexuelle de ses rêves personnels : « Freud, écrivait-il, n'échappe pas à la crainte d'aller trop loin dans ses confidences. [...] L'auteur se souvient à temps qu'il est marié, père de famille et ce même petit-bourgeois de Vienne qui a longtemps aspiré à être nommé professeur. De là, une des contradictions des plus gênantes de son ouvrage : les préoccupations sexuelles ne jouent apparemment aucun rôle dans ses rêves personnels, alors qu'elles contribuent d'une manière nettement prépondérante à l'élaboration des autres rêves qu'il entreprend de nous soumettre[2]. »

Dans sa réponse épistolaire, Freud se justifiait en indiquant qu'il était en droit de mettre une limite à l'exhibition de ses propres rêves, dans la mesure où ils étaient en rapport avec son père qui venait de mourir. Cette réponse ne convainquit pas Breton. Dans sa lettre, Freud lui faisait un aveu poli : « Bien que je reçoive tant de témoignages de l'intérêt que vous et vos amis portez à mes recherches, moi-même je ne suis pas en état de me rendre clair ce qu'est et ce que veut le surréalisme[3]. »

1. André BRETON, *Les Vases communicants*, in *Œuvres complètes*, t. II, Paris, Gallimard (Pléiade), p. 118.

2. *Ibid.*, p. 117.

3. Lettre de Freud du 26 décembre 1932, reproduite in *ibid.*, p. 213.

Le malentendu

À la différence de Freud, les surréalistes considéraient l'inconscient comme une sorte de fonds premier d'imagination créatrice ; le rêve brut avait pour eux une portée poétique et ils voyaient dans les manifestations de la folie des ressources artistiques. Dans ce cadre, leur intérêt pour la psychanalyse allait de pair avec celui accordé à l'alchimie et à l'occultisme revisités à la lumière de leur propre conception.

Le premier *Manifeste du surréalisme* (1924) ouvrait des questions quasi métaphysiques sur le rêve : « Pourquoi n'accorderais-je pas au rêve ce que je refuse parfois à la réalité, soit cette valeur de certitude en elle-même, qui, dans son temps, n'est point exposée à mon désaveu ? Pourquoi n'attendrais-je pas de l'indice du rêve plus que je n'attends d'un degré de conscience chaque jour plus élevé ? Le rêve ne peut-il être appliqué, lui aussi, à la résolution des questions fondamentales de la vie[1] ? »

L'écriture automatique, la libre association, les récits oniriques étaient autant de méthodes d'exploration du rêve et des forces obscures de l'esprit envisagées comme les ressources d'une création poétique rompant avec tous les codes artistiques établis, en même temps qu'elles étaient considérées comme des forces de subversion. Les surréalistes trouvaient ainsi dans la psychanalyse de quoi alimenter leur révolte contre l'ordre social et les tabous de l'époque, les étudiants soixante-huitards aussi.

Freud n'avait pourtant rien d'un révolutionnaire prônant une rupture radicale avec les contraintes sociales et la culture. Breton lui-même s'en était aperçu lors de sa visite à Vienne, où il l'avait rencontré dans son cabinet. Le récit

1. André BRETON, *Manifeste du surréalisme*, *op. cit.*, p. 21-22.

qu'il en avait donné dans un court texte intitulé « Interview du professeur Freud[1] » était à la hauteur de sa désillusion : « Une modeste plaque à l'entrée : Pr. Freud, 2-4, une servante qui n'est pas spécialement jolie, un salon d'attente aux murs décorés de quatre gravures faiblement allégoriques : l'Eau, le Feu, la Terre et l'Air, et d'une photographie représentant le maître au milieu de ses collaborateurs, une dizaine de consultants de la sorte la plus vulgaire[2]. »

La suite du texte était tout aussi drôle. Freud était décrit comme un « petit vieillard sans allure qui reçoit dans son pauvre cabinet de quartier » avec des propos d'une grande banalité : « Votre lettre, la plus touchante que j'aie reçue de ma vie » ou « Heureusement nous comptons beaucoup sur la jeunesse »[3]...

Plus tard, Breton considérerait ce texte comme un « regrettable sacrifice à l'esprit Dada », ajoutant que Freud avait eu la bonne grâce de ne pas lui en garder rigueur et de rester en correspondance avec lui[4]. Cela ne m'empêchait pas de considérer cet écrit concis comme un modèle du genre qui provoquait le rire à la lecture.

En 1938, dans une lettre à Stefan Zweig qui souhaitait lui présenter Salvador Dalí, Freud répondait qu'il tenait les surréalistes pour des « fous à cent pour cent (disons plutôt comme pour l'alcool, à quatre-vingt-quinze pour cent)[5] ». Même s'il dirait que sa rencontre avec Dalí l'avait incité à reconsidérer son opinion, le malentendu demeurerait jusqu'au bout. Freud entendait rester dans le registre d'une

1. André BRETON, « Interview du professeur Freud », in *Les Pas perdus*, Paris, Gallimard (Idées), 1969, p. 99.

2. *Ibid.*

3. *Ibid.*, p. 100.

4. André BRETON, *Entretiens* [1952].

5. Sigmund FREUD et Stephan ZWEIG, *Correspondance*, Paris, Rivages, 1993.

interprétation qui se voulait scientifique et dans une optique thérapeutique, aux antipodes de la révolte et de l'exaltation surréalistes[1].

À dire vrai, dans l'immédiat après-Mai, ces différences m'importaient peu. Surréalisme et psychanalyse constituaient des découvertes qui venaient renforcer ma révolte, fournissaient des références et des ressources à une critique de la société qui allait grandissant. La « révolution surréaliste » et la « révolution psychanalytique »[2] se combinaient en un mélange de type anarchisant. Toutes deux remettaient en question, chacune à sa manière, la philosophie existentialiste et spiritualiste dans laquelle j'avais baigné antérieurement, confortant une révolte et une rupture qui se voulaient radicales. Le tout avait le goût d'une aventure individuelle et collective, dans le domaine des idées comme dans la vie quotidienne, au sein d'un milieu étudiant en ébullition.

---

1. Malgré ces contradictions, Breton continuera à exprimer le respect et l'admiration qu'il porte à Freud.

2. *La Révolution surréaliste*, titre de la revue fondée en 1924 par les surréalistes ; *La Révolution psychanalytique*, titre du livre de Marthe Robert paru aux éditions Payot en 1964.

3

La « révolution psychanalytique[1] »

Dans l'immédiat après-Mai 68, la psychanalyse n'était pas encore intégrée largement dans la culture et dans les mœurs. Mais sa nouveauté, son ambition théorique et thérapeutique lui donnaient une autorité intellectuelle au sein d'un milieu universitaire frondeur. La Commune étudiante avait à sa manière remis en question le moralisme et l'hypocrisie en matière de sexualité ; tout un courant libertaire et situationniste appelait à « jouir sans entraves »...

Avant même le marxisme et la connaissance du mouvement révolutionnaire, la lecture de Freud fut pour moi une découverte fascinante. La psychanalyse gardait un aspect subversif par rapport à un moralisme encore bien présent ; elle allait devenir une référence du gauchisme post-soixante-huitard qui l'interprétait à sa façon.

1. Marthe Robert, *La Révolution psychanalytique. La vie et l'œuvre de Freud*, Paris, Payot, 1964.

Ma première lecture de Freud fut celle des *Trois essais sur la théorie de la sexualité*[1]. Ce livre, perçu comme scandaleux au moment de sa parution en 1905, continuait de l'être dans les milieux traditionalistes et bien-pensants. Dans les années 1950 et 1960, l'éducation scolaire sur la sexualité était inexistante ou réduite au minimum. Dans une région, la Normandie, fortement marquée par une tradition catholique qui plaçait la sexualité hors mariage sous le signe du péché, ces *Trois essais* auraient pu avoir comme sous-titre : « Tout ce que vous avez voulu savoir sur la sexualité sans jamais oser le demander[2]. »

La sexualité disséquée à l'aune de la psychanalyse prenait les allures d'un processus complexe expliqué avec la froideur d'un observateur thérapeute et scientifique. En lisant ces *Trois essais*, je fus plongé dans un univers des plus crus qui se démarquait, dans son contenu comme dans son style, du romantisme, du surréalisme et de l'amour fou.

Ce livre abordait d'emblée les « aberrations sexuelles » en dehors de tout point de vue moral et sentimental, les présentant comme des phénomènes observables beaucoup plus courants que l'on ne pouvait le croire. La pulsion sexuelle se déployait sous des modalités diverses auxquelles je n'avais pas nécessairement pensé.

L'« inversion » (l'homosexualité) correspondait au « désir sexuel de nombreux individus », écrivait Freud ; elle était une pratique fréquente depuis l'Antiquité durant laquelle

1. Sigmund FREUD, *Trois essais sur la théorie de la sexualité* [1905], Paris, Gallimard (Idées), 1971.

2. Woody ALLEN, *Tout ce que vous avez toujours voulu savoir sur la sexualité sans jamais oser le demander*, 1972, titre inspiré du livre du docteur David Reuben publié en 1969.

elle n'était pas considérée comme un crime. J'apprenais l'existence de trois sortes d'« invertis » : les « absolus », les « amphigènes » encore appelés « hermaphrodites psycho-sexuels » et les « occasionnels ». Il y avait aussi ceux qui prenaient les enfants pour des objets sexuels et ceux qui pratiquaient le coït avec les animaux. Les « transgressions anatomiques », quant à elles, ne se limitaient pas à l'« appareil génital », mais se concrétisaient par l'« usage sexuel des muqueuses buccales » et l'« usage sexuel de l'orifice anal ». Le voyeurisme, l'exhibitionnisme, le fétichisme et le sado-masochisme venaient compléter le tableau. Je n'avais rien lu auparavant de pareil sur la sexualité et ses perversions.

Celles-ci ne relevaient pas de la catégorie de la maladie mentale, mais renvoyaient à des événements de la petite enfance qui avaient eu une influence décisive sur l'orientation de la pulsion sexuelle présente en chacun. Freud ne manquait pas de constater qu'il existait beaucoup d'« anormaux sexuels » qui, « à tous les autres égards, correspondent à la moyenne et possèdent l'acquis de notre civilisation »[1], et il ajoutait : « Des sujets normaux à tout autre égard peuvent rentrer dans la catégorie des malades au point de vue sexuel, sous la domination de la plus impérieuse des pulsions[2]. » Il fallait donc bien admettre que la « disposition à la perversion n'est pas quelque chose de rare et d'exceptionnel, mais est partie intégrante de la constitution normale[3] ». Qui l'eût cru ?

L'autre aspect étonnant de cette théorie était le « caractère infantile de la sexualité ». Contrairement à l'idée répandue, le sexuel ne se confondait pas avec le génital et

1. Sigmund FREUD, *Trois essais sur la théorie de la sexualité*, *op. cit.*, p. 33.

2. *Ibid.*, p. 48.

3. *Ibid.*, p. 61.

la pulsion sexuelle ne s'éveillait pas seulement à la puberté. Elle était présente dans la petite enfance, s'investissait sur des « zones érogènes » corporelles différentes dont l'excitation procurait un plaisir certain. L'enfant pouvait ainsi être considéré comme prédisposé à devenir un « pervers polymorphe ». Cette formulation surprenante n'avait rien d'un jugement : la disposition à la perversion était la « disposition la plus générale, originelle de la pulsion sexuelle[1] », tout dépendait ensuite du bon déroulement ou non de son développement.

Comme pour beaucoup de lecteurs de Freud qui découvraient la psychanalyse à travers ce livre, cette théorie m'apparaissait comme inédite, complexe et bien construite. Elle était intellectuellement fascinante et permettait à peu de frais d'interpréter nombre de comportements apparemment normaux dans une période post-soixante-huitarde où le soupçon et la contestation se déployaient partout.

Équivoques et défoulement

Ma lecture des *Trois essais sur la théorie de la sexualité* passait vite sur les passages – il est vrai, peu nombreux – où la pulsion sexuelle avait un destin heureux. Malgré toutes les déviations et les perversions possibles, Freud n'en faisait pas moins allusion à une « sexualité normale » qui, tout en ayant des liens paradoxaux avec les perversions infantiles, parvenait malgré tout à les dépasser. Il évoquait rapidement la sublimation comme un processus par lequel les pulsions se détournaient de leur but sexuel sans qu'on comprenne exactement comment, mais cette sublimation, soulignait-il, est l'« un des facteurs des plus importants pour les acqui-

1. *Ibid.*, p. 146.

sitions de la civilisation[1] ». À lire l'importance accordée à la perversion et à la névrose, cette « sexualité normale » et cette « sublimation » n'allaient pas de soi, et l'on pouvait penser que celui qui se disait volontiers bien portant et équilibré était sans doute un malade qui s'ignorait.

Dans le climat de l'après-68, à lire les passages sur le refoulement et les tendances inconscientes à la perversion, il était facile de déduire que les bourgeois et autres personnalités autoritaires, sûrs d'eux-mêmes et « présentant bien sous tout rapport », masquaient sous leur vernis social des pulsions sexuelles inassouvies. Bien plus, la société comprenait de très nombreux névrosés ou « refoulés » (terme qui connaissait un certain succès, au même titre que « complexé »).

La pulsion au caractère irrépressible cherchait à se décharger, nous disait Freud ; l'accumulation de la tension sexuelle dont l'issue était entravée entraînait des symptômes pathologiques. Pourquoi alors ne pas lui donner satisfaction ? Dans un langage non psychanalytique, la question pouvait être posée autrement : pourquoi ne pas céder à la tentation, alors qu'on a tellement de peine à la satisfaire ?

Le gauchisme considérait le refoulement comme une entrave de la pulsion sexuelle essentiellement causée par une société répressive. La libération consistait alors à faire sauter les barrages du refoulement pour laisser s'épanouir une pulsion entraînant un plaisir salutaire pour l'individu, tout en ayant une portée sociale subversive. Pour le gauchisme culturel de l'époque, se faire plaisir et faire la révolution participaient d'un seul et même mouvement, à l'inverse du militantisme sacrificiel traditionnel qui apparaissait alors comme une manifestation névrotique de gens peu clairs avec eux-mêmes et mal dans leur peau.

1. *Ibid.*, p. 70.

Je n'avais pas encore lu Wilhelm Reich (1895-1957), psychanalyste autrichien qui fut membre du Parti communiste allemand, mais ses écrits de l'entre-deux-guerres faisaient écho à cette conception sommaire de la psychanalyse post-soixante-huitarde. Pour Reich, la répression et le refoulement de la pulsion sexuelle au sein de la famille autoritaire patriarcale et de la société capitaliste produisaient des êtres frustrés et rigides. Ceux-ci adhéraient aux forces réactionnaires et fascistes qui détournaient l'énergie sexuelle non satisfaite à leur profit. La libération sexuelle passait alors par la remise en cause de la famille considérée comme la « cellule réactionnaire centrale » et de l'État autoritaire et répressif, qui empêchaient l'expression d'une « sexualité complète et saine » dépourvue de toute perversion. Il suffisait de renverser les obstacles et d'éduquer comme il se faut pour que la sexualité s'épanouisse sainement. Avec Reich, les choses paraissaient simples au regard de la complexité des mécanismes internes analysés par Freud[1].

Désillusions

Dès le début des *Trois essais sur la théorie de la sexualité*, Freud bousculait la distinction traditionnelle du normal et du pathologique comme deux domaines radicalement étrangers l'un à l'autre. Une fois l'approche inversée qui consistait à évaluer le pathologique à partir d'une normalité comme modèle, ce dernier était considéré comme le verre grossissant permettant d'étudier la normalité. De quoi apprendre à se méfier des autres et de soi-même avant de

1. Pour une critique détaillée des conceptions de Reich : Jean-Pierre LE GOFF, *Mai 68. L'héritage impossible*, Paris, La Découverte, 2015, chap. 18 : « Wilhelm Reich, le précurseur ».

juger et de s'indigner face à des pratiques qui paraissaient peu recommandables, mais que l'on portait en soi sans en avoir conscience. La psychanalyse menait ainsi à une lucidité sur soi-même et à une certaine sagesse. Mais il était aussi possible d'en tirer bêtement une tout autre conclusion : l'idée de normalité empêchait les êtres humains d'être authentiques et épanouis sexuellement ; elle n'était qu'un leurre ou une convention sociale dont on pouvait faire abstraction.

Le caractère infantile de la sexualité quant à lui remettait en question une vision angélique de l'enfant. La figure du « pervers polymorphe » – même sous la forme d'une potentialité – succédait à celle du gros bébé mignon et de l'enfant découvrant innocemment le monde. Le « vert paradis des amours enfantines » était lui aussi fortement mis à mal. La tendresse de la mère envers son enfant ne témoignait pas d'un amour « pur », mais elle comprenait une dimension sexuelle indubitable dont il importait de prendre conscience afin de la manier avec attention. Un excès de tendresse parentale était le signe de parents névropathes transmettant sans s'en rendre compte leur propre névrose à leur enfant. En lisant Freud, il n'était pas facile non seulement de parvenir à une « normalité » sexuelle, mais d'être un bon parent.

La psychanalyse me paraissait alors fournir une explication à ce que j'avais observé dans mon environnement éducatif avec ses prêtres apparemment privés de toute sexualité, mais qui demeuraient quelque peu obsédés par le péché de chair et ses variantes. La confession et son secret accordaient une place importante à la sexualité, surtout pour des jeunes pleins de vitalité. Il était facile de considérer cette éducation comme relevant purement et simplement d'un déni ou d'une dénégation du caractère sauvage et relativement immaîtrisable d'une sexualité aux multiples facettes.

J'avais pu moi-même le découvrir auparavant lors d'un événement inopiné avec un surveillant qui n'avait pourtant rien d'un prêtre triste et frustré. Il avait quitté l'établissement et m'avait chargé de transmettre des lettres à un jeune élève en classe de cinquième plutôt que de lui écrire directement. Ces courriers arrivaient à mon nom et à mon adresse sous double enveloppe, jusqu'au jour où ce ne fut pas le cas pour l'un d'eux que je découvris avec stupéfaction. Celui-ci contenait une petite lame de rasoir et demandait au jeune élève qui était pensionnaire de s'isoler dans le dortoir un soir de pleine lune pour se taillader le pouce, et lui en ferait de même au même moment. De la sorte, écrivait-il, tous deux deviendraient « frères de sang ». J'étais stupéfait et me doutais bien du type de relation que ce surveillant avait dû avoir avec ce jeune élève auparavant.

J'arrêtai aussitôt de servir d'intermédiaire, ne transmis pas la missive en question et envoyai une lettre indignée à l'ex-pion en question, lui indiquant que je rompais tout contact avec lui. Comment avais-je pu être si naïf, alors que j'étais en terminale et allais avoir 18 ans ? Cet épisode me désillusionna quelque peu des aspects idéalistes et spiritualistes des cours de philosophie qui traitaient du dialogue entre les consciences et les personnes en mettant de côté la sexualité.

Freud abordait ces phénomènes avec réalisme et ses *Trois essais sur la théorie de la sexualité* me paraissaient expliquer nombre de phénomènes que la philosophie et la religion enveloppaient de hautes considérations, dont le rapport avec la pratique me paraissait de plus en plus problématique. Dans l'ensemble des manifestations de la sexualité, il fallait oser regarder en face les mécanismes en œuvre et dissiper les illusions.

De l'amour à la libido

L'interprétation de la sexualité par Freud allait produire d'autres effets révolutionnaires auxquels le fondateur de la psychanalyse n'avait pas pensé. Le passage du vocabulaire philosophique et sentimental à un langage psychanalytique et thérapeutique se banalisait, introduisant une nouvelle représentation des rapports amoureux en rupture avec le sens commun. L'« être aimé » devenait un « objet sexuel » intégré dans un mécanisme pulsionnel dont il n'était qu'un élément. Cet « objet sexuel » n'était pas le « but » – celui-ci étant de l'ordre d'une décharge énergétique supprimant l'état de tension –, mais un moyen pour la pulsion d'obtenir satisfaction. Bien plus, Freud écrivait : « La toute-puissance de l'amour ne se manifeste jamais plus fortement que dans ces égarements. Ce qu'il y a de plus élevé et ce qu'il y a de plus bas, dans la sexualité, montrent partout les plus intimes rapports (*Du ciel – à travers le monde – jusqu'à l'enfer*)[1]. »

De telles formulations parées de l'observation et de l'objectivité scientifique remettaient en question une certaine vision de l'amour. La « cristallisation » chère à Stendhal, consistant à adorer et à parer l'être aimé de l'ensemble des qualités à travers tout un cheminement[2], perdait de son charme. La « surestimation libidinale de l'objet sexuel » et les « buts sexuels préliminaires » faits d'« attouchements » et d'« excitation visuelle » avaient une autre allure que celle des sentiments. En langage freudien, le baiser, même le plus chaleureux, était considéré comme un contact des « muqueuses buccales » et Freud ne manquait pas aussitôt d'indiquer : « Celui qui baise avec ardeur les lèvres d'une jolie fille ne

1. Sigmund Freud, *Trois essais sur la théorie de la sexualité*, *op. cit.*, p. 49.

2. Stendhal, *De l'amour*, chap. 2, « De la naissance de l'amour ».

se servira qu'avec déplaisir de sa brosse à dents à elle, bien qu'il n'y ait pas lieu de croire que sa propre bouche, qui ne le dégoûte point, soit plus appétissante que celle de la jeune fille[1]. » Difficile, après de telles formulations triviales, de concevoir l'amour trop idéalement.

L'amour n'avait plus rien de romantique ou de courtois. Plus précisément, il était lié à une pulsion sexuelle interne difficilement maîtrisable qui cherchait avant tout sa propre satisfaction en déchargeant son énergie sur un « objet sexuel » sans visage, qui n'avait rien de fixe et d'immuable. De là à changer d'« objet sexuel » constamment selon ses humeurs et ses goûts du moment, voire à justifier les perversions – ce dont Freud se gardait bien –, il n'y avait qu'un pas que le gauchisme culturel post-soixante-huitard franchissait aisément au nom d'une « révolution sexuelle » pour laquelle le principe du plaisir l'emportait avant tout.

C'en était fini du modèle de l'homme vertueux et « psychorigide » supposé contenir et maîtriser par la volonté ses instincts de l'ordre de l'animalité. Le gauchisme pouvait s'appuyer sur le rôle de la morale sexuelle dans la genèse des névroses pour se méfier d'emblée de toute morale et conclure que le sentiment de culpabilité était nécessairement morbide. La morale devenait non seulement suspecte, mais elle était vite assimilée à une répression sociale intériorisée qu'il s'agissait de combattre.

À vrai dire, il n'était pas difficile de comprendre que la pulsion sexuelle avait un caractère d'autant plus irrépressible et lié à de nombreux fantasmes qu'on demeurait un adolescent-étudiant plus ou moins prolongé. La phrase de Freud selon laquelle « la maladie apparaît lorsque la libido

---

1. Sigmund Freud, *Trois essais sur la théorie de la sexualité*, *op. cit.*, p. 36.

n'a pu trouver son apaisement normal[1] » pouvait inciter les soixante-huitards dont j'étais à libérer la libido de toute entrave. Bien plus, le constat selon lequel la sexualité de la plupart des hommes contenait des « éléments d'agressivité » servait à légitimer le machisme et le défoulement.

Des rêves et des miracles

La lecture de *L'Interprétation des rêves*[2] accentua mon intérêt pour la psychanalyse, d'autant plus que cette interprétation, comme l'écrivait Freud, était la « voie royale qui mène à la connaissance de l'inconscient ». Il s'était appliqué sa méthode d'interprétation à lui-même et on ne pouvait s'empêcher d'en faire autant pour tenter de connaître sa « vie intérieure », ses côtés obscurs et ses désirs inconscients.

L'exercice s'avérait délicat. Il n'avait rien d'un examen de conscience ou d'une méthode codifiée. La « voie royale » était en fait semée d'embûches, de chausse-trappes, de détours et de faux signaux qu'il s'agissait de décrypter sans être sûr d'arriver au résultat. En tout cas, cette « voie royale » du rêve me concernait directement et m'introduisait dans les méandres et les ruses de mon inconscient.

La libre association des idées donnait lieu à un foisonnement où se mêlaient des images et des souvenirs les plus divers auxquels je n'avais pas pensé spontanément. Freud faisait émerger la signification du rêve de ce chaos : loin d'être insensé, le rêve était l'accomplissement déguisé d'un désir refoulé enraciné dans la petite enfance. De nouveau,

1. *Ibid.*, p. 59.

2. Sigmund FREUD, *L'Interprétation des rêves* (1899), trad. fr. par I. Meyerson, Paris, Puf, 1967.

grâce à la psychanalyse, les phénomènes apparemment les plus absurdes trouvaient une explication.

Après avoir pris soin d'écrire au réveil quelques-uns de mes rêves et pratiqué la libre association des idées, je pouvais vérifier le bien-fondé de l'interprétation freudienne dans sa capacité à réveiller des souvenirs enfouis et des désirs frustrés. Il fallait bien l'admettre, quand j'étais jeune, j'étais amoureux non seulement de ma mère, mais aussi de ma sœur, de ma cousine, peut-être aussi de ma tante et de ma grand-mère, et de bien d'autres encore. C'était devenu une évidence, ma soif de nouvelles conquêtes me renvoyait à ces figures premières comme un désir insatiable impossible à satisfaire. Ce qui ne m'empêchait pas du reste de persévérer dans ces conquêtes en y trouvant un plaisir certain. J'étais donc moi aussi, comme beaucoup d'autres, un « névrosé ». Mais comme on l'était tous un peu, il n'y avait pas de quoi en faire un drame.

Pour quelqu'un qui jusqu'alors ne connaissait rien à ce qu'on appelait les maladies mentales, les cas exposés et la pratique de l'hypnose dans *Études sur l'hystérie*[1] étaient une autre découverte fascinante. Les expériences relatées avec précision me plongeaient dans un monde de paroles, de visions et d'hallucinations accompagnées d'« analyses critiques » fournissant des explications qui jusqu'alors n'étaient connues que des spécialistes et des thérapeutes.

La description de cas cliniques et leurs interprétations que je prenais pour argent comptant m'amenaient à élargir leur champ d'application. La disparition des symptômes d'Anna O. – plus particulièrement sa paralysie – pouvait évoquer la guérison du paralytique par Jésus en livrant cette fois une explicitation qui n'avait plus rien de miraculeux.

1. Sigmund FREUD et Joseph BREUER, *Études sur l'hystérie* [1975], Paris, Puf, 1967.

Tout comme dans le cas d'Anna O., le paralytique avait lui aussi été sûrement marqué par des événements traumatiques passés. Certes, Jésus ne pratiquait pas l'hypnose et n'avait pas lu Freud, mais il avait un charisme et des capacités relationnelles exceptionnels pour guérir les symptômes et les troubles psychosomatiques. C'était une sorte de guérisseur hors du commun avec lequel l'« amour de transfert » fonctionnait bien.

En tout cas, la psychanalyse qui commençait à décrypter les mécanismes de l'inconscient guérissait les malades et, à sa façon, accomplissait quelques miracles qui précisément n'avaient plus rien de miraculeux. Telle était du moins la croyance naïve en la toute-puissance de la psychanalyse à laquelle, en tant que néophyte, je cédai plus ou moins.

Une nouvelle conception du monde ?

La psychanalyse débordait le domaine psychologique et thérapeutique et pouvait fournir à bon compte une explication sur tout. Une fois entré dans cette explication, il était difficile de s'en défaire, tellement celle-ci paraissait structurellement bien agencée.

Rien n'était dû au hasard. Les coïncidences, les rencontres, les rêves, l'humour... tout revêtait une signification et renvoyait peu ou prou à des phénomènes inconscients. La vie quotidienne s'éclairait à l'aune de la psychopathologie[1], ce qui permettait de la voir autrement. Les mots d'esprit provoquaient encore le rire et le plaisir, en même temps qu'ils dévoilaient un sens caché plus profond que l'on décryptait avec le plus grand sérieux.

1. Sigmund Freud, *Psychopathologie de la vie quotidienne* [1901], Paris, Payot (Petite bibliothèque), 1967.

On pouvait ainsi s'enfermer dans la psychanalyse comme dans un système de pensée qui avait réponse à tout avec une capacité à intégrer la moindre objection. N'importe quelle critique était d'emblée perçue comme une résistance à la psychanalyse en tant que théorie révélant des désirs inconscients qu'on se refusait d'admettre. Ce type de raisonnement rejetait d'emblée toute altérité critique qui n'aurait pas partagé d'emblée la problématique psychanalytique ou ne l'aurait considérée que comme une théorie parmi d'autres. L'interprétation freudienne ayant évolué, on ne manquait pas également de se référer à la genèse des concepts pour affirmer que la psychanalyse était toujours bien plus compliquée qu'on ne le pensait.

Freud avait fait une étonnante découverte, celle de l'inconscient, qui était souvent comparé à l'exploration d'une « terre nouvelle ». Cette formulation avait les aspects d'une aventure qui suscitait l'envie de mieux connaître de quoi il était question. Freud n'était pas le premier à avancer l'idée d'inconscient ; les romantiques allemands, entre autres, en avaient parlé à leur manière. Mais il était celui qui avait su mettre en lumière ses mécanismes internes à partir de sa pratique et de sa méthode thérapeutique.

Il avait élaboré une nouvelle conception du psychisme qui remettait en cause l'idée d'un sujet transparent à lui-même. La conscience n'était plus cette instance première et autonome, assurant à l'être humain une capacité de pensée et une assurance première dans le rapport à soi-même, aux autres et à la nature. L'être humain était soumis à des pulsions, des représentations et des affects qui lui échappaient ; il était comme scindé à l'intérieur de lui-même. Cette idée était peut-être la plus surprenante et la plus difficile à admettre : il existait un autre que soi à l'intérieur de soi, fonctionnant avec ses propres lois en dehors de la conscience ; le moi avait perdu sa prétention à être l'instance souveraine.

Dans une période post-soixante-huitarde où régnait le soupçon, la conscience pouvait alors être assimilée au mensonge. L'irrationnel se mêlait au rationnel à un point tel qu'on se mettait à douter de la raison. Il ne fallait plus craindre d'affronter le monde chaotique des affects et des pulsions sauvages que l'on porte en soi en balayant la mauvaise conscience et en remettant radicalement en question tout ce qui, de près ou de loin, rappelait le vieux monde. La psychanalyse, à son corps défendant, pouvait s'intégrer alors dans une optique nietzschéenne de renversement de toutes les valeurs et un règlement de comptes propre au peuple adolescent.

Le *Vocabulaire de la psychanalyse* de Jean Laplanche et Jean-Bertrand Pontalis[1], dont la deuxième édition fut publiée en 1968, me permit de mettre de l'ordre et d'y voir un peu plus clair à ce propos. Pour le débutant que j'étais encore, la publication d'un nombre incroyable d'articles, de livres, de polémiques entres les différents courants de la psychanalyse venait confirmer la preuve de son importance. À la différence de Freud qui écrivait clairement et explicitait au mieux ses idées, le maniement de concepts dans un langage implicite voire ésotérique était comme un signe d'appartenance au milieu psychanalytique. Pour moi, ce dernier était « supposé savoir » et s'entretenait à l'infini sur une vérité dont je ne pouvais saisir que quelques bribes.

Comme l'a justement écrit Alain Besançon qui fut psychanalyste, « il faut entrer dans le système et y croire pour y entrer et pour le croire. Il n'est pas absolument nécessaire d'avoir subi une psychanalyse, mais c'est vivement

---

1. Jean LAPLANCHE, Jean-Bertrand PONTALIS, *Vocabulaire de psychanalyse*, Paris, Puf, 1968.

recommandé : sans quoi le vrai sens échappe peu ou prou. La doctrine est un cercle à l'intérieur duquel il faut sauter. On ne peut être à la fois dedans et dehors[1] ».

À l'époque, le prestige et la fascination pour la psychanalyse amenaient certains à entamer une cure, qu'ils soient malades ou non. Dans la recherche éperdue de soi-même, s'allonger sur le divan et accepter de parler de ses secrets les plus intimes était considéré comme une expérience ineffable menant à la révélation de soi. Comme d'autres, je fus tenté de le faire, mais le militantisme m'attira rapidement vers d'autres horizons que je jugeais moins égocentristes et petits-bourgeois.

---

1. Alain BESANÇON, « Psychanalyse : anamnèse », *Commentaire*, n° 82, 1998.

4

Anciens et nouveaux maîtres à penser

Mai 68 avait surpris tout le monde et n'avait duré que quelques semaines, mais il avait donné lieu à des analyses et commentaires « à chaud » dans les journaux et dans de nombreux ouvrages qui parurent dans l'immédiat après-Mai.

L'Express et *Le Nouvel Observateur*, chacun à sa manière, s'étaient montrés d'emblée solidaires des étudiants. Il en allait de même des intellectuels de gauche dont beaucoup retrouvaient une seconde jeunesse et projetaient sur le mouvement leur espoir jusqu'alors déçu d'une révolution post-stalinienne et d'un socialisme régénéré. Chacun encensait le mouvement étudiant et voyait Mai 68 à sa porte.

Une « révolution technocratique » ?

Pendant les grèves de mai-juin 68, deux « suppléments exceptionnels » de *L'Express* parurent sous un grand format avec d'énormes titres : « La révolution de mai[1] »,

1. « La révolution de mai », *L'Express*, supplément exceptionnel, non daté.

« De Gaulle : l'affrontement[1] ». *L'Express* était alors un hebdomadaire qui incarnait la modernité et connaissait un grand succès[2]. Son directeur général Jean-Jacques Servan-Schreiber apportait son soutien au « formidable mouvement des étudiants et des ouvriers[3] ».

Tout en étant conscient des dérives du mouvement étudiant, il estimait que les événements étaient venus confirmer globalement le bien-fondé de ses analyses sur l'état du pays : Mai 68 faisait éclater au grand jour la contradiction entre le monde industriel moderne qui impliquait le changement et l'innovation, et la rigidité de l'ordre social et politique français incarné par le gaullisme.

Cette interprétation me paraissait pour le moins décalée face à la révolte étudiante qui entendait combattre le capitalisme. Les contestataires ayant déclenché le mouvement à Nanterre rejetaient précisément la sociologie à l'américaine, l'adaptation des sciences humaines à « la demande sociale d'une pratique rationaliste au service des fins bourgeoises : argent, profit, maintien de l'ordre[4] ». Comme je l'avais griffonné sur la une d'un des numéros, *L'Express* était le « journal de l'entreprise » et la révolution dont il parlait était « technologique ». J'estimais qu'il n'avait pas compris grand-chose à la révolution en question.

---

1. « L'affrontement », *L'Express*, supplément exceptionnel, non daté.

2. Huit mois avant Mai 68, son directeur général Jean-Jacques Servan-Schreiber avait publié *Le Défi américain* (Paris, Denoël, 1967) qui serait vendu à des millions d'exemplaires et traduit dans de nombreux pays.

3. Jean-Jacques SERVAN-SCHREIBER, « La renaissance de la France », supplément exceptionnel, *L'Express*, « La révolution de mai », *op. cit.*

4. Daniel COHN-BENDIT, Jean-Pierre DUTEUIL, Bertrand GÉRARD, Bernard GRANAUTIER, *Pourquoi des sociologues*, *Esprit*, avril-mai 1968.

Les éditoriaux de Françoise Giroud, directrice de la rédaction, me paraissaient plus intéressants. Elle ne donnait pas de leçons, mais appelait à « accepter l'interrogation ardente que pose à chacun la crise qui nous secoue[1] ». Elle relevait une dimension essentielle des journées de mai-juin 1968, que j'avais ressentie, comme des centaines de milliers de personnes : « Le manque d'essence, de transports, d'argent, les inconvénients matériels pesaient moins lourd que de retrouver l'ingéniosité et la coopération, d'échapper à l'accablante routine. [...] Le sentiment de respirer, l'espoir fou d'échapper à sa condition, l'espoir fondé de la changer[2]. »

« Les Français aiment la vie », écrivait-elle, et chacun à sa manière, étudiants et ouvriers en grève, cherchait à « obtenir davantage de bonheur ». Cet « instinct de vie, ce sens du bonheur et du plaisir que la France ne partage peut-être qu'avec l'Italie, les peuples "producteurs" l'ont refoulé », et si ces derniers parvenaient à nous imposer le faux choix entre la « contagion de leur névrose et un lent glissement en dehors du monde moderne », « alors, un certain malheur et le mouvement vers l'autodestruction l'emporteraient peut-être, et avec eux tout l'Occident »[3]. Mais, pour l'heure, concluait-elle, « comment ne pas percevoir ce qu'il y a dans le soulèvement français de santé mentale[4] ? ».

1. Françoise Giroud, « La première balle », supplément exceptionnel de *L'Express*, « La révolution de mai », *op. cit.*

2. *Ibid.*

3. *Ibid.*

4. *Ibid.*

En juin 1968, *Le Nouvel Observateur* publiait deux interviews de Sartre[1] que je ne manquai pas de lire, attendant sans doute quelques explications dernières de l'événement. Je fus déçu. Sa solidarité avec le mouvement étudiant était plaisante, mais n'apportait pas grand-chose de neuf par rapport aux déclarations des leaders étudiants. Sartre continuait de régler ses comptes avec Raymond Aron en le jugeant « indigne d'être professeur » pour s'être opposé à la participation des étudiants à l'élection des professeurs et aux jurys d'examen. Après les plus violentes nuits d'émeutes du 11 et 12 juin à Paris[2], il n'hésitait pas à déclarer : « La violence des étudiants n'a été qu'une contre-violence non seulement contre les flics qui les ont délibérément provoquées mais contre une société qui les opprime[3]. » À Flins, un jeune lycéen maoïste venu soutenir les ouvriers de Renault en grève s'était noyé dans la Seine pour tenter d'échapper à la police. Pour Jean-Paul Sartre, ce jeune avait « été noyé dans la Seine par la police » : « Je dis bien par la police. Peu importe – comme les témoignages semblent l'indiquer – qu'il n'ait pas été directement jeté à l'eau. Quand une quinzaine de jeunes gens décident de plonger dans la

1. Jean-Paul SARTRE, « Les Bastilles de Raymond Aron », propos recueillis par Serge Lafaurie, *Le Nouvel Observateur*, n° 188, 19-25 juin 1968 ; « L'idée neuve de Mai 68 », propos recueillis par Serge Lafaurie, *Le Nouvel Observateur*, n° 189, 26 juin-2 juillet 1968.

2. Au cours de ces nuits des arbres avaient été de nouveau abattus pour ériger des barricades, des petits groupes mobiles avaient harcelé les forces de l'ordre, le commissariat du Ve arrondissement avait été attaqué et les combats de rue contre la police avaient duré jusqu'à l'aube.

3. Jean-Paul SARTRE, « Les Bastilles de Raymond Aron », art. cité.

Seine, choisissant la fuite la plus dangereuse, parce qu'ils sont encerclés par des forces de police et que certains de leurs camarades se font déjà sauvagement matraquer sous leurs yeux, on doit dire, si l'un d'eux meurt, que la responsabilité de la police est totale[1]. » Ces propos rejoignaient ceux de l'extrême gauche que j'étais tout disposé à croire.

L'autorité dont Sartre bénéficiait venait renforcer l'idée que non seulement les étudiants manifestants étaient désormais la « seule force de contestation de gauche », mais qu'ils s'inscrivaient dans un mouvement historique de régénération du socialisme que lui-même, comme beaucoup d'autres intellectuels de gauche, avait tant espéré.

Peu après Mai 68, il publiait une brochure, *Les communistes ont peur de la révolution*[2], dans laquelle il avançait l'idée de la constitution d'un mouvement révolutionnaire hors du PCF, qui pourrait être amené à « débloquer la politique du PC en permettant aux véritables révolutionnaires qui y demeurent encore de faire entendre leurs voix et d'imposer une nouvelle orientation du Parti[3] ». Après Mai 68, ces considérations alambiquées et communisantes me paraissaient d'un autre temps : le PCF n'avait rien compris à Mai 68 et avait tout fait pour empêcher la liaison des étudiants et des travailleurs. C'était pour moi une évidence : le mouvement devait se développer en dehors du PCF et contre lui.

Sartre n'en soulignait pas moins l'importance de Mai 68 et de la « politisation de la jeunesse » en ces termes : « Il y a chez ces jeunes gens, et même chez ces gosses, une violence

1. *Ibid.*

2. Jean-Paul SARTRE, *Les communistes ont peur de la révolution*, Paris, Jean Didier, 1969, repris dans Jean-Paul SARTRE, *Situations, VIII autour de 68*, Paris, Gallimard, 1972.

3. *Ibid.*, p. 223.

remarquable qui n'est pas du tout l'expression d'un caprice mais d'une conscience claire de ce qu'on leur prépare. [...] Ils seront de purs objets, instruments d'un système qui les aura "spécialisés" pour une tâche précise. Les jeunes comprennent cela très tôt et c'est pourquoi nous voyons apparaître aujourd'hui une génération inattendue de révolutionnaires de 10 ans[1]. »

En 1968, Sartre avait 63 ans. Pouvait-on pousser plus loin la démagogie des adultes envers la jeunesse ?

Une « révolution culturelle » personnaliste ?

J'achetai le numéro de la revue *Esprit* paru en juin avec un grand bandeau sur la couverture : « L'espoir de mai[2] ». L'éditorial saluait avec enthousiasme l'« insurrection de la jeunesse » qui venait de « signifier à la société traditionnelle française son arrêt de mort »[3]. Le personnalisme semblait lui aussi avoir trouvé une seconde jeunesse : « Il est devenu possible désormais, écrivait le directeur d'*Esprit*, de concevoir comme proche une révolution qui ne porte plus seulement sur un mode de propriété ou sur un régime, mais comme le souhaitait Emmanuel Mounier lorsqu'il lança *Esprit*, il y a trente-cinq ans, sur une civilisation[4]. »

La révolte étudiante était alors saluée comme porteuse de grandes espérances. Même si elle était marquée par une « négativité déchaînée », l'intolérance, la critique de toute autorité, l'« extrémisme émotionnel »... Des adultes

1. *Ibid.*, p. 221.
2. *Esprit*, juin-juillet 1968.
3. *Ibid.*
4. Jean-Marie DOMENACH, « L'ancien et le nouveau », *Esprit*, juin-juillet 1968.

nous saluaient désormais en renversant les rôles : « Le respect devrait suivre une pente inverse de celle qu'impose la société ; c'est aux jeunes que le respect est dû ; ils sont fragiles et précieux. Quant aux vieillards, on doit les aimer mais ne respecter que ceux qui font leurs preuves[1]. » J'avais 19 ans et me réjouissais de tels propos ; celui qui écrivait ces lignes avait trente-huit ans de plus que moi. Nous étions valorisés comme jamais je ne l'aurais cru possible.

Les orientations plus politiques de la revue appelaient à une « dialectique de la réforme et de la révolution[2] », à inventer des solutions politiques capables de traduire dans les institutions le passage de la « démocratie gouvernée » à la « démocratie gouvernante ». Ces orientations ne m'intéressaient pas. Je retenais surtout quelques idées lapidaires que j'inscrivais dans la marge des différents articles : « Faire la guerre à la société de consommation[3] » ; « des actions minoritaires font éclater un immense refoulement[4] » ; « désaliénation à l'égard du commandement » et « créativité des masses »[5]... Formulations que je comptais bien mettre en pratique à ma manière.

Il en allait de même pour le numéro spécial de la revue *La Révolution suspendue* d'août et de septembre 1968. Je retenais les passages correspondant le mieux à ma mentalité de l'époque : « La contestation des édifices répressifs et le plaisir profond d'exister, de faire, de créer remplacent les vielles catégories de l'ordre et du désordre. [...] Cet anarchisme, qu'on peut aussi nommer liberté, est provisoirement ce que nous avons de plus précieux, et la seule tâche

1. CASAMAYOR, « Journal à plusieurs voix », *ibid.*
2. Paul RICŒUR, « Réforme et révolution dans l'université », *ibid.*
3. « L'insurrection de la jeunesse », *ibid.*
4. Paul THIBAUD, « Imaginons », *ibid.*
5. Jacques JULLIARD, « Syndicalisme et révolution », *ibid.*

qui nous importe désormais, c'est de le diffuser partout[1]. » C'était bien ce que je comptais faire avec quelques-uns de mes amis, sans croire pour autant que cette « thérapie de la liberté » était la « seule chance possible pour tout programme de gauche »[2].

Je découvrais avec bonheur dans ce numéro des textes du « Manifeste d'action Censier » dont le style et les formulations lapidaires me séduisaient. Qu'importaient le manque de rigueur, les idées confuses, les formulations à l'emporte-pièce, la subjectivité prédominait : « Toute création part d'une émotion vécue. » Ce qui permettait de justifier la confusion : « Qu'on ne s'étonne pas du chaos des idées ; il ne faut pas s'en moquer ou s'en réjouir ; c'est la condition d'émergence des idées neuves. »

Esprit voulait introduire une spiritualité et une « éthique de responsabilité et de choix » dans cette contestation chaotique : « En cette période de révolution culturelle, il faut le rappeler bien haut : seule la *révolution spirituelle* peut répondre à la volonté de reconstruire une société sur l'authenticité personnelle, le goût de vivre, de communiquer, de créer, qui se sont manifestés en France pendant ce bouleversement de mai[3]. » Pour ma part, après Mai 68, je n'entendais pas reconstruire la société selon une spiritualité me ramenant dans les eaux d'un personnalisme que je commençais à trouver filandreux.

La « révolution culturelle » aurait un autre destin que celui des orientations préconisées par *Esprit* qui voulait

---

1. Pierre COULOMB, Jeanna FAVRET, Jean-Pierre PETER, « Le bonheur de la liberté », *Esprit*, août-septembre 1968. Ce texte avait été publié précédemment dans *Le Nouvel Observateur*, 3 juillet 1968.

2. *Ibid.*

3. Jean-Marie DOMENACH, « L'idéologie du mouvement », *Esprit*, août-septembre 1968.

tenter une impossible synthèse entre culture adolescente et politique, entre révolution et réformes, en projetant sur Mai 68 ses propres conceptions.

Retour de flamme

Parmi les livres parus au lendemain de Mai 68, *La Brèche*[1] d'Edgar Morin, Claude Lefort et Jean-Marc Coudray [Cornelius Castoriadis[2]] était celui qui avait le plus attiré mon attention. Cornelius Castoriadis et Claude Lefort jouissaient d'une certaine notoriété au sein du mouvement étudiant comme responsables du groupe Socialisme ou Barbarie, issu de la mouvance trotskiste[3]. Leur engagement révolutionnaire, leurs analyses critiques de la bureaucratie et de la situation de la classe ouvrière dans les pays capitalistes leur conféraient une sympathie parmi les militants de l'extrême gauche, au premier rang desquels Daniel Cohn-Bendit qui avait trouvé dans la revue *Socialisme ou Barbarie* une source d'inspiration avant même les événements de Mai[4].

1. Edgar MORIN, Claude LEFORT, Jean-Marc COUDRAY, *Mai 1968 : la brèche*, *op. cit.*

2. Cornelius Castoriadis, économiste à l'OCDE n'ayant pas encore acquis la nationalité française, avait choisi ce pseudonyme.

3. Le groupe Socialisme ou Barbarie, issu d'une scission du Parti communiste internationaliste (trotskiste), est créé en 1948. À la différence du trotskisme qui analysait le stalinisme comme une dégénérescence bureaucratique, il considère la bureaucratie soviétique comme une nouvelle classe dirigeante exploiteuse et le phénomène bureaucratique comme une tendance historique fondamentale des sociétés développées.

4. Comme il le dira lui-même, son livre *Le Gauchisme. Remède à la maladie sénile du communisme* (Paris, Seuil, 1968) reprend des passages des textes de *Socialisme ou Barbarie.*

Un an auparavant, Cornelius Castoriadis avait mis fin à cette revue en soulignant : « La situation dans les sociétés du capitalisme moderne, l'activité politique proprement dite, tend à disparaître[1]. » Mai 68 semblait apporter un démenti cinglant à un tel constat : « Du jour au lendemain, écrivait-il, l'immense potentiel créateur de la société, comprimé et bâillonné par le capitalisme bureaucratique explose[2]. » Mai 68 venait confirmer à sa manière les analyses critiques qu'il développait depuis longtemps : il révélait la « contradiction fondamentale de la société capitaliste bureaucratique », le « conflit central autour duquel tous les autres s'ordonnent », à savoir le « conflit entre dirigeants et exécutants »[3]. « Il faut tranquillement se pénétrer de cette idée : quelle que soit la suite, Mai 68 a ouvert une nouvelle période de l'histoire universelle[4]. »

Castoriadis n'hésitait pas à écrire que le prolétariat n'avait pas été à l'avant-garde révolutionnaire mais à la « lourde arrière-garde » : « Si les ouvriers avaient montré le dixième de l'activité autonome que les étudiants ont déployée, les appareils bureaucratiques auraient volé en éclats. » Je souscris alors naïvement à de telles affirmations en griffonnant cette remarque dans la marge : « La révolution aurait été possible si la base avait fait éclater les syndicats ! » J'avais également souligné dans ce texte certaines formulations à

1. Cornelius CASTORIADIS, « La suspension de la publication de *Socialisme ou Barbarie* », in *L'Expérience du mouvement ouvrier, 2, Prolétariat et organisation*, Paris, Union générale d'édition, 1973, p. 418.

2. Jean-Marc COUDRAY, « La révolution anticipée », *in* Edgar MORIN, Claude LEFORT, Jean-Marc COUDRAY, *Mai 1968 : la brèche*, *op. cit.*, p. 93.

3. *Ibid.*, p. 95.

4. *Ibid.*, p. 92.

l'emporte-pièce qui venaient renforcer le purisme (« La division pertinente devient aujourd'hui celle entre ceux qui acceptent le système et ceux qui le refusent ») et les rêves adolescents à connotation situationniste (« Il ne s'agit pas de vivre une nuit d'amour. Il s'agit de vivre toute une vie d'amour »). Quant à la perspective de la « jonction des travailleurs manuels et intellectuels[1] », elle me paraissait encore un vœu pieux.

La jeunesse et plus particulièrement les étudiants, écrivait Castoriadis, « intensifient à l'état le plus pur ce qui est la condition générale et profonde de l'individu moderne » et sont devenus « un pôle social-révolutionnaire[2] ». Ils ont représenté une « révolution anticipée » qui « exprime et préfigure ce que pourrait être, ce que devra être, ce que sera sans doute un jour la révolution contre la société moderne »[3]. Trop heureux de voir en Mai 68 ses idées enfin incarnées par le mouvement étudiant, il ne pouvait que l'encourager à aller jusqu'au bout.

L'indétermination révolutionnaire

L'interprétation de Claude Lefort m'était apparue sur le moment comme la plus intéressante. Ce dernier enseignait la sociologie à la faculté des lettres de Caen et ses prises de parole dans les assemblées générales m'avaient impressionné. Dans son texte « Le désordre nouveau », il soulignait le caractère inédit de l'événement : le prolétariat n'avait pas joué le rôle historique que lui conférait la prophétie de Marx ; la révolte étudiante partie de Nanterre

1. *Ibid.*, p. 116, 118, 137, 102, 142.
2. *Ibid.*, p. 138.
3. *Ibid.*, p. 139.

avec le mouvement du 22 mars était « le plus étrange et le plus neuf de la situation[1] ».

Les étudiants contestataires inauguraient de nouveaux conflits dont « l'efficacité symbolique » était de déclencher des actions qui rendaient manifestes les contradictions de la société moderne. Leurs actions auraient ainsi dévoilé la « domination de l'homme sur l'homme » dans la société moderne marquée par le « transfert croissant de la contrainte personnelle à des règles prétendues rationnelles »[2], sapé « ce qui fait l'essence du rapport social en régime bourgeois-bureaucratique[3] ».

Non seulement cette interprétation attribuait un rôle historique nouveau et central au mouvement étudiant, mais elle détaillait un type d'action inspiré du mouvement du 22 mars qui avait déclenché un élan sans précédent. La contestation partie de Nanterre, soulignait Claude Lefort, s'était formée en dehors des partis, des syndicats, des groupuscules ; elle était « sans dirigeants, sans hiérarchie, sans discipline » ; elle contestait « les professionnels de la contestation », violait « les règles du jeu qui commandent la vie des oppositions »[4]... À la lecture de ce texte, j'avais le sentiment non seulement de mieux comprendre ce qui s'était joué en mai, mais surtout de disposer désormais de quelques éléments clés qui avaient montré leur capacité à réveiller la grande masse et à créer des situations nouvelles.

Je notais quelques idées-forces : « La rationalité cache une domination de l'homme sur l'homme en lui donnant un

---

1. *Ibid.* ; Claude LEFORT, « Le désordre nouveau », *in* Edgar MORIN, Claude LEFORT, Jean-Marc COUDRAY, *Mai 1968 : la brèche*, *op. cit.*, p. 39.
2. *Ibid.*, p. 41.
3. *Ibid.*, p. 40.
4. *Ibid.*, p. 47.

caractère de nécessité » ; je retranscrivais dans la marge du texte des formulations qui faisaient écho à mes conceptions libertaires de l'époque et répondaient à mon besoin d'agir : « Lever l'interdit qui pèse sur l'action directe » ; « Intervenir dans une situation concrète ici et maintenant », « Tâche immédiate : saisir une situation » ; « Action directe/provocation = nouveau style d'action »... Après Mai 68, le texte de Claude Lefort renforçait le sentiment de l'importance des « minorités agissantes » dans leur capacité à créer l'événement. Je brûlais d'« en être ».

Ce qui comptait désormais, c'était d'agir au plus vite sans se soucier des lendemains : « Les enragés ne répondent de rien, ni de ceux qui les suivent, ni de ce qui se passera demain. Leur liberté d'action et de langage s'affranchit des vielles entraves. Ils jugent seulement que ce qu'ils font et désirent est la vérité du moment[1]. » C'était une sorte de modèle d'action que je comptais mettre en pratique avec d'autres à l'université de Caen.

Claude Lefort se gardait bien d'appeler à la constitution d'un mouvement révolutionnaire. Il remettait déjà en cause le mythe d'une révolution déterminée par une marche de l'histoire qui bouleverserait de fond en comble la société. La révolution nouvelle, à l'instar de la pratique des « enragés » du mouvement du 22 mars, était en œuvre dans une critique continue ici et maintenant : « Le Pouvoir, en quelque lieu qu'il prétende à régner, trouvera des opposants qui ne sont pas prêts néanmoins à en installer un meilleur. D'une société qui cherche à se boucler sur son leurre et à enfermer les hommes dans ses hiérarchies, les opposants seront toujours prêts à déranger les plans. De toutes les occasions, ils se saisiront pour stimuler les initiatives collectives, abattre les cloisons, faire circuler les choses, les idées et les hommes,

1. *Ibid.*, p. 47.

mettre chacun en demeure d'affronter les conflits au lieu de les masquer[1]. » Une telle perspective renforçait les aspects libertaires du mouvement en leur donnant une dimension et une portée théoriques auxquelles les enragés n'avaient pas forcément pensé. Pour reprendre le langage quelque peu énigmatique de Claude Lefort, les nouveaux agitateurs n'appartenaient à personne et n'étaient de « nulle part », ils avaient créé un « nouvel espace », « creusé » un « non-lieu »... Il convenait surtout de veiller à ce que la « brèche » ouverte en Mai 68 ne se referme pas, mais pour aller où ?

« Révolution sans visage » et peuple adolescent

Tout en soulignant l'importance de Mai 68, l'interprétation d'Edgar Morin apparaissait plus réaliste : pour la première fois dans l'histoire, un mouvement étudiant et juvénile avait déclenché un mouvement dans toute la société, ce qu'avait laissé entrevoir le phénomène des beatniks et des hippies.

La jeunesse étudiante et ouvrière lui apparaissait comme la « pointe avancée d'un mouvement de mise en question radicale de la civilisation adulte, de la notion d'adulte-père se présentant comme l'image achevée de l'*Homo sapiens*, à quoi va s'opposer une image inachevée d'adolescence permanente[2] ». Edgar Morin en montrait les aspects confus et contradictoires. Ce mélange de jeu, de fête et d'esprit de sérieux lié à la volonté de la jeunesse de s'affirmer comme telle constituait la manifestation d'une classe d'âge, l'ado-

1. *Ibid.*, p. 62.

2. Edgar MORIN, « Une révolution sans visage », *in* Edgar MORIN, Claude LEFORT, Jean-Marc COUDRAY, *Mai 1968 : la brèche*, *op. cit.*, p. 77.

lescence, qui en Mai 68 s'imposait comme un nouvel acteur social dans l'espace public.

Par-delà les références à Marx et aux mouvements révolutionnaires, le point marquant de la révolte se fixait dans un phénomène généralisé de « désacralisation de l'autorité » et de contestation de tous les pouvoirs. Il est possible, indiquait-il, que les conséquences immédiates de Mai 68 soient négatives, mais il s'agissait de considérer l'événement en fonction d'une longue histoire où « Mai 68 rayonner[ait] comme un 1789[1] » avec des ferments de contestation qui auraient hâté les « mutations des XXe et XXIe siècles, préparé le dépassement de la civilisation bourgeoise, si toutefois l'humanité arrive à cette date sous une forme quelque peu civile[2] ».

En relisant aujourd'hui *La Brèche*, les deux textes d'Edgar Morin « La Commune étudiante » et « Une révolution sans visage » me donnent le sentiment d'avoir saisi une réalité essentielle de Mai 68 largement recouverte par des considérations révolutionnaires d'un autre temps. La caractérisation de la Commune étudiante comme « une sorte de 1789 socio-juvénile » qui accomplit l'irruption de la jeunesse comme « force politico-sociale »[3] me paraît mettre en lumière le caractère inédit de Mai 68.

Edgar Morin soulignait également un point nouveau essentiel de Mai 68 : le rôle joué par ce qu'on appelait alors les « mass-médias » et plus précisément l'information en direct à la radio : « La simplification émotionnelle, écrivait-il, le besoin de sensation et d'extraordinaire de la grande information, la relation souterraine entre la mythologie juvénile de la culture de masse et les événements réels

1. *Ibid.*, p. 87.
2. *Ibid.*
3. *Ibid.*, p. 26-27.

contribuèrent à “vedettiser” la révolte étudiante[1]. » Ces « mass-médias » ont donné une « amplification émotionnelle extraordinaire à tout le processus ascendant et combatif, et une dimension épique, victorieuse et contagieuse à ce qui aurait pu demeurer une éruption hyperchahuteuse du Quartier latin[2] ».

Après Mai 68, la Commune étudiante parisienne et le Quartier latin deviendraient les emblèmes d’une révolution nouvelle érigée désormais en modèle de la révolte du peuple adolescent. La simplification et l’amplification émotionnelle continueraient de plus belle à partir de multiples actions spectaculaires menées par les groupes d’extrême gauche les plus en vue qui bénéficieraient de la sympathie d’intellectuels et de journalistes de gauche en mal de révolution. Mai 68 devenait un mythe fondateur d’une histoire nouvelle dont la jeunesse intellectuelle en révolte et ses maîtres à penser étaient désormais les héros.

1. *Ibid.*, p. 73.
2. *Ibid.*

5

La rupture situationniste

Parmi mes lectures, la découverte des situationnistes opéra comme une révélation qui reléguait au second plan toutes les autres interprétations du mouvement de Mai.

Trois écrits publiés avant Mai condensaient ce j'avais vécu et ressenti confusément et y faisaient échos : la brochure *De la misère en milieu étudiant*[1] écrite par les membres de l'Internationale situationniste et des étudiants de Strasbourg[2] ; *La Société du spectacle*[3] de Guy Debord, et surtout le *Traité de savoir-vivre à l'usage des jeunes générations*[4] de Raoul

1. *De la misère en milieu étudiant considérée sous ses aspects économique, politique, psychologique, sexuel et notamment intellectuel et de quelques moyens pour y remédier* par des membres de l'Internationale situationniste et des étudiants de Strasbourg, A.F.G.E.S., novembre 1966.

2. Cette brochure a en fait été rédigée par Mustapha Khayati, membre et théoricien de l'Internationale situationniste qui prendra le contrôle de l'Unef à Strasbourg.

3. Guy DEBORD, *La Société du spectacle*, Paris, Buchet-Chastel, 1967.

4. Raoul VANEIGEM, *Traité de savoir-vivre à l'usage des jeunes générations*, Paris, Gallimard, 1967.

Vaneigem. Cette brochure et ces livres rompaient avec l'approche économiste et sociale de la gauche en décrivant les mécanismes et les comportements nouveaux dans la société de consommation et des loisirs, et surtout, ils mettaient en lumière le « vécu » et la révolte des jeunes générations contre le conformisme de l'époque qui, avant Mai 68, semblaient régner en maître. C'était précisément ce qui m'attirait le plus dans leurs écrits.

La fin de la « misère » en milieu étudiant ?

La brochure éditée par les situationnistes et des étudiants strasbourgeois attirait l'attention par son titre à rallonge et son esprit de dérision : *De la misère en milieu étudiant considérée sous ses aspects économique, politique, psychologique, sexuel et notamment intellectuel et de quelques moyens pour y remédier.* J'y trouvais une critique virulente du milieu étudiant d'avant Mai 68, marqué par un manque de passions, des habitudes culturelles faites des lectures des maîtres à penser de l'époque, de films d'avant-garde, des lectures du *Monde*, du *Nouvel Observateur* et de *L'Express*...

À lire la brochure, l'étudiant était devenu un « produit de la société moderne, au même titre que Godard et le Coca-Cola[1] ». Il devait dépasser sa « crise juvénile tardive » qui l'opposait à sa famille, refuser d'« être traité comme un enfant dans les diverses institutions qui régissent sa vie quotidienne » sortir de son « monde fermé »[2], rejeter son rôle de futur cadre...

Cette critique rageuse n'épargnait pas les partis de gauche, l'Unef et les groupuscules révolutionnaires qui

1. *De la misère en milieu étudiant*, *op. cit.*, p. 12.
2. *Ibid.*, p. 5.

participaient du « spectacle » ambiant. Les « cathos de gauche » avaient droit à une dénonciation des plus féroces : « Le milieu étudiant est, avec celui des vieilles femmes de province, le secteur où se maintient la plus forte dose de religion professée, et reste encore la meilleure “terre de mission” (alors que dans tous les autres, on a déjà mangé ou chassé les curés), où des prêtres-étudiants continuent à sodomiser, sans se cacher, des milliers d'étudiants dans leurs chiottes spirituelles[1]. » S'y ajoutaient des jugements cinglants sur les facultés devenues des « usines d'élevage hâtif des petits cadres et cadres moyens[2] », sur les professeurs qui étaient tous des « crétins[3] »... Je découvrais un style provocateur, qui cherchait délibérément le scandale.

La brochure dénonçait vertement la façon dont la presse traitait la révolte des jeunes en la ramenant à l'« éternelle révolte de la jeunesse » que l'on retrouvait à chaque génération et qui finissait par rentrer dans le rang. Les situationnistes annonçaient que cette fois-ci serait la bonne et que la nouvelle génération n'entendait pas se laisser récupérer.

Je retrouvais chez eux une volonté de rupture et de pureté que j'éprouvais comme des milliers d'autres jeunes. Notre génération allait rompre avec ce parcours résigné et construire un nouveau monde débarrassé de toutes les tares de l'ancien. La révolte des blousons noirs, le mouvement « provo » des Pays-Bas, les luttes des campus américains, des étudiants révolutionnaires japonais... annonçaient une révolution nouvelle qui allait « transformer le monde et changer la vie ».

1. *Ibid.*, p. 12.
2. *Ibid.*, p. 8.
3. *Ibid.*, p. 6.

Les luttes du prolétariat demeuraient une référence, mais la définition de ce dernier avait changé (« Est prolétaire celui qui n'a aucun pouvoir sur l'emploi de sa vie, et qui le sait[1] ») ; le projet révolutionnaire était censé rester le même (l'« abolition de la société de classes[2] », passant, ni plus ni moins, par la « réalisation internationale du pouvoir absolu des conseils ouvriers[3] »), mais il prenait désormais un aspect festif et ludique qui le rendait plaisant : « Les révolutions prolétariennes seront des fêtes ou ne seront pas, car la vie qu'elles annoncent sera elle-même créée sous le signe de la fête. Le *jeu* est la rationalité ultime de cette fête, vivre sans temps mort et jouir sans entraves sont les seules règles qu'il pourra reconnaître[4]. »

La critique situationniste de la bohème étudiante confortable et de la contestation étudiante trop sage avait beau en appeler au dépassement, elle restait ancrée dans les universités (avant tout les facultés de lettres), dans les bars et dans les quartiers d'étudiants. La « révolution » s'apparentait encore à un grand jeu au sein du milieu étudiant. En attendant le « pouvoir absolu des conseils ouvriers » et l'« abolition des classes », l'important n'était-il pas de « vivre sans temps mort et de vivre sans entraves » ici et maintenant ?

Un « spectacle » déconcertant

Le livre de Guy Debord *La Société du spectacle* se voulait plus théorique. La couverture était munie d'un

1. *Ibid.*, p. 31.
2. *Ibid.*, p. 27.
3. *Ibid.*, p. 28.
4. *Ibid.*, p. 32.

bandeau : « L'extrémisme cohérent des situationnistes ». La sobre présentation de l'auteur[1] avec sa photo floutée sur la quatrième contrastait avec les hagiographies habituelles. Je ne manquai pas d'acheter cet ouvrage écrit par un auteur un peu mystérieux, espérant y trouver les bases théoriques d'un mouvement qui commençait à m'intéresser fortement.

La Société du spectacle exposait deux cent vingt et une thèses de longueur variable, écrites dans un style concis et abscons. Sa lecture n'était pas facile pour un jeune comme moi, peu au fait des références théoriques plus ou moins explicites et des subtilités de la « dialectique » qui en impressionnaient plus d'un. Je n'en retins pas moins quelques formulations percutantes qui avaient des allures de mantras : « Tout ce qui était directement vécu s'est éloigné dans une représentation[2] » ; « Le spectacle constitue le *modèle* présent de la vie socialement dominante[3] » ; « Le spectacle est le mauvais rêve de la société moderne enchaînée, qui n'exprime finalement que son désir de dormir. Le spectacle est le gardien de ce sommeil[4] »... Mais plus j'avançais dans ma lecture, plus la notion de « spectacle » me semblait difficile à cerner.

Le propos tournoyant décrivait les multiples facettes d'un « spectacle » difficilement identifiable. Il était tour à tour la « reconstruction matérielle de l'illusion religieuse », la « réalisation technique de l'exil des pouvoirs humains dans un au-delà »[5], le « discours ininterrompu que l'ordre présent

1. « Guy Debord, né à Paris en 1931, est le directeur de la revue Internationale situationniste. Également réalisateur de quelques films hors-circuit. »

2. Guy DEBORD, *La Société du spectacle*, *op. cit.*, Thèse 1, p. 9.

3. *Ibid.*, Thèse 6, p. 11.

4. *Ibid.*, Thèse 21, p. 17.

5. *Ibid.*, Thèse 20, p. 17.

tient sur lui-même, son monologue élogieux[1] », la « conservation de l'inconscience dans le changement pratique des conditions d'existence[2] »…

Dans le deuxième chapitre, le « spectacle » prenait la place de la « marchandise » dans des formulations alambiquées : « À ce mouvement essentiel du spectacle, qui consiste à reprendre en lui tout ce qui existait dans l'activité humaine *à l'état fluide*, pour le posséder à l'état coagulé, en tant que choses qui sont devenues la valeur exclusive par leur *formulation en négatif* de la valeur vécue, nous reconnaissons notre vieille ennemie qui sait si bien paraître au premier coup d'œil quelque chose de trivial et se comprenant de soi-même, alors qu'elle est au contraire si complexe et si pleine de subtilités métaphysiques, *la marchandise*[3]. » Malgré mes cours de métaphysique, ces subtilités m'échappaient.

Dans tous les cas, les propos de Debord ne laissaient pas la place au doute : « Le caractère inséparable de la théorie de Marx et de Hegel est lui-même inséparable du caractère révolutionnaire de cette théorie, c'est-à-dire de sa vérité[4]. » CQFD.

La lutte de classes revisitée

Étant encore peu au fait de l'histoire du mouvement ouvrier, du marxisme et de ses différentes variantes, je découvris dans le quatrième chapitre de *La Société du spectacle*, consacré au « prolétariat comme sujet et comme

1. *Ibid.*, Thèse 24, p. 18.
2. *Ibid.*, Thèse 25, p. 20.
3. *Ibid.*, Thèse 35, p. 17.
4. *Ibid.*, Thèse 79, p. 60.

représentation », l'importance des différences et des divisions qui avaient marqué l'histoire. L'auteur se référait à Marx, à Fourier, à Bakounine, à Stirner, critiquait vertement Lénine, Staline, Mao… Rosa Luxemburg et les théoriciens des conseils ouvriers avaient visiblement ses préférences ; sa critique des aspects scientistes et déterministes du marxisme, du léninisme et de la bureaucratie empruntait aux analyses de Socialisme ou Barbarie sans le nommer.

Pour l'auteur, une nouvelle époque de la lutte des classes s'était ouverte ; les « luttes ouvrières antisyndicales des pays occidentaux » et les « courants révoltés de la jeunesse » malgré leur caractère encore informe constituaient les « signes avant-coureurs du deuxième assaut prolétarien contre la société de classes »[1].

En fin de compte, seul le pouvoir des conseils était à même d'en finir avec la « société du spectacle » dans des formulations que je ne comprenais pas trop : « Dans le pouvoir des Conseils, qui doit supplanter internationalement tout autre pouvoir, le mouvement prolétarien est son propre produit, et ce produit est le producteur même. Il est à lui-même son propre but. Là seulement, la négation spectaculaire de la vie est niée à son propre tour[2]. »

Ce type de langage finit par me décourager et je lus en diagonale les quatre derniers chapitres. Malgré l'ultime référence au « Conseil », cette « forme désaliénante de la démocratie réalisée », la deux cent vingt et unième thèse qui clôturait l'ouvrage me demeurait obscure : « S'émanciper des bases matérielles de la vérité inversée, voilà en quoi consiste l'auto-émancipation de notre époque »[3].

1. *Ibid.*, Thèse 115, 96-97.
2. *Ibid.*, Thèse 117, p. 98.
3. *Ibid.*, Thèse 221, p. 176.

Guy Debord entendait refonder la théorie révolutionnaire et il était sans doute persuadé de détenir les nouvelles clés de l'interprétation du capitalisme et de l'émancipation. Il donnait parfois l'impression de se parler à lui-même ou à un cercle d'initiés se reconnaissant à travers un certain nombre de notions qui revenaient en boucle. Il avait sans nul doute saisi l'importance du « spectacle » dans la société moderne, mais son ouvrage n'avait en tout cas pas mis fin à une forme d'abstraction savante et à un style alambiqué. Malgré mes *a priori* favorables à l'égard des situationnistes, *La Société du spectacle* m'ennuyait légèrement.

« Survie » et mal-être et dans la société moderne

Le *Traité de savoir-vivre à l'usage des jeunes générations*[1] de Raoul Vaneigem produisit sur moi un tout autre effet. Ce livre au titre ironique, publié quelques mois avant Mai 68, exprimait avec passion le malaise existentiel et la révolte de la jeunesse dans la nouvelle société de consommation. Son style lyrique et sa référence au « vécu » contrastaient avec les formulations abstraites et froides de Guy Debord. À la différence de ce dernier, Raoul Vaneigem parlait à la première personne et s'adressait directement à chacun.

À l'inverse de l'image du bonheur promue par la nouvelle société, ce *Traité de savoir-vivre* en dévoilait les contraintes et les frustrations par des formulations incisives : « Travailler pour survivre, survivre en consommant

1. Raoul VANEIGEM, *Traité de savoir-vivre à l'usage des jeunes générations*, *op. cit.*

et pour consommer, le cycle infernal est bouclé[1] » ; « Dans le royaume de la consommation, le citoyen est roi[2] » ; « Le pouvoir fabrique la dose de fatigue nécessaire à l'assimilation passive de ses diktats télévisés. [...] L'organisation du travail et l'organisation des loisirs referment les ciseaux castrateurs chargés d'améliorer la race des chiens soumis[3] ».

Ces formulations qui m'apparaissent aujourd'hui à l'emporte-pièce confortaient ma révolte et le sentiment de faire partie de ces « enragés » aux allures de grands seigneurs. Je détestais le tourisme de masse naissant et n'avais qu'une vague idée du travail dans ce que l'auteur dénommait les « abattoirs mécanisés du travail ». Je ne connaissais pas encore « la fatigue et l'abrutissement » de la foule dans les halls de gare des grandes villes, ces « cathédrales de départ pour l'enfer des semaines et l'infime paradis des week-ends ». Mais à Caen, localité moderne en pleine expansion, avec ses industries et ses cités nouvelles aux alentours, j'avais éprouvé la solitude et l'anonymat des rapports humains que décrivait si bien ce *Traité de savoir-vivre* : « On se côtoie sans se rencontrer ; l'isolement s'additionne et ne se totalise pas ; le vide s'empare des hommes à mesure qu'ils s'accroissent en densité. La foule me traîne hors de moi, laissant s'installer dans ma présence vide des milliers de petits renoncements. »

La « survie » était cette existence réduite au travail, à la consommation, au paraître. C'était une « vie au ralenti[4] », synonyme de vide et d'ennui, où les épopées historiques et les grandes passions dont je m'étais nourri à travers toute

1. *Ibid.*, p. 69.
2. *Ibid.*, p. 68.
3. *Ibid.*, p. 55.
4. *Ibid.*, p. 55, 51, 36, 65.

une littérature et un cinéma d'aventure semblaient avoir disparu. Raoul Vaneigem exprimait ce vide d'une façon provocante qui retenait d'autant plus l'attention : « Plus de Guernica, plus d'Auschwitz, plus d'Hiroshima, plus de Sétif. Bravo ! Mais la vie impossible, mais la médiocrité étouffante, mais l'absence de passion ? Et cette colère envieuse où la rancœur de n'être jamais soi invente le bonheur des autres ? Et cette façon de ne se sentir jamais tout à fait bien dans sa peau[1] ? »

« Une sorte de philanthropie d'utilité publique, écrivait l'auteur, pousse chacun à se réconforter de ses propres infirmités au spectacle de celles des autres[2]. » Cette « fraternité désespérée dans la maladie[3] » me paraissait typique d'un renoncement à profiter pleinement sa vie comme on l'entend : « De l'adolescence à l'âge de la retraite, les cycles de vingt-quatre heures font succéder leur uniforme émiettement de vitre brisée : fêlure du rythme figé, fêlure du temps-qui-est-de-l'argent, fêlure de la soumission aux chefs, fêlure de l'amour, fêlure de la fatigue. De la force vive déchiquetée brutalement à la déchirure béante de la vieillesse, la vie craque de partout sous les coups du travail forcé. Jamais une civilisation n'atteignit un tel mépris de la vie, noyée dans le dégoût, jamais une génération n'éprouva à ce point le goût enragé de vivre[4]. »

1. *Ibid.*, p. 30.
2. *Ibid.*, p. 45.
3. *Ibid.*, p. 44.
4. *Ibid.*, p. 51.

Insignifiance et aliénation

Le tableau de la situation idéologique dressé par Raoul Vaneigem me paraissait tout aussi saisissant. Il annonçait la décomposition et la fin des grandes idéologies (socialisme, communisme, libéralisme…) auxquelles succédaient des « milliers d'idéologies parcellaires vendues par la société de consommation comme autant de machines à décerveler portatives[1] ». Pour se renouveler, le « pouvoir idéologique » mettait en scène et en débat des « antagonismes désamorcés » où la tolérance et le relativisme remplaçaient le jugement et la rigueur de l'affrontement[2].

Les journaux et les nouvelles techniques de l'information fournissaient des « explications toutes faites et des sentiments contrôlés[3] », mettaient en scène des oppositions factices (« Pour ou contre Brigitte Bardot, Johnny Hallyday, la 3ch Citroën, les jeunes, la nationalisation, les spaghettis, les vieux, l'ONU, les jupes courtes, le Pop Art, la guerre thermonucléaire, l'auto-stop[4] ? »). Les « caméras de la renommée » investissaient la vie quotidienne, fabriquaient des « scandales » et des « affaires », mettaient en exergue la banalité et rabattaient tout sur le même plan (« Le mari jaloux et meurtri a sa place à côté du pape agonisant[5] »). Les différentes « images consommables » se mélangeaient et se renouvelaient sans cesse, aboutissant à un vaste chaos.

Dans cette insignifiance généralisée, l'auteur soulignait l'importance prise par les stéréotypes et les rôles auxquels les individus étaient amenés à s'identifier. Publicité,

1. *Ibid.*, p. 17.
2. *Ibid.*, p. 60.
3. *Ibid.*, p. 133.
4. *Ibid.*, p. 60.
5. *Ibid.*, p. 133.

magazines, radio et télévision diffusaient et multipliaient des modèles où chacun était « invité à se tailler un rôle[1] ». Je retrouvais, là aussi, une critique radicale de comportements que j'avais pu observer dans mon environnement. Parmi les descriptions de la « misère de la vie quotidienne », celle de la journée d'un employé de bureau remplie de gestes et d'activités stéréotypés se répétant invariablement faisait écho à la chanson « A Well Respected Man » du groupe de pop anglais The Kinks que j'aimais particulièrement.

Cette « ivresse de l'identification » entraînait les individus dans une fuite éperdue d'eux-mêmes, les consolant tant bien que mal du vide de leur existence. Le changement érigé en impératif (« changer de voiture, d'idées, de mode ») entraînait une course sans fin, une « fuite en avant vers la mort »[2] dans l'insignifiance d'une vie absorbée dans le travail et la consommation. L'identification à des rôles protégeait tant bien que mal l'individu contre la « révélation de son insupportable misère[3] », lui procurait un « chatouillement de satisfaction », une « joie frelatée, trop démonstrative pour n'être pas de façade »[4].

Cette façon de vivre me rappelait le divertissement pascalien[5] qui est une façon de fuir notre condition faible et mortelle pour ne pas ressentir le vide et l'impuissance qui nous affligeraient si nous la regardions en face. Mais la critique du « rôle » était tout le contraire de cette approche chrétienne que les situationnistes exécraient. Elle semblait plus proche de la figure du « salaud sartrien » qui, à l'image du garçon de café dans *L'Être et le Néant*, joue trop bien le rôle

1. *Ibid.*, p. 132.
2. *Ibid.*, p. 151.
3. *Ibid.*, p. 143.
4. *Ibid.*, p. 136.
5. L'auteur fait du reste référence à Blaise Pascal p. 135.

lui étant assigné, comme pour oublier l'angoisse de l'existence où l'homme ne coïncide jamais avec lui-même. Mais les situationnistes se démarquaient tout autant du christianisme que de l'existentialisme sartrien considéré comme une métaphysique participant de la fausse conscience, impuissante à changer les situations et intégrée à la « société du spectacle ».

La façon situationniste d'aborder la vie n'était pas essentiellement marquée par une incomplétude existentielle qui serait inhérente à notre condition, mais par une potentialité de vie pleine et entière existant en chacun. L'identification à des rôles avait un effet de compensation en remplissant le « vide laissé par l'expulsion du moi et de la vraie vie[1] », et procurait un « plaisir substitutif et névrotique[2] ». L'individu se détournait ainsi de la satisfaction de ses propres désirs, se contentant de dérivatifs et de piètres compensations.

L'« homme du ressentiment », privé de la conscience d'un dépassement possible était marqué par le désespoir, l'envie, la haine envers un pouvoir auquel il continuait d'accorder la primauté jusque dans sa critique la plus acerbe[3]. La conscience des contraintes et la critique sans débouché pratique finissaient par tourner en rond, entraînant une « rage impuissante[1] ». Telle me semblait être ma situation de jeune révolté avant Mai 68. Le « mal de la survie » enfermait l'individu dans une situation sans issue qui pouvait déboucher sur le désespoir et le nihilisme.

1. *Ibid.*, p. 143.
2. *Ibid.*, p. 136.
3. *Ibid.*, p. 178.
4. *Ibid.*, p. 36.

En finir avec le « mal de vivre »

À la lecture du *Traité de savoir-vivre*, j'éprouvai un sentiment jubilatoire de rupture et de libération. Le « mal de vivre » n'avait plus rien de religieux, de métaphysique ou de psychologique[1] ; il n'était pas la marque d'une psyché adolescente, d'une culpabilité chrétienne ou d'une conscience existentielle (existentialiste) indépassables. Il était le symptôme d'une fausse conscience, la cristallisation d'une aliénation sociale qui m'avait rendu inapte à agir et à transformer le monde. En l'affaire, les contraintes sociales et leur intériorisation, les mécanismes de conditionnement étaient déterminants.

La société secrétait le désespoir et pouvait l'incorporer comme esthétisme et spectacle dans sa logique de survie. L'aliénation maintenait l'homme dans la passivité et la servitude en mystifiant sa conscience, en lui faisant croire qu'il devait se soumettre à un ordre des choses naturel, alors qu'il n'était qu'un produit du pouvoir, de la société et de l'histoire parvenue à une nouvelle étape du développement capitaliste.

Ma révolte un peu désespérée d'avant Mai 68 était reconnue comme telle et je me retrouvais dans la description de l'« homme du ressentiment » devenu nihiliste qui avait érigé en métaphysique une insignifiance sociale et une impuissance à transformer positivement la vie quotidienne ici et maintenant. Ce livre légitimait ma révolte et lui donnait un débouché : le désespoir n'était qu'un moment qui pouvait être repris et dépassé dans l'affirmation révolutionnaire. Mai 68 m'avait sorti de l'amertume et de l'isolement. Mon humanisme et ma révolte existentielle antérieurs étaient une

---

1. La psychologie au service de la nouvelle société en avait fait une « maladie mentale » : « La maladie mentale n'existe pas. Elle est une catégorie commode pour ranger et tenir à l'écart les accidents d'identification », *ibid.*, p. 140.

forme de masochisme, de mauvaise conscience marquée à la fois par mon éducation chrétienne et par l'existentialisme sartrien qui m'avaient empêché de vivre pleinement.

J'avais encadré un passage qui résumait on ne peut mieux ce que je ressentais alors confusément :

« Les hommes sont, comme l'écrit Rosanov, écrasés par l'armoire. Si l'on ne soulève pas l'armoire, il est impossible de délivrer d'une souffrance éternelle et insupportable des peuples entiers. Il est terrible d'écraser, ne fût-ce qu'un seul homme. Voici qu'il veut respirer et qu'il ne peut plus respirer. L'armoire recouvre tous les hommes et cependant chacun reçoit sa part incessible de souffrance. Et tous les hommes s'efforcent de soulever l'armoire, mais pas avec la même conviction, pas avec la même force. Étrange civilisation gémissante.

Les penseurs s'interrogent : "Des hommes sous l'armoire ! Comment se sont-ils mis dessous ?" Néanmoins, ils s'y sont mis. Et si quelqu'un vient au nom de l'objectivité démontrer qu'on n'arrive pas à bout d'un tel fardeau, chacune de ses paroles accroît le poids de l'armoire, de cet objet qu'il entend représenter par l'universalité de sa "conscience objective". Et tout l'esprit chrétien est là, qui s'est donné rendez-vous, il caresse la souffrance comme un bon chien, il diffuse la photo d'hommes écrasés et souriants. "La raison de l'armoire est toujours la meilleure", laissent entendre des milliers de livres publiés chaque jour pour être rangés dans l'armoire. Et cependant tout le monde veut respirer et personne ne peut respirer, et beaucoup disent : "Nous respirerons plus tard", et la plupart ne meurent pas car ils sont déjà morts.

Ce sera maintenant ou jamais[1]. »

1. *Ibid.*, p. 49-50.

À l'instar des situationnistes, je n'entendais pas me sacrifier pour une cause quelconque et la critique ironique du *Traité de savoir-vivre* me plaisait : « Sacrifiez-vous dans la joie, mes frères ! Pour la Cause, pour l'Ordre, pour la Révolution, pour le Parti, pour l'Union, pour le bœuf en daube[1] ! »

Mai 68 avait vu apparaître des mots d'ordre iconoclastes et festifs qui venaient mettre en question le sérieux et l'ennui des revendications syndicales. L'humour et l'ironie du *Traité de savoir-vivre* en rendaient compte joyeusement : « Verra-t-on quelque jour les grévistes, revendiquant l'automation et la semaine de dix heures, choisir, pour débrayer, de faire l'amour dans les usines, les bureaux et les maisons de la culture ? Il n'y aurait que les programmateurs, les managers, les dirigeants syndicaux et les sociologues pour s'en inquiéter. Avec raison peut-être. Après tout, il y va de leur peau[2]. »

Sous la plume de Raoul Vaneigem, la « lutte de classes » se parait de nouveaux attraits : « Ceux qui parlent de révolution et de lutte de classes sans se référer explicitement à la vie quotidienne, sans comprendre ce qu'il y a de subversif dans l'amour et de positif dans le refus des contraintes, ceux-là ont dans la bouche un cadavre[3]. » De nouvelles forces qui s'accommodaient mal du *Welfare State* développaient des formes de lutte radicale en dehors des partis de gauche et des syndicats. Outre les bandes de « blousons noirs » que Raoul Vaneigem proposait de fédérer afin d'y ancrer une conscience révolutionnaire[4], les

1. *Ibid.*, p. 110.
2. *Ibid.*, p. 55.
3. *ibid.*, p. 19.
4. *Ibid.*, p. 252.

étudiants et les jeunes ouvriers, par leurs luttes violentes et leurs grèves sauvages, montraient la voie à suivre... Ils annonçaient une révolution nouvelle qui allait « transformer le monde et changer la vie ». Les grèves des jeunes ouvriers de la Société anonyme de véhicules industriels et d'équipements mécaniques et la nuit d'émeute à Caen en janvier 1968, qui demeuraient pour moi une référence, ainsi que les journées de mai-juin 68 venaient valider cette appréciation.

Pour l'auteur du *Traité de savoir-vivre*, ces luttes sauvages et ces émeutes ne manifestaient pas seulement une « recherche passionnante de la vie exubérante », mais la « transparence dans les rapports humains » et un « mode collectif de transformation du monde ». À vrai dire, c'était la promesse d'une vie passionnée et exubérante qui retenait le plus mon attention.

Les charmes de la nouvelle révolution

La révolution demeurait pour moi une notion vague qui condensait une « rage de vivre » et un « besoin d'aventure » avec une bonne dose d'utopie quant au but qui ne m'intéressait pas vraiment. Ce mot encore un peu magique était inséparable de ce que j'avais ressenti en mai-juin 68 et qui me paraissait inachevé : une libération joyeuse des contraintes et des rôles dans une sorte de temps arrêté où tout était remis en question et où tout semblait possible.

Les situationnistes venaient confirmer à leur manière cette expérience. Pour eux, la révolution partait du « vécu » et faisait valoir une subjectivité radicale brisant les contraintes et les rôles, affirmant ses désirs et ses passions sans crainte et sans limite, à l'inverse du « socialisme de l'ennui » qui s'employait à la modération et s'accommodait de l'ordre existant[1]. Partant de l'expression de la subjectivité débridée, donnant libre cours à l'imagination, aux rêves et aux désirs, le processus révolutionnaire entraînerait une « explosion en chaîne de subjectivité à subjectivité » qui amènerait dans un seul et même mouvement une rupture et un changement radical et total de la vie individuelle et collective.

La révolution devait rester pure de toute compromission et concernait tous les aspects de la vie quotidienne ; aucun domaine de la vie individuelle et sociale ne devait lui échapper. Elle devait être radicale et totale, ou ne serait pas. Elle n'était pas projetée dans un avenir pour lequel il fallait se sacrifier mais se vivait dans un présent intensément vécu. Le « tout ou rien » allait de pair avec le « tout, tout de suite ».

Bien plus encore, la révolution était entièrement placée sous le signe de la créativité, de la spontanéité, de la poésie, ce qui n'était pas là le moindre de ses charmes. La créativité présente en chacun se libérait à la faveur de ces moments révolutionnaires privilégiés où les individus se débarrassaient de leurs rôles sociaux et exprimaient librement leur potentialité créatrice jusqu'alors contenue, réprimée ou récupérée par le spectacle marchand. Je pouvais retrouver chez les autres une passion de vivre et un élan créateur qui, par-delà leur unicité, constituaient notre commune et authentique humanité. Ma subjectivité particulière rejoignait celle des autres dans ces moments exceptionnels de l'histoire où la créativité était tout à la fois individuelle et collective. La poésie devenait soudain réalité vécue et partagée dans l'événement lui-même qui transformait le présent et la vie quotidienne comme par enchantement.

1. *Ibid.*, p. 111.

Les situationnistes l'avaient bien dit à leur manière : « Les moments révolutionnaires sont des fêtes où la vie individuelle célèbre son union avec la société régénérée. L'appel au sacrifice y sonne comme un glas[1]. »

Les leçons de l'histoire étaient simples : les révolutions antérieures avaient échoué sous le pouvoir des chefs qui avaient profité de la révolte des masses pour asseoir leur domination[2]. La révolution nouvelle s'en passerait. Elle n'aurait plus besoin de chefs et de hiérarchie, mais tout au plus de « meneurs de jeu » capables par leur action d'inciter les individus à se révolter et à exprimer leur passion créatrice jusqu'alors refoulée, dévoyée ou récupérée par le pouvoir spectaculaire-marchand.

Je n'allais pas oublier la leçon : une minorité agissante composée d'individus radicaux, libres et souverains, était capable de subvertir de l'intérieur l'ordre existant par des paroles et des actes provocateurs, de créer des situations qui permettaient de vivre la révolution en actes et de faire en sorte que plus rien ne soit comme avant.

Le *Traité de savoir-vivre à l'usage des jeunes générations* représentait pour moi, comme pour beaucoup d'autres jeunes étudiants et lycéens soixante-huitards, un livre culte. Il venait à point nommé, mettait des mots sur ce que j'avais confusément vécu, donnait un sens rétrospectif à mon parcours et m'appelait à aller plus loin dans la critique et l'action. Sa lecture marqua un point de rupture et de basculement

1. *Ibid.*, p. 112.

2. Dans le *Traité de savoir-vivre à l'usage des jeunes générations*, Lénine bénéficie encore d'un statut à part : « La grandeur de Lénine tient sans conteste à son refus romantique d'assumer la fonction de maître absolu qu'impliquait son organisation très hiérarchisée du groupe bolchévik », *op. cit.*, p. 58.

vers une radicalité qui avait le parfum d'une nouvelle aventure : « Es-tu prêt, afin que jamais ton désir ne se brise, es-tu prêt à briser les récifs du vieux monde[1] ? » Comment, quand on est adolescent, après avoir vécu Mai 68 comme une divine surprise, résister à cet appel incandescent ?

1. *Ibid.*, p. 37.

TROISIÈME PARTIE

La revanche et la loi

1

Batailles sur scène

« N'allait-on pas voir resurgir un nouveau Mai 68 à la rentrée prochaine ? » Cette question était présente dans tous les esprits. Les regards se portaient à nouveau vers Paris, mais les pouvoirs publics et les autorités craignaient également une reprise de l'agitation dans les villes universitaires de province. Caen n'échappait pas à cette attention inquiète.

Dans la cité même, l'université avec ses milliers d'étudiants avait entraîné un changement sociologique. Avec ses professeurs de lycée et d'université, ses librairies nouvelles, les cafés étudiants du Gaillon et du Centre-ville, le cinéma d'art et d'essai et un Théâtre et maison de la culture (TMC), s'était développé un milieu intellectuel qui avait des allures de Rive gauche et de Quartier latin.

Un noyau d'étudiants gauchistes avait déjà fait parler de lui en dehors de l'université en n'hésitant pas à verser dans la provocation scandaleuse. Le 11 novembre 1968 avait ainsi vu fleurir sur les murs et les monuments aux morts des communes de la région affiches et inscriptions : « Prolétaires de tous les pays, massacrez-vous ! » Ce qui n'avait pas arrangé l'image des étudiants soixante-huitards n'ayant déjà pas très bonne réputation.

En janvier 1969, le patron de la brasserie La Lorraine ne voulut pas servir à boire à des étudiants de l'Unef et à des Comités d'action « compte tenu de la tenue vestimentaire (des treillis) et de l'allure assez discutable de certains aux cheveux longs ». Face à leur refus de quitter la salle, le patron appela aussitôt les policiers qui durent constater qu'« en dehors d'une rude controverse et un climat plutôt surchauffé, il n'y avait pas lieu pour eux d'intervenir »[1].

Les contestataires continuèrent leur périple à la brasserie Les Touristes, connue pour être le café des étudiants d'extrême droite, où ils chantèrent « L'Internationale » avant de se rendre devant le domicile de Pierre Chaunu, l'un des fondateurs du Comité de défense de la République (CDR) et incarnation du « prof réac ». La façade de sa demeure avait déjà, à plusieurs reprises, été recouverte des graffitis insolents et vengeurs ; une voiture garée dans la rue avait subi le même sort, les contestataires l'ayant confondue avec celle du professeur[2]. Ce soir-là, les contestataires s'étaient contentés de scander haut et fort quelques slogans du genre « CDR = fasciste ». Ces actions provocatrices en annonçaient d'autres, plus importantes. Ce qu'on appellerait l'« affaire du TMC » allait en fournir l'occasion.

---

1. « La police intervient contre une soixantaine d'étudiants à "La Lorraine" », *Liberté de Normandie. La Presse du Calvados, l'hebdomadaire caennais du samedi soir*, 11 janvier 1968.

2. À la suite de cette action, le propriétaire en question, outré par de tels procédés, a signalé dans la presse qu'il n'était pas le professeur Chaunu. Cela avait fait rire les auteurs étudiants.

Inauguré en 1963, le TMC dirigé par Jo Tréhard, metteur en scène, était ouvert sept jours sur sept, de midi à minuit, et regroupait dans un même lieu théâtre, cinéma d'art et d'essai, expositions, bibliothèque, discothèque, cafétéria. Son programme offrait une variété de spectacles et de rencontres qui témoignait d'une décentralisation culturelle où Caen n'avait apparemment plus grand-chose à envier à Paris et au Quartier latin : pièces de théâtre et ballets classiques ou d'avant-garde avec des troupes nationales et étrangères, chanson avec Montand, Brassens, Ferré, Brel, Barbara, Gainsbourg, Higelin… jazz avec Thelonious Monk, Duke Ellington… rencontres avec des personnalités telles que Max-Pol Fouchet, Claude Roy, Roland Barthes, Alain Resnais… sans oublier les expositions d'art moderne de Chagall, Kandinsky ou encore Braque.

À Caen, le public était nombreux lors des débats culturels animés au sein d'une salle moderne qui en imposait, et les discussions se prolongeaient souvent à la cafétéria. Bien que féru de cinéma et de jazz, je ne me sentais pas trop à l'aise dans ce genre de salon élargi où l'on parlait beaucoup dans un entre-soi de gauche distingué. Avec mon côté anar et provincial, la critique de la société du spectacle aidant, tout cela me paraissait snob et vain. Je préférais les cafés étudiants et leur franc-parler, les discussions avec les copains où l'on refaisait le monde sans chercher à se faire remarquer.

Jo Tréhard concevait le TMC comme un foyer de création et ne cachait pas sa conception : « Qui dit foyer de création dit obligatoirement contestation, interrogation. Faute de cela, nous devenons les artisans d'une aliénation[1]. » Cette conception ne plaisait pas à tout le monde et le TMC était vite devenu l'enjeu d'un affrontement avec le maire centriste qui n'entendait pas subventionner un théâtre à ses yeux trop moderne[2] sous l'égide de Jo Tréhard que la droite considérait comme un agitateur militant[3].

Les Amis du théâtre, partisans du maire de l'époque, critiquaient vertement le théâtre engagé et les « expositions de bicyclettes rouillées, de pâtes de verre, de copeaux de métal et autres extravagances de l'Art moderne[4] ». Quant à l'extrême gauche, elle reprochait à Jo Tréhard de n'avoir pas su faire du TMC un « théâtre pour les ouvriers[5] ».

En juillet 1968, le maire décida de reprendre en main la programmation de l'établissement et, le mois suivant, le ministère de la Culture annonçait son désengagement financier. C'en était fini de ce lieu culturel emblématique. Un article ironique du *Canard enchaîné* exprimait à sa manière le « scandale du TMC » : « Louvel [le maire] a voulu faire plaisir aux tripiers, fromagers et autres bourgeois de Caen, qui composent l'aile bien-pensante de son

1. Jo TRÉHARD, *Cité-Panorama*, décembre 1965, cité par Alain LEMÉNOREL, *68 à Caen*, Cabourg, Cahiers du Temps, 2008, p. 155.

2. Le TMC était géré par la mairie et affilié aux maisons de la culture subventionnées par l'État. Sur le dossier du TMC, voir « L'assassinat du TMC », *in* Alain LEMÉNOREL, *68 à Caen*, *op. cit.*, et « Le rideau tombe sur le TMC », *in* Jean QUELLIEN, Serge DAVID, *Caen 68*, Caen, Éditions du Bout du monde, 2008.

3. Celui-ci quittera le TMC pour exercer librement son activité avec sa troupe de théâtre dans une salle paroissiale mise à sa disposition par l'archevêché.

4. « Les amis du théâtre », *Paris-Normandie*, 12 octobre 1968, cité par Alain LEMÉNOREL, *68 à Caen*, *op. cit.*, p. 163.

5. Alain LEMÉNOREL, *68 à Caen*, *op. cit.*, p. 166.

électorat. À présent tout va rentrer dans l'ordre. On fera venir les rigolos du Boulevard, on organisera des expositions canines, la chambre de commerce donnera des bals annuels et l'amicale des anciens combattants fera représenter régulièrement *La Cocarde* de Mimi Pinson[1]… Quant aux 12 000 adhérents de la maison de la culture, ils iront se faire cultiver ailleurs[2]. »

Comme l'écrivait un journal régional, la bataille du TMC manifestait l'« antagonisme de deux modes de vie[3] ».

La bataille du TMC

La riposte contre l'« assassinat » du TMC ne tarderait pas. Le 18 décembre 1968, l'association des amis du TMC rejointe par l'ensemble des syndicats et des partis de gauche appelait à une manifestation contre « cette régression culturelle et cette atteinte à la liberté d'expression et de création[4] ». Les étudiants soixante-huitards faisaient entendre leur voix particulière. Au sein du cortège d'un millier de personnes, leur banderole « La confiture, c'est comme la culture, moins on en a, plus on l'étale ! » contrastait avec les slogans traditionnels ; s'y ajoutèrent

1. Opérette d'Henri Goublier (1888-1951) composée en 1915 qui connut un grand succès dans le contexte de la guerre, et considérée par les critiques comme une opérette patriotique désuète.

2. « Quand ma culture ferme ses maisons… », *Le Canard enchaîné*, 13 novembre 1968, cité *in* Alain LEMÉNOREL, *68 à Caen*, *op. cit.*, p. 154.

3. C. D., « Escalade dans la contestation estudiantine au théâtre municipal », *Paris-Normandie*, 23 janvier 1969.

4. Tract d'appel à la manifestation du 18 décembre 1968 : « La fermeture du Théâtre-Maison de la culture de Caen est un scandale ».

des jets de pierre sur les fenêtres et des graffitis sur les murs de la mairie.

Le 10 janvier 1969, ils inauguraient un type d'action ludique lors de la représentation de la pièce *Le roi se meurt* de Ionesco : une centaine d'entre eux présents dans la salle imitaient le bruit du vol du bourdon en permanence et déclamaient les répliques avant que les comédiens ne les disent. Le directeur du théâtre intervint à plusieurs reprises pour tenter de faire cesser ce qui ressemblait à un grand chahut ; le directeur de la troupe justifia sa présence au nom de la liberté d'expression et de sa volonté de bien faire son métier… Les propos malencontreux de ce dernier renforcèrent au contraire les invectives des contestataires qui ne manquèrent pas de le traiter de « raciste », après qu'il eut déploré la situation en ces termes : « Nous avons joué en Afrique devant des Noirs, il est pénible que des Blancs puissent se tenir aussi mal[1]. » Aux spectateurs qui protestaient, les étudiants répliquaient par la chanson « Les Bourgeois » de Jacques Brel…

La venue du commissaire divisionnaire, les prises de photo des contestataires, la présence de policiers avec des chiens eurent pour effet de relancer l'ardeur des trublions. Après plusieurs interruptions et invectives de part et d'autre, la pièce ne put se dérouler jusqu'au bout. Les spectateurs, peu nombreux mais furieux, quittèrent la salle tandis que les étudiants sortaient en chantant « L'Internationale », qui n'avait pas grand-chose à voir avec le théâtre moderne mais scandalisait le bourgeois.

1. « Le roi est mort avant la lettre, hier soir, au théâtre », *Liberté de Normandie. La Presse du Calvados, l'hebdomadaire caennais du samedi soir*, 11 janvier 1968.

La presse locale de droite favorable à la mairie s'indigna et en appela aux pouvoirs publics : « L'affaire est grave, car elle répond à une volonté bien arrêtée, à un mot d'ordre de saboter, et d'empêcher le théâtre qu'ils [les jeunes contestataires] ont perdu de fonctionner. [...] La Ville de Caen, les Pouvoirs publics, confrontés à un tel problème, peuvent-ils rester plus longtemps sans réaction[1] ? »

Ravis de leur exploit, les étudiants contestataires n'avaient cure de ce genre de propos et comptaient « remettre ça ».

Le 21 janvier, pour la représentation de *Cyrano de Bergerac*, ils se retrouvèrent à nouveau au TMC, mais cette fois la police les attendait. Une dizaine d'étudiants réussirent à entrer, tandis que les cent cinquante autres bloqués dans l'entrée étaient repoussés à coups de matraque. Dans la salle, les spectateurs présents désignaient les étudiants contestataires aux agents de police qui les expulsaient promptement sous les applaudissements et quelques propos haineux relevés par la presse locale : « Il faut écraser cette vermine », « en descendre quelques-uns », « les mettre dans des camps »[2]...

À l'extérieur du théâtre où je me trouvais, le face-à-face des étudiants et des policiers dégénéra rapidement : aux jets de pierre et de brique récupérées sur un chantier répondirent les gaz lacrymogènes et les charges policières. Deux petites barricades furent érigées avec des matériaux de chantier. J'assistai à la construction de l'une d'elles devant la brasserie de La Lorraine où je m'étais réfugié. Un de mes amis de vieille date qui n'avait rien d'un

1. *Ibid.*

2. C. D., « Escalade dans la contestation estudiantine au théâtre municipal », art. cité.

militant gauchiste versa de l'essence prise dans le réservoir d'un vélo Solex et y mit le feu. Les pompiers arrivèrent rapidement et n'eurent pas de mal à éteindre ce qui ressemblait à un grand feu de poubelle. À la fin de cette soirée agitée, la police avait procédé à une quarantaine d'interpellations[1] et les fameux slogans soixante-huitards avaient resurgi spontanément : « CRS = SS ! », « Libérez nos camarades ! »...

Cette soirée n'était pourtant pas comparable, tant du point de vue du nombre de manifestants que de celui des affrontements, aux nuits des barricades à Paris ; au regard de la nuit de l'émeute ouvrière de janvier 1968 à Caen, elle faisait figure de gentille escarmouche. La police avait contenu sans trop de difficulté la manifestation des étudiants et, contrairement aux slogans des manifestants, il ne s'agissait pas de CRS mais d'une soixantaine de membres de la police locale auxquels s'étaient joints une dizaine de gendarmes[2].

Le fait le plus marquant avait été le fossé existant entre les étudiants contestataires et les habitants du centre-ville qui avaient voté pour la majorité gaulliste aux élections législatives de juin 1968[3]. Ces derniers en avaient assez des étudiants soixante-huitards et des casseurs et l'avaient fait

1. Le journal *Paris-Normandie* du 23 janvier 1969 avançait le chiffre de « 41 interpellations dont 15 femmes ».

2. La préfecture avait fait venir en renfort un escadron de gendarmes mobiles mais ceux-ci n'eurent pas à intervenir. Voir C. D., « Escalade dans la contestation estudiantine au théâtre municipal », art. cité.

3. Dans la ville même de Caen, le candidat de la majorité a obtenu au premier un peu plus de 50 % des suffrages exprimés, tandis qu'il était devancé par la gauche dans les quartiers populaires de La Guérinière et de La Grâce-de-Dieu. Voir Jean QUELLIEN, Serge DAVID, *Caen 68*, *op. cit.*, p. 178.

savoir du haut de leur fenêtre en encourageant les forces de l'ordre. Les contestataires les considéraient comme des bourgeois et des réacs.

« Libérez nos camarades ! »

Après une nuit d'occupation du rectorat et de tractations entre le recteur, le commissaire et le préfet, la police relâcha à l'aube trente-quatre interpellés par petits groupes, en ayant pris soin de les amener en fourgon dans la campagne environnante pour qu'ils puissent se dégourdir les jambes en revenant à Caen. Six figures contestataires bien connues (trois garçons et trois filles) demeurèrent inculpées pour rébellion ou violence et voies de fait sur agent de la force publique, le jugement devant avoir lieu dans les jours suivants. Le recteur déclara à la presse : « En fait le chahut est dépassé. Il s'agit maintenant de contestation systématique dont le théâtre n'a été qu'un prétexte[1]. »

Je me joignis aux groupes d'étudiants contestataires qui interrompirent les cours. Les murs de l'université furent de nouveau recouverts de slogans ; l'assemblée générale réunie dans l'amphithéâtre de la faculté des lettres vota la « grève générale »... Le lendemain, dans la soirée, nous étions trois mille à défiler en silence dans les rues de la ville derrière une banderole : « Libérez nos camarades. »

Les étudiants qui avaient été relâchés par la police furent accueillis sous un tonnerre d'applaudissements dans le grand amphithéâtre de l'université, rempli comme en Mai 68. La reconduite de la grève fut votée aussitôt... Dans l'atmosphère et la surenchère du moment, un

1. Cité in *ibid.*, p. 192.

intervenant proposa de porter une étoile jaune avec le mot « Étudiant ». Cette idée me sembla, pour le moins, hors de propos. Comme beaucoup d'autres, je ne la soutins pas. Devant les nombreuses protestations, dont celle de la communauté israélite de Caen, une nouvelle assemblée générale abolit cette folle initiative.

Le jugement en flagrant délit condamna quatre des manifestants à un mois de prison avec sursis, une étudiante en médecine, à quinze jours ferme.

Le dernier militant emprisonné en attendant son jugement était Yves Sarciat, l'une des grandes figures de mai-juin 68. Dans le milieu étudiant, tout le monde le connaissait. Cet athlète n'était pas seulement un champion universitaire et international de lancer de poids, mais un militant qui aimait la bagarre avec l'extrême droite et rêvait d'en découdre avec les forces de l'ordre. Il ne craignait personne et était toujours en première ligne dans les manifestations. La police l'avait repéré depuis longtemps et avait fini par l'arrêter, non sans difficulté, lors de son intervention musclée au TMC.

Comme aux autres étudiants soixante-huitards, savoir ce camarade en prison m'était insupportable. Des affichettes reproduisant son visage furent collées à l'intérieur des locaux universitaires et une nouvelle manifestation silencieuse avec son portrait défila, sans incident, dans les rues de la ville.

Son procès devint l'un des symboles de la répression de l'après-mai et connut un écho national. Jacques Sauvageot, le leader de l'Unef au moment de Mai 68, fit le déplacement à Caen. Le palais de justice étant cerné par les forces de l'ordre, il ne put, comme les autres étudiants, entrer dans la salle d'audience. Après une heure de délibérations, le jugement fut conforme à la demande du procureur de la République : un mois de prison ferme.

Le meeting qui suivit à l'université eut lieu dans une ambiance exaltée. Jacques Sauvageot déclara sous les applaudissements : « Le pouvoir estime que la situation est mûre pour frapper le mouvement étudiant. Ce qui s'est passé ici a une signification nationale et aura une répercussion nationale. Il faut une réponse coup pour coup et immédiate à chaque tentative de répression[1]. » Comme tous les étudiants présents, je votai aussitôt pour l'occupation de la faculté des lettres.

Le soir même, je me retrouvais dans le hall d'entrée de la faculté, assis par terre avec quelques centaines de camarades. Des cars de CRS avaient pris position devant l'université et la tension était palpable. Le doyen et d'autres enseignants étaient venus pour essayer de nous persuader de quitter les lieux. On pouvait s'attendre à une expulsion musclée comme au TMC. Pour la première fois, des forces de l'ordre entraient à l'université (ce ne serait pas la dernière). Mais le commissaire qui dirigeait l'opération, accompagné du recteur et de quelques autres enseignants, nous demanda de quitter les lieux gentiment.

Ce *sit-in* étudiant était plutôt bon enfant. Après un court face-à-face avec les policiers qui commencèrent à relever de force les étudiants, quelqu'un prit la parole pour dire que nous n'opposerions pas la moindre résistance. Le commissaire fut satisfait : « Je vais demander à mes gardiens de vous sortir. Il n'y aura aucune violence de notre côté[2]. » Contrairement à ce que scandaient les slogans gauchistes, les autorités universitaires et la police ne pratiquaient pas une féroce répression.

Après l'évacuation dans le calme, cette soirée se termina vers une heure du matin par une petite manifestation dans

1. Cité in *ibid.*, p. 196.
2. *Ibid.*, p. 198-199.

la rue qui longe l'université, façon de montrer que, malgré les apparences, nous avions eu le dernier mot.

La manifestation du lendemain, 30 janvier (la dernière), ne réunit qu'un millier d'étudiants ainsi que quelques syndicalistes de la Confédération française démocratique du travail (CFDT). La prise de parole du leader trotskiste appelant en fin de parcours à l'union des ouvriers et des étudiants ne convainquit pas grand monde. La réunion qui eut lieu dans la soirée réunit moins d'étudiants que les jours précédents et le mot d'ordre de grève fut en fin de compte abandonné. Le 7 février, Yves Sarciat, qui avait fait appel, fut condamné à quarante-cinq jours de prison avec sursis et sa libération calma quelque peu l'atmosphère à l'université.

Un chahut politique ?

En l'espace d'un mois, les événements s'étaient enchaînés sans pour autant aboutir à un nouveau Mai 68, dont j'espérais avec d'autres le retour imminent. La grève générale décrétée par les assemblées d'étudiants soixante-huitards avait surtout touché la faculté des lettres et n'avait été effective que par intermittence, sous la pression de groupes de militants. Les contradictions déjà présentes en Mai 68 s'étaient accentuées entre les contestataires de la faculté des lettres et les autres étudiants, particulièrement ceux de droit, de sciences et de médecine. La Fédération intercorporative des étudiants de Caen (Fidec)[1] soulignait une réalité dont les contestataires n'avaient cure : « On ne saurait multiplier les incidents, provoquer

1. La Fidec s'était créée en septembre 1968 en opposition à l'Agec dirigée par l'Unef et se voulait apolitique.

la réaction des forces de l'ordre (air connu) et imposer ensuite une grève générale qui est loin de correspondre à la volonté de la majorité des étudiants[1]. »

Quant à la solidarité des syndicats et des partis de gauche, elle laissait pour le moins à désirer. Le Syndicat national de l'enseignement supérieur (SNESUP) et le Syndicat général de l'Éducation nationale (Sgen), affilié à la CFDT, condamnèrent les « brutalités de la répression policière » et demandèrent la libération des étudiants emprisonnés, mais « sans prendre parti sur les formes et l'opportunité des manifestations » des étudiants au TMC. Il en alla de même de la Fédération de la gauche démocratique et républicaine (FGDS). Le PCF, dont nous n'attendions rien, dénonça comme à son habitude une « activité provocatrice et stérile qui soulève la réprobation justifiée de la population laborieuse » et la « conjonction de la provocation anarchiste et la répression gaulliste qui cherchent à diviser les couches sociales »[2].

À l'exception du Parti socialiste unifié (PSU) et de quelques adhérents de la CFDT, les partis et les syndicats de gauche n'avaient pas participé aux manifestations. La « jonction des luttes étudiantes et ouvrières » n'avait pas eu lieu et paraissait dans cette affaire hors de propos.

Des journaux locaux qualifièrent cette action de chahut et d'infantilisme. Dans un communiqué de presse, les étudiants contestataires leur répondirent dans des termes qui donnaient à ce « chahut » une portée « politique » inédite, bien différente de celle de la gauche traditionnelle. L'« anti-autoritarisme » et l'influence de Claude Lefort qui enseignait la sociologie à l'université étaient manifestes : « Quel que soit le lieu, tout coup porté est un coup

---

1. Cité par Jean QUELLIEN, Serge DAVID, *Caen 68*, *op. cit.*, p. 194.
2. *Ibid.*, p. 196.

porté à l'ensemble de la structure sociale. Toute méthode de lutte visant à paralyser une institution, et à mettre au jour les conflits masqués par le bon fonctionnement de cette institution, est une forme de lutte éminemment politique[1]. » La révolte étudiante, tout en demeurant ludique, commençait à se prendre au sérieux. Le mouvement du 22 mars à l'origine des événements de Nanterre en Mai 68 demeurait une référence : l'« action exemplaire » était « une action qui pose une situation qui va se dépasser et être dépassée »[2]. Mais pour aller où ?

Par-delà sa rationalisation militante, l'« action exemplaire » était d'abord transgression surgissant comme une « parole interdite »[3]. J'éprouvais le même sentiment que beaucoup d'autres étudiants soixante-huitards : « J'avais surtout à l'époque une sensation d'existence, dirait plus tard l'un d'entre eux. Je me souviens bien d'une des premières assemblées. J'étais près de la porte. Un grand gars m'a dit avec un air très heureux : "Tu vois, nous existons." C'était vraiment ça. On avait le pouvoir de faire des choses. Je n'avais plus peur de l'autorité[4]. »

Cette dimension existentielle, qui pouvait se draper de telle ou telle idéologie révolutionnaire, était à elle-même sa propre fin. Le fait d'avoir osé remettre en cause l'autorité et les institutions dont beaucoup paraissaient sclérosées créait une sorte d'étonnement et une complicité dans la transgression qui resserraient les liens entre les

1. « Après les incidents du théâtre municipal les "contestataires" s'expliquent », document en possession de l'auteur.

2. MOUVEMENT DU 22 MARS, *Ce n'est qu'un début. Continuons le combat*, Paris, Maspero, 1968, p. 69.

3. Alain GEISMAR, Serge JULY, Erlyn MORANE, *Vers la guerre civile*, Paris, Éditions et publications premières, 1969, p. 158.

4. Bruno GIORGINI, *Que sont mes amis devenus ?*, Paris, Savelli, 1978, « Jean », p. 111.

étudiants contestataires. La bataille du TMC n'avait été finalement qu'un avant-goût des provocations et des violences qui franchiraient de nouveaux seuils dans les années suivantes.

2

Ordre et désordre

« À peine les Français, fourbus et soulagés, songeant à leurs vacances, parvenaient-ils, enfin, à oublier les journées de mai ; déjà, la revanche commençait[1] », déclarait un texte de la Commune étudiante. La campagne électorale de juin avait été marquée par la multiplication des agressions envers les militants de gauche avec parfois l'utilisation d'armes à feu[2]. Promulguée le 31 juillet 1968, la loi d'amnistie pour les infractions commises en relation avec la guerre d'Algérie libérait les derniers prisonniers de l'Organisation armée secrète (OAS) et permettait à ceux qui s'étaient exilés de revenir en métropole[3]. La gauche

1. Unef/SNESUP, *Ils accusent*, Paris, Seuil, 1968, p. 216.

2. Le 24 juin à la gare de Clichy-Levallois, deux cheminots sont blessés par balle. Le 29 juin, près d'Arras, on tire sur des colleurs d'affiches : un militant des jeunesses communistes, Marc Lanvin, 18 ans, est tué.

3. Le général Salan est le dernier des quatre généraux du putsch d'Alger à être libéré et amnistié. Le général de Gaulle s'étant toujours refusé à lui accorder sa grâce du fait de son rôle dirigeant au sein de l'OAS, il ne doit sa libération qu'à la portée générale de la loi de juillet 1968.

s'inquiétait : « Tout se passe d'ores et déjà comme si le gouvernement avait le sentiment d'avoir assisté à la "répétition générale d'une révolution". [...] Jusqu'où pourra aller la répression[1] ? »

« Théorie du complot » et répression

Pour Raymond Marcellin, nommé ministre de l'Intérieur le 31 mai 1968, les choses semblaient simples : « Le mal vient de ce qu'en Mai 1968 on n'a pas frappé assez fort. Ni surtout assez vite. Le mouvement de Mai 68 aurait pu être liquidé en deux jours. Il fallait ramener l'ordre tout de suite, garder les gens arrêtés, s'emparer des chefs[2]. »

Dès sa nomination, le nouveau ministre de l'Intérieur demanda à ses services de lui faire remonter le maximum d'informations sur les groupes révolutionnaires et tout ce qui, de près ou de loin, s'apparentait à de la subversion. Il s'empressa de faire connaître à la presse les résultats de son enquête qui faisait la part belle aux groupuscules dans la révolte de la jeunesse et les événements de mai, avec l'illusion rétrospective qu'une répression sans concession aurait pu empêcher Mai 68[3].

---

1. Claude KRIEF, « Le grand enjeu », *Le Nouvel Observateur*, n° 188, 19 juin 1968.

2. Raymond MARCELLIN, interview à *Paris-Match*, 4 mai 1971, cité par René BACKMAN, Claude ANGELI, *Les Polices de la nouvelle société*, Paris, Maspero, 1971, p. 17.

3. Cette idée était présente au sein du pouvoir gaulliste et a divisé ses représentants. Dans son livre, *Cinq ans à la tête de la DST. La mission impossible* (Paris, Plon, 1985), Jean Rochet, ancien directeur de la DST, partisan de la manière forte en Mai 68, se montre très critique envers le préfet Maurice Grimaud.

Pour Raymond Marcellin, les « agitateurs » s'étaient servi de la jeunesse ; ils avaient « violé » la conscience des jeunes pour les embrigader dans des formations politiques, s'appuyant sur l'« incroyable violence qui fermente dans une partie de cette jeunesse qui apprend par le film la brutalité, le crime et l'érotisme »[1]. Les révoltes et les manifestations avaient eu lieu dans différents pays avec une « simultanéité troublante », les leaders révolutionnaires étaient en contact avec des agents officiels ou secrets d'États étrangers, au premier rang desquels Cuba et la Chine de Mao… Tout cela était censé prouver qu'en Mai 68, nous avions eu affaire à une tentative de subversion menée par des révolutionnaires avec le soutien de puissances extérieures.

Le directeur de la Défense et sécurité du territoire (DST) de l'époque imputait cette « tentative planifiée de subversion internationale » à la Tricontinentale, organisation anti-impérialiste créée à Cuba en 1966, derrière laquelle il voyait la main de Moscou : « Les militants gauchistes de la base et même la plupart de leurs chefs auraient été bien étonnés d'apprendre, eux qui n'étaient pas les derniers à dénoncer la politique soviétique, qu'à travers les Cubains, c'était Moscou qui les manipulait[2]. »

Les militants gaullistes les plus revanchards étaient acrimonieux et grotesques : « Cohn-Bendit n'est qu'un agitateur de service. Derrière lui, il y a l'action de l'étranger et des internationales trotskiste et maoïste. Leur objectif, c'est la révolution par la violence et par le sang ! Il ne faut pas les laisser faire. Ces minorités sont violentes et dangereuses, mais elles ne sont que des minorités. Il est temps de les faire

1. Raymond MARCELLIN, *L'Ordre public et les Groupes révolutionnaires*, Paris, Plon, 1969, p. 72.

2. Jean ROCHET, *Cinq ans à la tête de la DST*, *op.cit.*, p. 101.

taire ! Voilà ce que nous disent les étudiants qui travaillent (il y en a)[1]. » Ce genre de littérature donnait raison au slogan inscrit sur une affiche représentant un jeune, le visage en sang, avec un CRS en arrière-plan : « Bourgeois, vous n'avez rien compris ! »

Surnommé « Raymond la matraque », le ministre de l'Intérieur entendait rétablir l'ordre au plus tôt. Au Quartier latin, la police se fit désormais visible pour empêcher toute manifestation. De nouveaux équipements individuels et des engins anti-barricades furent attribués aux forces de l'ordre. Une unité spécialisée, le Peloton de voltigeurs motoportés (PVM), fut créée. Ces policiers, à deux sur une moto – dont l'un, placé à l'arrière et muni d'un « bidule » (longue matraque de bois dur) –, étaient chargés d'intervenir au moindre signe de manifestation et de poursuivre les participants[2].

Le 3 octobre 1968, lors de la manifestation de soutien aux étudiants mexicains[3] à Paris, la police procéda à quatre cents interpellations. En novembre 1969, pour tenter d'empêcher une manifestation contre la guerre du Vietnam, plus de cent militants d'extrême gauche furent interpellés préventivement tandis que la police mettait en place un vaste quadrillage et effectuait des centaines d'arrestations dans la capitale. Le 1er mai 1969, la CGT renonça à sa manifestation traditionnelle. La police empêcha tout

---

1. Tract reproduit dans J. R. Tournoux, *Le Mois de mai du général. Livre blanc des événements*, Paris, Plon, 1969, p. 273-274.

2. Des membres de cette brigade motorisée seront mis en cause et jugés à la suite de la mort de Malik Oussekine lors des manifestations étudiantes de décembre 1986 contre le projet de réforme de la loi Devaquet, ministre de l'Éducation nationale. Ce dernier démissionnera à la suite de cette affaire.

3. Le 2 octobre 1968, à Mexico, l'armée tirait sur les étudiants qui manifestaient, provoquant la mort de nombreuses personnes.

rassemblement en procédant à des interpellations massives dans le quartier de Belleville où l'extrême gauche appelait à manifester. Plus de sept cents personnes furent interpellées dans la rue et à la sortie du métro. Cette répression ne découragea pas les groupes révolutionnaires qui avaient été revigorés par Mai 68 et s'étaient vite reconstitués après leur dissolution[1].

La fin de l'« université de papa »

La répression et le retour à l'ordre n'étaient en fait qu'un aspect de la nouvelle politique menée par le pouvoir. Contrairement à la caricature soixante-huitarde, de Gaulle avait vu dans la crise de Mai 68 « tous les signes qui démontrent la nécessité d'une mutation de notre société ». Il entendait « reconstruire l'université en fonction des besoins réels de l'évolution du pays et des débouchés effectifs de la jeunesse étudiante dans la société moderne[2] ».

Edgar Faure, ministre de l'Éducation nationale au sein du nouveau gouvernement de Maurice Couve de Murville nommé en juillet, fut chargé de préparer au plus vite une loi de réforme de l'enseignement supérieur. Il l'élabora en s'appuyant sur les travaux des colloques et des publications antérieurs à Mai 68, qui avaient souligné la crise de

1. Le 12 juin 1968, un décret avait dissous onze mouvements d'extrême gauche. La dissolution du mouvement d'extrême droite Occident aura lieu quelques mois plus tard, le 31 octobre 1968, à la suite de l'attaque du siège du SNESUP et des affrontements au Quartier latin avec des militants d'extrême gauche qui s'opposaient au déroulement des examens.

2. Allocution radiodiffusée et télévisée du général de Gaulle, palais de l'Élysée, 24 mai 1968, www.charles-de-gaulle.org.

l'université et avancé une série de réformes[1] ; il prit soin de consulter l'ensemble des acteurs universitaires[2] et intégra une partie des revendications formulées en mai[3]. Cette loi marqua une rupture importante dans l'enseignement, tant du point de vue de l'organisation et de la gestion des universités que de la pédagogie[4]. Reprenant une expression du général de Gaulle, Edgar Faure déclarera : « C'en est fini de l'université de papa ! »

Avec sa fougue et son talent oratoire bien connus, il n'hésita pas à critiquer ouvertement la « pensée des réactionnaires de l'Éducation nationale » pour qui « la culture n'est vraiment élevée que si tout le monde n'y accède pas »[5]. Il ne s'agissait plus d'« éliminer », de « sélectionner », mais d'aider les étudiants d'origine populaire qui n'avaient pas les

1. Voir « Faire l'université. Dossier pour la réforme de l'enseignement supérieur », *Esprit*, mai-juin 1964.

2. Y compris l'Unef qu'Edgar Faure rencontra clandestinement. Voir le témoignage de Jacques Sauvageot, *La Fabrique de l'histoire*, France Culture, 23 juin 2003.

3. Cette loi fut élaborée et définitivement adoptée en novembre 1968 à l'unanimité de l'Assemblée nationale, l'opposition se limitant à l'abstention des communistes et de six députés de la majorité.

4. Cette loi supprimait les anciennes facultés pour les remplacer par des unités d'enseignement et de recherche (UER) ; elle mettait en place des conseils où devaient siéger les représentants des enseignants, des étudiants, du personnel administratif et technique ; elle créait une nouvelle fonction : le président d'université élu par un conseil de l'université composé de la même manière ; elle octroyait une autonomie permettant aux universités d'innover en matière de programme, de pluridisciplinarité et de pédagogie…

5. Discours d'Edgar Faure devant le Sénat présentant la loi d'orientation, 24 octobre 1968, diffusé dans *La Fabrique de l'histoire*, France Culture, 23 juin 2003.

mêmes ressources que ceux issus des familles aisées. Il rejetait la « sélection éliminatoire » qui lui semblait « contraire à la société de promotion, à la démocratie », il entendait mettre fin à un type d'enseignement fondé uniquement sur le cours magistral et la préparation à l'examen traditionnel. L'examen ponctuel devait « être conservé dans une certaine mesure » en même temps que serait instauré le contrôle continu. L'enseignement se devait d'être « dialogué » pour être « vraiment démocratique », il fallait « apprendre à apprendre » en accordant une large importance à la « pédagogie de groupe », au « travail en équipe »... Quant à l'éducation permanente, elle ne devait plus être une « idée philanthropique bonne pour les conversations du soir »[1] mais permettre à tous d'accéder à la culture. Ces objectifs reprenaient largement des propositions de réforme modernisatrice du courant mendésiste et de ce qu'on appellerait plus tard la deuxième gauche.

Dans les rangs des gaullistes, la méfiance voire l'hostilité à cette loi étaient plus ou moins ouvertes, certains craignant qu'elle ne favorise ce que de Gaulle avait appelé la « chienlit ». En décembre 1968, le Comité de défense de la République[2] (CDR) de Dijon attaqua violemment la réforme d'Edgar Faure, la dénonçant comme « un bluff, un fiasco, une dangereuse bombe à retardement, qui fera sauter non seulement le régime, mais aussi notre civilisation » : « Un trimestre s'achève. Pratiquement sans cours. Uniquement occupé par des luttes d'influence, les palabres sans fin. [...] Sciemment ou inconsciemment, sous l'influence de son état-major PSU, Edgar Faure mène la République au

---

1. *Ibid.*

2. Comité de défense de la République. Ces comités furent créés par les gaullistes après le discours du 30 mai 1968 du général de Gaulle.

naufrage. Il ne doit pas rester plus longtemps aux commandes. Il faut à la tête de l'Éducation nationale un homme qui sache redonner à l'Université tout entière son vrai visage de raison, de responsabilité et d'efficacité »[1]. Edgar Faure répondit aussitôt sur les ondes de la radio RTL, traitant le CDR de Dijon de « groupuscule d'extrême droite fasciste où l'on manie l'arme du poing plus volontiers que le stylo[2] ».

Edgar Faure avait écarté les revendications étudiantes les plus irresponsables, telles que la participation des élèves au recrutement des enseignants et aux jurys d'examen, mais il leur accorda de nouvelles libertés qui inquiétèrent les conservateurs. Outre leur participation aux conseils, ils pourraient disposer désormais de la liberté d'information à l'égard des problèmes politiques, économiques et sociaux, sous réserve qu'ils ne portent pas atteinte aux activités d'enseignement et de recherche et qu'ils ne troublent pas l'ordre public. Ce que les gauchistes post-soixante-huitards ne manqueraient pas de faire. Le ministre de l'Éducation nationale se heurtait non seulement à l'opposition de certains gaullistes, mais il devait aussi faire face à l'activisme groupusculaire d'un peuple adolescent qui faisait de l'université son terrain de prédilection.

---

1. Communiqué du CDR de Dijon publié dans *La Dépêche de Dijon*, 27 décembre 1968.

2. Cité par Jérôme Pozzi, *Les Mouvements gaullistes. Paris, associations et réseaux (1958-1976)*, Rennes, Presses universitaires de Rennes, 2011.

Le retour des « mandarins » ?

À Caen, à la différence de Paris et d'autres villes de province, la rentrée universitaire et les examens s'étaient déroulés sans trop de problèmes. L'agitation n'avait pas pour autant disparu. Les comités d'action, tout particulièrement à la faculté des lettres, se réunissaient à nouveau. Un noyau d'étudiants activistes reprenait le flambeau de la contestation avec la sympathie plus ou moins manifeste d'une partie de leurs camarades qui entendaient quand même poursuivre leurs études sans trop de perturbations.

La loi Edgar Faure divisait les syndicats. La Fédération de l'Éducation nationale (FEN) et le Sgen étaient favorables à sa mise en œuvre. L'Unef appelait au boycott national, estimait que cette loi donnait une part trop belle aux « mandarins[1] » par rapport aux étudiants, dénonçait la « participation » et la « cogestion » comme des tentatives d'intégration des étudiants dans le système capitaliste... Cette position allait entraîner des divisions dans ses rangs[2], les étudiants communistes créant la tendance « Unef renouveau ».

Les divisions et les règlements de comptes concernaient aussi le corps enseignant. Chaque camp s'adonnait à des manœuvres pour tenter d'asseoir son pouvoir dans des réunions où les débats duraient longtemps.

Renforcés par la victoire des gaullistes aux élections de juin 1968, ceux qu'on appelait les mandarins entendaient

1. Professeurs conservateurs considérés comme des carriéristes et des bureaucrates satisfaits d'eux-mêmes et autoritaires vis-à-vis des étudiants et des maîtres assistants.

2. Les étudiants communistes au sein du comité « Unef Renouveau » appelleront à voter pour ne pas faire le jeu de la droite. Voir Alain LEMÉNOREL, *68 à Caen*, *op. cit.*, p. 143.

bien reconquérir le terrain perdu. Après avoir fait le gros dos, un groupe d'enseignants de la faculté des lettres, sous la houlette de Pierre Chaunu, membre du CDR, remit en cause la légitimité des assemblées générales et des commissions mises en place en mai, la parité avec les enseignants dans les organes décisionnels, le réaménagement des examens…

Claude Lefort, directeur de l'institut de sociologie, ne manqua pas de souligner publiquement ce « danger » et s'inquiéta du désintérêt des étudiants pour ces organismes de gestion qui laissaient le champ libre aux réactionnaires. Il nous le fit comprendre, sachant que nous ne manquerions pas d'agir à notre manière pour contrer les mandarins. « Il n'est pas sûr, déclara-t-il à propos de la loi Edgar Faure, que ce que l'on propose soit plus réformateur que le conservatisme précédent[1]. » En novembre 1968, lors de l'assemblée générale de la faculté des lettres, les étudiants de sociologie présentèrent un texte qui soulignait le décalage existant entre les exigences telles qu'elles étaient exprimées dans les assemblées générales depuis mai et le contenu de la loi.

Quelque temps plus tard, je me retrouvai un soir avec un petit groupe d'étudiants de philosophie et de sociologie dans une salle où des enseignants discutaient du nouveau fonctionnement de la faculté et de nouvelles nominations. Les invectives, quelques tomates et peaux de banane ne tardèrent pas à voler en direction de certains d'entre eux. Je crois même me souvenir que l'un des participants – n'ayant rien d'un étudiant – s'essayait à la guitare au milieu du brouhaha d'où émergeait la voix du leader du Comité d'action de philosophie, disciple de Claude Lefort, qui rehaussait le niveau. Ce dernier, d'abord impassible et fumant la pipe, prit un temps la

1. Cité par Alain LEMÉNOREL, *68 à Caen*, *op. cit.*, p. 142.

parole pour nous demander d'arrêter le jet des projectiles et de nous calmer. Mais au fond, ce qui était plus qu'un simple chahut l'arrangeait. Tout en se tenant à distance de nos actions provocatrices, il était dans le camp de la contestation à laquelle il donnait une consistance et une justification théoriques auxquelles nous n'aurions pas spontanément pensé ; il était toujours prêt à nous soutenir en cas de répression. Il incarnait la figure de l'enseignant contestataire ayant une autorité et une stature intellectuelles impressionnantes.

À l'inverse, devenu le symbole de la réaction, Pierre Chaunu était une cible privilégiée des gauchistes. Non contents d'avoir couvert les murs de son domicile de graffitis, ces derniers interrompraient ses cours et l'enfermeraient même dans son bureau en exigeant qu'il signe une déclaration de démission du CDR ; des professeurs venus discuter avec les étudiants le libéreraient au bout d'une demi-heure[1]. Dans les mois suivants, ces interventions continueraient de plus belle et s'étendraient à d'autres enseignants.

Comme à beaucoup d'autres étudiants inorganisés et anarchisants, la loi Faure me paraissait une réponse dérisoire à la révolution de Mai. Les résultats mitigés des élections universitaires n'y changeaient rien[2].

Le Mouvement pour la liberté des étudiants (MLE), proche du CDR, qui était pour la réforme dans le calme, avait beau déclarer : « L'anarchie détruit, elle ne construit

---

1. « Caen : un professeur de faculté, membre du CDR est enfermé dans son bureau par des étudiants », *Le Monde*, 23 décembre 1968.

2. Voir « Caen : 74 % de votants parmi les étudiants en droit », *Le Monde*, 30 janvier 1969, et Alain LEMÉNOREL, *68 à Caen*, *op. cit.*, p. 144.

pas[1] ! », comme beaucoup d'autres, je trouvais que cette anarchie avait ses charmes et je ne comptais pas en rester là. Les « révolutionnaires en peau de lapin », pour reprendre une expression d'Edgar Faure, n'avaient pas dit leur dernier mot.

1. Tract du MLE, « La réforme dans le calme », reproduit *in* Jean Quellien, Serge David, *Caen 68*, *op. cit.*, p. 186.

3

Mythes et réalités de la répression

En juin 1970, la loi dite anticasseurs franchissait un pas de plus dans la répression des manifestations violentes : non seulement les auteurs de violences étaient passibles d'emprisonnement, mais également les instigateurs de ces manifestations, à l'origine d'un tract ou d'un appel, ainsi que les simples participants. Un individu pouvait ainsi être condamné sans qu'il soit nécessaire d'établir que celui-ci avait personnellement commis des violences ou des dégradations. La gauche dénonçait cette loi qui, bien que centrée sur les violences de l'extrême gauche, n'en portait pas moins atteinte aux libertés démocratiques[1].

L'État contre les gauchistes

Dans le même temps, je découvrais les méthodes utilisées par le pouvoir en lisant un petit livre, *Les Polices de*

1. Considérée comme liberticide par la gauche, cette loi sera abrogée en novembre 1981.

la nouvelle société[1], écrit par deux journalistes de gauche. Je n'aurais jamais cru auparavant que l'État puisse accorder autant d'importance aux groupuscules. Cela renforçait l'idée qu'ils avaient joué un rôle décisif en Mai 68 et que leur perspective révolutionnaire n'était pas un vain mot.

Le dispositif mis en place était impressionnant : filatures, photographies, lecture de courriers, écoutes téléphoniques, visites clandestines d'appartements et de bureaux, pose de micros, infiltration des groupes révolutionnaires, indicateurs et « policiers-étudiants » présents dans les facultés... Police et gendarmerie étaient chargées de recenser, de surveiller et de ficher en priorité tout individu considéré comme militant ou sympathisant gauchiste ; tout rassemblement et toute réunion dans la moindre commune donnaient lieu à un rapport avec les numéros d'immatriculation des voitures et le nom des participants[2]. « Avec ou sans l'aide d'indicateurs ou de mouchards de haut vol ou de bas étage, écrivaient les auteurs, on met ainsi des milliers de personnes en "liberté surveillée"[3]. »

Au sein de la police, les Renseignements généraux (RG), dont le livre dévoilait l'organigramme avec le nom des principaux responsables, jouaient un rôle central avec une cellule spéciale chargée de l'extrême gauche. Le ministre de l'Intérieur avait créé un Bureau d'organisation et de liaison anti-gauchiste (Bolac) entre les différents services du ministère. Au sein de la DST, un service, le Subac, était spécialisé dans la surveillance des mouvements révolutionnaires.

---

1. René BACKMAN, Claude ANGELI, *Les Polices de la nouvelle société*, *op. cit.* René Backmann était journaliste au *Nouvel Observateur* et Claude Angeli, au *Canard enchaîné*.
2. *Ibid.*, p. 14-16.
3. *Ibid.*, p. 7.

S'ajoutaient à ce dispositif les méthodes de lutte contre la guérilla urbaine : « Quand policiers et gendarmes ne suffisent pas, écrivaient les auteurs, le gouvernement peut encore faire appel à l'armée[1]. » Et de citer le secrétaire d'État à la Défense nationale en janvier 1970 : « La défense opérationnelle du territoire (DOT) est aujourd'hui organisée pour éviter tout retour aux événements qui ébranlèrent la nation en mai 1968[2]. »

S'appuyant sur des enquêtes, des interviews et des documents, ce livre avait de quoi renforcer les inquiétudes et alimenter la vision d'un État répressif susceptible de déboucher tôt ou tard sur une répression massive. Cette situation m'inquiétait d'autant plus que j'avais vu au cinéma le film *Z* de Costa-Gavras[3], mettant en scène l'assassinat d'un député grec que la police essayait de déguiser en accident et montrant comment les militaires grecs étaient prêts à tout pour lutter contre la subversion, avec des complicités au plus haut sommet de l'État. Il s'en était suivi la dictature des colonels. Comme d'autres jeunes soixante-huitards, je ne pouvais m'empêcher de faire le rapprochement avec notre pays : jusqu'où pouvait aller l'« État policier » ?

La France républicaine n'était pourtant pas la Grèce, de Gaulle avait combattu les généraux putschistes et l'OAS en Algérie, et Pompidou n'avait rien d'un colonel. Mais dans le climat de l'après-Mai 68, au sein du mouvement étudiant contestataire, les amalgames allaient bon train.

---

1. *Ibid.*, p. 93.

2. André FANTON, secrétaire d'État à la Défense nationale, le 19 janvier 1970, cité in *ibid.*, p. 82.

3. COSTA-GAVRAS, *Z*, 1969.

« Ils veulent tuer » ?

À Chambéry, en décembre 1968, un jeune homme de 24 ans en état d'ivresse fut interpellé dans un bar et mourut quelques heures plus tard dans les locaux du commissariat. La presse de gauche ne manqua pas alors de relever les déclarations contradictoires et successives de policiers, ainsi que les conclusions différentes des autopsies[1]. Quelque temps plus tard, les murs de la ville étaient couverts de slogans : « Flics assassins » et « Z à Chambéry »[2]. Contre ces accusations, le préfet de Savoie déclara : « Il n'y a pas de complot du silence, ce n'est pas "Z" en Savoie. Je suis un homme de gauche, j'appartiens au club Jean-Moulin et vous pouvez être sûrs que je ne couvrirais pas une affaire de ce genre. [...] Croyez-vous que les policiers, s'ils avaient été coupables, n'auraient pas mis au point un système de défense cohérent ? Non. Leurs déclarations parfois désordonnées sont la meilleure preuve de leur innocence[3]. » Pour les gauchistes, ces propos ne changeaient rien : les policiers l'avaient tué ; police et justice cherchaient à tout prix à masquer la vérité.

La police n'était pas seulement accusée de passages à tabac et de répression sauvage contre les manifestations, elle était aussi soupçonnée d'emblée de vouloir tuer et de vouloir masquer ses exactions. Dans la logique de l'extrême gauche révolutionnaire, il pouvait paraître logique qu'il en

1. René Backmann, « À Chambéry, cinq versions officielles pour un pendu », *Le Nouvel Observateur*, 5 janvier 1970, repris par René Backmann, Claude Angeli, *Les Polices de la nouvelle société*, *op. cit.*, p. 114 et suivantes.

2. Allusion au film *Z* de Costa-Gravas.

3. Cité par René Backmann, Claude Angeli, *Les Polices de la nouvelle société*, *op. cit.*, p. 120-121.

soit ainsi : les forces de l'ordre étaient partie intégrante de l'appareil d'État répressif de la bourgeoisie ; la vérité de la démocratie, c'était la dictature de la bourgeoisie, son avenir, la répression sanglante et la guerre civile.

Cette vision était, pour le moins, fantasmatique. Outre le fait que la majorité de la population n'était nullement favorable à une révolution sanglante, le ministre de l'Intérieur de l'époque, Raymond Marcellin, malgré son manque de finesse et sa volonté farouche de rétablir l'ordre, n'en gardait pas moins un sens de la limite : « La fermeté, écrirait-il plus tard, ce n'était pas de franchir la "ligne rouge" et de tirer sur les émeutiers, ce qui aurait été criminel, puisqu'eux-mêmes ne s'étaient jamais servis d'armes à feu, mais de frapper à la tête des groupes révolutionnaires afin de les désorganiser[1]. »

Revenant sur son rôle en juin 1968, il indiquait avoir répété aux chefs de la police de l'époque : « Surtout, ne faisons rien d'irrémédiable, après avoir serré la vis, desserrons-la aussitôt pour ne pas dénaturer nos institutions. Tous ces jeunes gauchistes finiront dans la peau de députés ou de journalistes modérés[2]. » Les propos de celui que l'on surnommait « Raymond la matraque » ne manquaient pas de perspicacité.

---

1. Raymond MARCELLIN, *La Guerre politique*, Paris, Plon, 1985, p. 52.

2. Il en voulait pour preuve le parcours de Michel Rocard, ancien « révolutionnaire du PSU » devenu un « ministre plein de retenue et de sagesse » et de nombre d'anciens soixante-huitards devenus journalistes ou députés socialistes dans les années 1980, *ibid.*, p. 63.

Brutalité et exactions policières

La brutalité policière contre les manifestations (dont la plupart se déroulaient sans autorisation), les matraquages de jeunes étudiants et lycéens par les brigades spéciales d'intervention n'en étaient pas moins réels et avaient de quoi scandaliser.

Le 9 février 1971, une manifestation du Secours rouge[1], à Paris, de soutien aux maoïstes emprisonnés et aux grévistes de l'usine des Batignolles à Nantes donna lieu à des affrontements violents. Un jeune lycéen, Gilles Guyot, élève en classe de mathématiques supérieure, fut embarqué par la police. Accusé de violences par des policiers, il fut condamné à six mois de prison, dont trois ferme. Un mouvement de grève et de manifestation se déclencha dans les lycées parisiens pour exiger sa libération immédiate et la révision de son procès[2].

Lors de la manifestation du 9 février, Richard Deshayes, élève instituteur et militant maoïste du groupe Vive la révolution[3] !, reçut en plein visage une grenade tirée par un policier muni d'un fusil lance-grenades. Les forces de l'ordre continuèrent de le frapper lorsqu'il était à terre. Richard Deshayes eut le visage enfoncé, un œil éclaté, la mâchoire et les dents brisées, soit en tout quarante fractures à la face[4].

1. Anciennement lié au Parti communiste, le Secours rouge fut recréé en 1970 par des militants maoïstes avec Jean-Paul Sartre et d'anciens communistes résistants comme Charles Tillon, pour défendre les militants contre la répression.

2. Lors de son procès en appel, Gilles Guyot sera relaxé.

3. Groupe maoïste libertaire, issu de l'Union des jeunesses communistes marxistes-léninistes (UJCML) dissoute en juin 1968.

4. Richard DESHAYES, « Mes vingt ans éclatés », *Le Nouvel Observateur*, 7 avril 1976. À la suite de la plainte de la famille de Richard Deshayes et d'une enquête de l'IGS, un policier sera inculpé et

Après le visage d'un jeune ensanglanté publié à la une du *Nouvel Observateur* en mai 68 et reproduit en affiche, celui de Richard Deshayes défiguré et l'œil pendant témoignait d'une répression sauvage qui allait *crescendo*. Étudiants et lycéens manifestaient, munis de la photo du visage ensanglanté de Richard Deshayes, reproduite à des milliers d'exemplaires, avec la légende : « Ils veulent tuer ! »

Pour les maoïstes de *Vive la révolution !* : « La police ne tire pas, pas encore, sur les manifestants. Mais la logique de la répression est irréversible. Parce qu'elle est l'image inversée de la lutte. Et que de plus en plus de couches sociales se mettent en mouvement[1]. » Pour *La Cause du peuple*, c'était une évidence : « La police tue, avilit, ment, ferme les yeux[2]. » Et comme le disait Jean-Paul Sartre : si l'État n'est pas fasciste, la police l'est déjà[3]. Le journal *Front rouge* auquel désormais allaient mes sympathies publia lui aussi à la une le visage défiguré de Richard Deshayes avec en gros titre : « Ils veulent tuer. La révolution prolétarienne conjurera le fascisme[4]. » En attendant, les jeunes gauchistes post-soixante-huitards dont j'étais avaient des raisons de s'inquiéter.

---

condamné pour « blessures involontaires ». Quelques jours plus tard, à la suite de l'élection présidentielle de 1974, le policier sera amnistié.

1. « Désarmez les flics ! », *Tout !*, n° 5, 10 décembre 1970.

2. *La Cause du peuple. J'accuse*, spécial Flics, 3 juin 1971.

3. « Je ne crois pas que la politique actuelle de M. Pompidou et de M. Chaban-Delmas soit déjà fasciste. Je dirais en revanche que ce gouvernement a déjà une police fasciste ». Cité par J.-P. C., « Deux versions contradictoires de la basilique », *Le Monde*, 17 février 1971.

4. *Front rouge*, n° 4, mars 1971.

Une police monolithique ?

Rendant compte de la mentalité des policiers les plus extrémistes, les auteurs des *Polices de la nouvelle société* écrivaient : « Quand on rêve de manier une mitraillette et qu'on a sous la main une matraque ou un bidule, on s'en sert pour faire mal. Le plus mal possible. Et lorsqu'on dispose d'un fusil lance-grenades, on ne tire pas en hauteur, mais en plein visage, surtout si le manifestant d'en face semble avoir entre 15 et 25 ans. Le jeune, voilà l'ennemi. Pour le policier, le jeune, c'est ce qu'il n'a pas pu être, ce qu'il ne sera pas. Le policier est souvent un homme de la campagne, le manifestant jeune est un homme des villes. Il est étudiant, c'est-à-dire, pour un policier, un oisif qui a des cheveux longs, qui se drogue, qui s'habille comme une femme, qui couche avec les filles, qui veut démolir la société "en commençant par les devantures des magasins". Peut-être même est-il étranger[1]... »

Ces représentations ne caractérisaient pas l'ensemble des policiers. Contrairement à l'image monolithique et caricaturale des forces de l'ordre, la crise n'avait pas épargné la police et celle ci n'était pas restée insensible à la campagne de dénonciation des brutalités et à la pression de l'opinion. En Mai 68, Maurice Grimaud, préfet de police à Paris, avait adressé aux policiers une lettre personnelle qui condamnait les exactions : « Frapper un manifestant tombé à terre, écrivait-il, c'est se frapper soi-même en apparaissant sous un jour qui atteint toute la fonction policière. Il est encore plus grave de frapper des manifestants après arrestations et lorsqu'ils sont conduits dans les locaux de la police pour y être

1. René Backman, Claude Angeli, *Les Polices de la nouvelle société*, *op. cit.*, p. 95.

interrogés[1]. » Trois ans plus tard, force était de reconnaître que ces pratiques n'avaient pas disparu.

Face au discrédit des forces de l'ordre auprès de la jeunesse et d'une partie de l'opinion, le 4 mars 1971, la Fédération autonome des syndicats de police (Fasp) organisa une grande journée d'explication au cours de laquelle les gardiens de la paix parisiens allèrent à la rencontre de la population et distribuèrent des tracts. Gérard Monatte, responsable de la Fasp et organisateur de cette manifestation, déclara : « Il me semble que toute société organisée qui se donne des lois est bien obligée de se donner une police pour les faire respecter. Mais il convient que police reste dans les attributions qui lui sont confiées[2]. »

Mais deux mois après la manifestation de la Fasp, en mai 1971, une nouvelle affaire allait de nouveau discréditer l'institution : Alain Jaubert, journaliste au *Nouvel Observateur*, fut passé à tabac dans un car de Police secours lors d'une manifestation du Secours rouge à Paris. Amené au service des urgences de l'hôpital Lariboisière, il fut ensuite placé en garde à vue et inculpé d'insultes, de rébellion et de coups et blessures à agents de la force publique. Aussitôt une commission d'enquête de personnalités de gauche, d'avocats et de journalistes[3] se mit en place et des manifestations eurent lieu devant le ministère de l'Intérieur et au siège du Premier ministre[4].

---

1. Maurice GRIMAUD, *En mai fais ce qu'il te plaît*, Paris, Stock, 1977, p. 342.

2. Cité par René BACKMANN, Claude ANGELI, *Les Polices de la nouvelle société*, *op. cit.*, p. 96.

3. Commission composée entre autres de Michel Foucault, Claude Mauriac, Gilles Deleuze, Denis Langlois.

4. Trois gardiens de la paix seront inculpés de coups et blessures et condamnés en avril 1973 à trois mois d'emprisonnement avec sursis, Alain Jaubert sera quant à lui condamné à 500 francs d'amende pour

La répression est partout

Dans sa dénonciation caricaturale de la répression, l'extrême gauche mélangeait tout : « Mise en fichier de toute la population, implantation des "gardiens de la paix" au sein des banlieues ouvrières (îlots-Marcellin), rétablissement de l'Ordre moral dans les lycées, campagnes anti-jeunes, anti-drogue, anti-pornographie, anti-chauffards, anti-gauchistes, etc., appel direct et sur les ondes par le gouvernement lui-même (Pompidou, Marcellin) à la délation publique et récompensée[1]. »

Toute intervention policière dans une cité, liée à des problèmes de délinquance, était mise sur le même plan que la répression contre les manifestations violentes de l'extrême gauche et les grèves de l'après-Mai. Les campagnes de presse sur les jeunes et la drogue devenaient un « prétexte » pour ficher les militants et un « moyen d'exercer une propagande sur la population, en inculquant toute une idéologie raciste envers les jeunes, du même type que le racisme envers les étrangers[2] ». Le pouvoir était censé créer de toutes pièces un climat sécuritaire : « On convainc les gens que leur bonheur, c'est la sécurité, que leur sécurité passe par le pouvoir, contre toutes sortes de gens pas normaux : drogués, asociaux, fous, jeunes[3]. »

En fin de compte, la répression était partout et exerçait son emprise dans l'ensemble des domaines de la vie sociale :

---

outrage à agent. Lors du procès en appel en décembre 1973, la peine des trois policiers sera réduite à huit mois d'emprisonnement avec sursis, ils seront en outre condamnés à verser 500 francs d'amende et à verser une provision de 2 000 francs à Alain Jaubert en attendant l'évaluation de son préjudice exact. Voir *Le Monde*, 5 décembre 1973.

1. *Ce que veut la ligue communiste*, Paris, Maspero, 1972, p. 143.
2. Éric, « Sur le racisme anti-jeune », *Les Temps modernes*, n° 310 *bis*, 1972.
3. François, « Sur le racisme anti-jeune », in *ibid.*

« Pour réprimer, la bourgeoisie a une panoplie extraordinaire : les flics dans la rue, les mouchards, les CRS, les gardes mobiles, les brigades spéciales, les juges, les patrons ordinairement fascistes et leurs laquais, mais aussi toutes les tracasseries administratives, l'organisation abêtissante de nos loisirs, les hôpitaux et les psychiatres, nos soi-disant représentants qui font tout pour nous réduire au silence, la presse, la radio et la télé abrutissantes et mensongères, et j'en passe et malheureusement peut-être des meilleures. Bref, la répression est quotidienne. Elle est comme une méduse sur la plage, elle s'étale sur toute notre vie[1]. »

En fin de compte, pour le gauchisme post-soixante-huitard, tout pouvoir, toute hiérarchie la plus infime était synonyme de domination et d'aliénation. La modernité et la démocratie étaient assimilées à des systèmes d'abrutissement généralisé dont les psychiatres étaient partie prenante : « Castré par sa famille, abruti par l'école et l'armée, sucé par la publicité, crétinisé par la télé, sans cesse orienté, soigné et réorienté par la psychaille, l'homme normal sera fier de sa belle santé mentale. Il votera avec ivresse, confiera son destin à quelque général encore plus normal que lui, et si jamais ça ne va pas dans sa tête, s'il a des doutes, si son travail le déprime ou si au contraire ce sont ses ouvriers que le travail déprime, si son fils et sa fille se foutent de sa gueule, à la moindre fissure, au premier tremblement, à la première secousse, il n'aura qu'à prendre son téléphone et composer PSY… et il verra voler à son secours une équipe en blouse blanche ou kaki, seringue ou matraque à la main, selon la gravité des cas. Le Troisième Reich à la mode suisse, en somme[2]. »

---

1. « N'hésitons plus ! », *Spartacus*, supplément à *Tout !*, n° 4, 16 novembre 1970.

2. « L'âge de la grande manipulation », *Contre la psychiatrie*, supplément à *L'Idiot international*, n° 10.

À cette France totalitaire d'un nouveau genre s'opposait celle des luttes de l'après-Mai que les jeunes révolutionnaires entendaient bien stimuler et organiser. Comme le disaient si bien les maoïstes libertaires avec des accents romantiques : « Les patrons, leurs flics et leurs juges maintiennent à coups de matraques et de mensonges l'harmonie du ciel noir de la vie quotidienne seulement lézardé par l'éclair de quelques luttes sauvages[1]. »

À « l'heure des brasiers », de la « crise générale de l'impérialisme » et de la « montée des luttes », l'univers du jeune militant révolutionnaire demeurait tourmenté.

Les « gaullistes de choc[2] »

À la répression policière s'ajoutaient non seulement les actions des groupes d'extrême droite que les gauchistes ne craignaient pas d'affronter, mais aussi des organisations gaullistes qui n'hésitaient pas à faire le coup de poing. Parmi elles, le Service d'ordre d'action civique[3] (SAC), qui assurait les collages d'affiches et l'encadrement des meetings de la majorité gaulliste, avait acquis une réputation sulfureuse.

---

1. « Vous fermez les dancings. Fermez les usines. Fermez les chantiers », *Tout !*, n° 4, 16 novembre 1970.

2. François AUDIGIER, *Histoire du SAC. Les gaullistes de choc (1958-1969)*, Paris, Perrin, 2021. Ce livre constitue l'étude la plus complète sur le SAC et fournit une masse d'informations que nous reprenons ici.

3. Créé en décembre 1959 par des fidèles du général de Gaulle, anciens de la France libre et de la Résistance, il avait pris la suite du service d'ordre du RPF (Rassemblement du peuple français) créé par le général de Gaulle en 1947. Le RPF s'opposait au Parti communiste et connut un rapide développement et un succès électoral lors des élections municipales d'octobre 1947. À la suite des échecs électoraux et des dissensions internes qui suivirent, le RPF disparut en 1955.

Pendant les événements de Mai 68, des militants du SAC avaient aidé les forces de l'ordre à réprimer les émeutiers lors des nuits des barricades et avaient joué le rôle de provocateurs en incitant les manifestants à des exactions pour les discréditer aux yeux de l'opinion et justifier la répression[1]. Le SAC avait pris part à l'organisation et au service d'ordre de la grande manifestation gaulliste des Champs-Élysées. Ses militants, souvent armés de barres de fer, de pistolets ou de fusils de chasse, avaient attaqué des piquets de grève et participé à la campagne législative de juin 1968, où un jeune militant communiste avait été tué près d'Arras, d'une balle de revolver.

Après Mai 68, cette organisation avait intensifié son infiltration dans la police[2], et disposait de liens avec des hommes de main et des truands, tout particulièrement en région lyonnaise et en Provence. Elle trouvait également des relais avec la Confédération française du travail (CFT), syndicat maison présent au sein des usines automobiles Simca et Citroën.

La gauche considérait depuis longtemps le SAC comme une police parallèle représentant la face sombre du gaullisme. Les affiches de la Commune étudiante de Mai 68 l'avaient représenté sous la forme d'un gros rat noir répugnant barré du slogan : « Service civique/Vermine fasciste ». Pour les trotskistes de la Ligue communiste, c'était une « milice de la bourgeoisie », une « nouvelle forme de peste brune qui fait ses armes, beaucoup plus dangereuse que les nazillons qui se réclament de la croix gammée et de l'idéologie SS[3] ».

---

1. François AUDIGIER, *Histoire du SAC*, *op. cit.*, p. 122.
2. *Ibid.*, p. 261.
3. Fernand L'ŒILLETON, « SAC la milice de la bourgeoisie », *Rouge*, n° 140, 15 janvier 1972.

La réalité était là aussi plus triviale. La majorité des adhérents du SAC étaient des militants gaullistes « purs et durs » toujours prêts à faire le coup de poing, auxquels s'étaient joints des membres de l'extrême droite et des éléments déclassés. Avec Mai 68, le thème de la lutte contre la « subversion marxiste » avait attiré non seulement d'anciens membres de l'OAS mais des malfrats qui avaient adhéré au SAC en espérant couvrir leurs méfaits.

Cette nouvelle situation n'était pas du reste au goût du pouvoir. Le mélange des genres entre le SAC et la police provoquait des protestations. Le ministre de l'Intérieur Raymond Marcellin était opposé à ce que les policiers adhèrent à cette organisation et le président Georges Pompidou, élu en 1969, exigeait une remise en ordre du SAC et l'éviction de ses éléments les plus douteux[1]. Cela n'empêchait pas le SAC de continuer à jouer les gros bras et d'intervenir contre les gauchistes à l'occasion. Pour ces deniers, le SAC était l'une des incarnations du fascisme montant.

Le fascisme à tout faire

Dans son usage exponentiel, la référence gauchiste au fascisme perdait sa signification politique première liée au mouvement et au régime mussoliniens, et étendue au national-socialisme par les communistes[2]. Le fascisme se

1. Le SAC sera dissous en 1982 par le gouvernement socialiste après la tuerie d'Oriol où cinq membres d'une même famille furent massacrés lors d'un règlement de comptes au sein du SAC marseillais.

2. Paul GOTTFRIED, *Fascisme. Histoire d'un concept*, Paris, L'Artilleur, 2021.

confondait non seulement avec tous les courants d'extrême droite mais avec le gaullisme au pouvoir.

Pour les marxistes-léninistes, ce dernier avait opéré un processus de fascisation par la « mise en place de formes politiques et étatiques nouvelles qui permettr[aie]nt le moment venu la liquidation complète des formes démocratiques et le passage à une dictature ouverte et terroriste[1] ». Les maoïstes de *La Cause du peuple* mettaient quant à eux en avant le thème d'un nouveau fascisme auquel la revue *Les Temps modernes* consacrait un numéro hors-série[2].

Un article d'André Glucksmann donnait le ton : « Est-il si difficile de concevoir que jadis l'État assurait les arrières d'un fascisme qui avait sa force de frappe autonome (SA) alors qu'aujourd'hui l'appareil d'État tient avec sa police les avant-postes de la fascisation tandis que les réseaux civils (SAC, associations racistes, etc.) essaient de lui aménager des arrières[3] ? »

Se référant aux contremaîtres et aux syndicats d'entreprise patronaux connus pour leurs méthodes d'encadrement du personnel et de répression des militants, l'auteur n'hésitait pas à affirmer : « En même temps qu'elle extrait la richesse sous la forme de la plus-value, l'usine produit et reproduit le fascisme en germe. [...] Il y a des usines fascistes et il y a du fascisme dans chaque usine[4]. » Il s'ensuivait un parallèle entre les projets de la stratégie patronale et les méthodes des « tortionnaires de l'Algérie française » : « "protection" (regroupement

1. « En avant pour une démocratie populaire fondée sur la dictature du prolétariat », supplément à *L'Humanité rouge*, n° 49.

2. « Nouveau fascisme, nouvelle démocratie », *Les Temps modernes*, n° 310 *bis*, 1972.

3. André GLUCKSMANN, « Fascismes : l'ancien et le nouveau », in *ibid.*

4. *Ibid.*

de populations, zones interdites, etc.) ; "engagement" (recherche de collabos au sein de la population ennemie) ; "contrôle" (multiplication des polices, fichage permanent, etc.) ». Bien plus encore, « la permanence du fascisme dans l'usine, écrivait l'auteur, démontre la possibilité permanente de cette "solution finale" pour toute la société bourgeoise »[1]. Le fascisme ne se limitait pas à l'usine, il était présent dans les prisons : « Les tortionnaires nazis s'y multiplient comme en serres chaudes », et également dans les commissariats où « on tabasse et à l'occasion assassine »[2].

Pour les maoïstes libertaires, le fascisme était sournois et s'infiltrait partout : « Le fascisme au quotidien, c'est la radio qui vous englue dans l'"objectivité" de Marcellin, c'est la CGT qui dénonce Sartre devant Billancourt, en disant qu'il a approuvé les interventions américaines pour soutenir Israël et qui ajoute que Geismar lutte contre les congés payés, c'est la taule pour une "mob" empruntée, c'est le feu allumé par le froid qui brûle les enfants d'immigrés ; c'est des militants à qui on supprime les droits civiques et familiaux et qui comprennent mieux encore pourquoi trois millions et demi d'immigrés n'en bénéficient pas. C'est 32 mois de prévention pour 1 kg d'oranges[3]. » Ce fascisme englobant finissait par atteindre tous les esprits : « Le fascisme, ce ne sont pas seulement les fachos de pacotille habillés en terreurs noires pour la circonstance. Le fascisme, c'est toutes les idées dégueulasses qu'on trimballe dans nos têtes depuis des décennies[4]. »

1. *Ibid.*
2. *Ibid.*
3. « S'il y avait une justice ça se saurait », *Tout !*, n° 3, 9 octobre 1970.
4. « Vers le palais du vrai sport », *Tout !*, n° 10, 12 mars 1971.

Le Front homosexuel d'action révolutionnaire (FHAR), quant à lui, s'en prenait à la « virilité fasciste » définie comme l'« utilisation des caractères sexuels de l'homme pour imposer sa dictature sur la société », et d'ajouter : « En ce sens, le fascisme ne peut être que viril et la virilité, fasciste »[1]. Les « hétéro-flics » développaient ce type de virilité et le FHAR entendait s'attaquer à la « normalité sexuelle fasciste[2] » et la détruire. L'extension du domaine du fascisme tout comme le combat contre lui paraissaient infinis.

Des intellectuels gauchisants comme Gilles Deleuze et Felix Guattari annonçaient eux aussi le « développement d'un fascisme généralisé[3] » à partir de leurs propres tergiversations. Pour eux, le fascisme reposait sur un investissement inconscient du désir, de type « paranoïaque fascisant[4] », qui modelait le pouvoir à tous les échelons de la hiérarchie sociale et dans toutes les organisations. Difficile d'en sortir dans ces conditions. Dans la confusion extrême du gauchisme post-soixante-huitard, le fascisme finissait par se confondre avec tout ce qui, de près ou de loin, s'apparentait à la norme, à l'ordre et à l'autorité.

---

1. FHAR, *Rapport contre la normalité*, Paris, Champ libre, 1971, p. 14.

2. *Ibid.*, p. 11.

3. Gilles DELEUZE, « Les intellectuels et le pouvoir », entretien Michel Foucault-Gilles Deleuze, *L'Arc*, n° 49, 2e trimestre 1972.

4. Gilles DELEUZE, Félix GUATTARI, *L'Anti-Œdipe*, Paris, Minuit, 1972, p. 329.

QUATRIÈME PARTIE

« Quand les carottes sont cuites, on emploie le bâton »

1

Anars, voyous et cinéma

Après Mai 68, je fréquentais de plus en plus la maison de l'A (maison des étudiants affiliée à l'Unef) dont l'ambiance me faisait penser à la chanson de Léo Ferré, *Ni Dieu ni maître*[1]. J'y trouvais un esprit de révolte partagé, une envie d'agir sans attendre, pour refaire Mai 68 au plus tôt. Je me retrouvais aux côtés de ces « gauchistes » dont la presse avait tant parlé et qui n'avaient plus grand-chose à voir avec le cercle étroit de mes copains cherbourgeois.

Immersion dans le milieu gauchiste

Ce milieu en bouillonnement continu formait un curieux mélange des restes de la bohème étudiante et de militants d'extrême gauche. Il avait sa galerie de personnages hauts en couleur : les costauds toujours prêts à faire le coup de poing contre les fascistes, les figures connues de l'Unef et du PSU, les leaders trotskistes et maoïstes, les étudiants étrangers politisés, les inorganisés anarchisants… Et dans

1. Léo Ferré, *Ni Dieu ni maître*, Barclay, 1965.

un autre genre, ceux qui faisaient la route jusqu'en Inde ou en Afghanistan, sans oublier les marginaux divers qui traînaient dans le milieu étudiant et les indicateurs en liaison avec les RG[1]...

Dans les librairies progressistes de Caen – tout comme dans la librairie Maspero à Paris –, certains pratiquaient le vol avec des justifications contre la société capitaliste qui les arrangeaient bien. Il était facile de cambrioler les libraires qui sympathisaient avec le mouvement étudiant : bien qu'excédés par ces forfaits qui finissaient par leur coûter cher, ces libraires progressistes ne les dénonçaient pas à la police. Un gauchiste bien connu en avait fait sa spécialité : il prenait les commandes des livres et même des disques qu'il se faisait fort de satisfaire. Dans ce genre de vol sans trop de risques, la bibliothèque de l'institut de sociologie dirigé par Claude Lefort s'était vu dépouillée d'une partie de ses fonds par quelques étudiants manifestement érudits. Les appels des responsables de l'institut pour rendre les livres restèrent vains.

Dans ce petit monde régnait un esprit de complicité et de bande qui coexistait avec l'esprit de sérieux des militants se voulant plus politiques. Les clivages et les polémiques étaient constants. On pouvait débattre à n'en plus finir de la « trahison » du PCF, de la révolution bolchevique, de Lénine, de Trotski, de Staline, de la révolte de Kronstadt, de la guerre d'Espagne, de la révolution culturelle et de la Chine de Mao...

Tout le monde connaissait tout le monde et s'appréciait plus ou moins. Mais chacun avait le sentiment de faire partie d'un mouvement d'ensemble dans le sillage de Mai 68. Les informations circulaient vite et l'on pouvait se réunir, préparer les manifestations et se mobiliser rapidement.

---

1. Renseignements généraux : service de renseignement de la police nationale.

De temps à autre, apparaissaient sur les murs de la faculté des slogans humoristiques qui brisaient l'esprit de sérieux des groupuscules : « Buvez Prout, le seul champagne qui ne fait pas de bulles ! », « À bas la neige impérialiste ! », ou encore contre le plus dogmatique des groupes trotskistes : « Jésus revient ! », signé : « Alliance des jeunes pour le socialisme ». Au lendemain de Mai 68, je n'avais pas encore l'esprit très militant, je lisais *Hara-Kiri*[1] et ces slogans me plaisaient bien.

Des anars aristocrates

C'est dans ce milieu étudiant en ébullition que je rencontrai Paul Yonnet, que j'ai déjà eu l'occasion de citer. Il avait des aspects de jeune loup révolté et solitaire, passionné de sociologie et d'anthropologie. Il portait souvent une chemise noire, couleur de l'anarchie, et avait un couteau dans la poche, comme des marques de distinction. Paul Yonnet aimait les situationnistes et avait un goût immodéré pour la provocation. Notre rencontre allait de soi.

Il me fit connaître le livre *Le Voleur* de Georges Darien[2]. Breton avait salué l'œuvre de Darien : « Le plus vigoureux

1. En 1969, *Hara-Kiri* sera aussi hebdomadaire. En novembre 1970, à la suite de la mort du général de Gaulle, il publiera en gros titre à la une : « Bal tragique à Colombey, 1 mort », allusion à l'incendie d'un dancing dans la commune de Saint-Laurent-du-Pont en Isère qui avait fait 146 morts. Dans la foulée, il sera interdit par un arrêté du ministère de l'Intérieur d'exposition, de vente aux mineurs et de publicité par voie d'affiche. Après cette censure, l'équipe d'*Hara-Kiri* relancera la publication avec un nouveau titre : *Charlie Hebdo*.

2. Georges DARIEN, *Le Voleur* [1897], préface d'André Breton, Paris, Julliard, 1964.

assaut que je sache contre l'hypocrisie, l'imposture, la sottise, la lâcheté[1]. » Je le lus d'une seule traite et ne fus pas déçu.

Le personnage de Georges Randal incarnait un voleur solitaire et indépendant dans la France de la Belle Époque. Il avait refusé de se conformer aux valeurs du milieu bourgeois dont il était issu et avait appris le « métier » qu'il exerçait avec talent. Il assumait l'immoralité de ses actes sans pour autant se sentir coupable dans une société qu'il jugeait décadente et cupide. Voyageant sans cesse entre Paris, Londres et Bruxelles, il vivait dans le milieu des voleurs qui était pour lui comme une seconde famille : « Chaque métier a ses périls ; disait la mère d'un des voleurs, et la seule chose importante est de choisir celui qui vous convient le mieux. L'esprit d'aventure existe encore, quoi qu'on en dise ; et tous les hommes ne peuvent être chartreux ni toutes les femmes religieuses[2]. »

Refusant les embrigadements, les idées socialistes comme les utopies anarchistes, Georges Randal entendait rester libre, rejetant tout pouvoir et autorité qui prétendraient s'exercer à son endroit. Il revêtait les aspects d'un « anar » individualiste et aristocratique, regardant le monde et ses semblables avec une distance imprégnée d'ironie.

Les autres voleurs étaient des plus pittoresques : Roger La Honte, voleur esthète, Canonnier, sorti du bagne et partisan de l'action directe, et puis surtout l'abbé Lamargelle, voleur en soutane, amateur de bonne chère et des plaisirs, philosophe et grand rhéteur devant l'Éternel. Dans une « époque abjecte » marquée par le « deuil de la volonté », par une « vie sans ardeur et générosité, sans haine, sans

1. André BRETON, préface, in *ibid.*

2. Georges DARIEN, *Le Voleur*, Paris, Gallimard (Folio classique), 2009, p. 391.

amour et sans idées »[1], la liberté était pour lui la seule valeur qui comptait.

À l'image de Georges Randal, l'abbé Lamargelle avait une vision tragique, voire désespérée de l'humanité, et faisait preuve d'une sagesse anarchiste étonnante qui n'épargnait personne, y compris ceux qui croyaient encore à la révolution : « Autrefois, quand on était las et dégoûté du monde, on entrait au couvent ; et, quand on avait du bon sens, on y restait. Aujourd'hui, quand on est las et dégoûté du monde, on entre dans la révolution, et lorsqu'on est intelligent, on en sort. Faites ce que vous voudrez. Je n'empêcherai jamais personne d'agir à sa guise. Mais vous vous souviendrez sans doute de ce que je viens de vous dire[2]. » Ces propos de l'abbé Lamargelle ne manquaient pas de perspicacité.

La révolution étudiante et ses marginaux

Je n'avais encore qu'une idée vague de la révolution. C'était pour moi comme un Mai 68 « pour de bon », un grand chambardement cette fois victorieux qui remettrait tout à zéro.

J'avais posé la question à Titine, militante de Pouvoir ouvrier[3], accoudée au comptoir de la maison de l'A : « Finalement c'est quoi, la révolution ? » Titine s'habillait toujours avec un jean et un blouson de cuir. Elle avait des allures de garçonne et s'intéressait à la psychanalyse. Elle me racontait

---

1. *Ibid.*, p. 477.
2. *Ibid.*, p. 214.
3. Pouvoir ouvrier était un groupuscule issu d'une scission du groupe conseilliste Socialisme ou Barbarie, dirigé par Cornelius Castoriadis. Créé en 1963 par François Lyotard (entre autres), il s'auto-dissout en 1969.

ses rêves en rigolant, mais j'insistais pour qu'elle réponde à ma question : « Les conseils ouvriers, le socialisme, c'est bien gentil, mais qu'est-ce que tu fais de *Pierrot le fou*, ce film de Godard qui nous plaît tant ? » Titine me répondit aussitôt que le socialisme, c'était les conseils ouvriers + *Pierrot le fou*. Cette réponse me convenait et me réconciliait avec ce socialisme soixante-huitard d'un genre nouveau.

Il est un autre personnage avec lequel j'entamai une conversation sur la révolution au comptoir de la maison de l'A. C'était un étudiant en sociologie, anar et solitaire, qui portait une moumoute (veste en peau de mouton) et des bottes rouges. Il n'était pas très loquace mais semblait animé par une détermination sans faille dans la lutte contre la société capitaliste et les bourgeois. Notre discussion sur la révolution étudiante qui lui semblait trop tiède fut brève. Quelque temps plus tard, j'appris par la presse régionale qu'il s'était fait arrêter à un barrage de police avec dans son coffre de voiture des cagoules et des armes. Accompagné de quelques amis, il avait formé une bande qui commettait des hold-up dans la région de Rouen. Par ironie, des étudiants n'avaient pas manqué de placarder l'article de presse relatant ces exploits à l'entrée de l'institut de sociologie.

Dans ce milieu interlope, je fis connaissance de plus près avec celui qu'on appelait « Bachol », un surnom qui me semblait avoir quelques accointances lointaines avec Ravachol, anarchiste de la Belle Époque, auteur de plusieurs attentats qui avait fini sur l'échafaud[1].

Bachol ne lui ressemblait pas vraiment. Je n'ai jamais su s'il était étudiant ou non, mais il était l'une des figures du

1. François Koënigstein, dit Ravachol (1859-1892), était un ouvrier anarchiste qui pratiquait le cambriolage, avait assassiné un homme de 93 ans pour lui dérober sa fortune, et était responsable avec d'autres anarchistes de plusieurs attentats.

milieu gauchiste. Toujours excité et volubile, il côtoyait les militants d'extrême gauche, mais aimait surtout la musique pop, les Rolling Stones tout particulièrement. C'est par lui que je découvris de nouvelles expressions comme « planer » ou « prendre son pied », avant qu'il ne m'entraînât un soir dans une soirée délirante qui me permit de comprendre *in vivo* ce que signifiaient de pareilles expressions. « *Break on through to the other side*[1] », chantait Jim Morrison ; mais cette soirée expérimentale, à vrai dire, ne m'avait nullement donné l'envie de passer définitivement de l'autre côté.

Un soir, je le vis arriver au bar de L'Équipe avec un passe-montagne, des gants et une grande sacoche qui contenait les outils du parfait petit cambrioleur qu'il me montra discrètement et avec fierté. Plus tard, j'appris qu'il pratiquait également le maniement du marteau et le lancer de pavé dans les vitrines, lorsqu'une nuit je fus réveillé par un grand bruit de verre brisé : ma chambre d'étudiant se trouvait au-dessus d'une boutique d'antiquités à laquelle Bachol s'était attaqué. Il était entré dans une spirale de la marginalité, du deal et du vol que, sur le moment, rien ne semblait pouvoir arrêter.

Un « élément incontrôlable »

Yves Sarciat, l'une des figures bien connues du mouvement étudiant caennais, allait lui aussi mal tourner. Cet ancien champion universitaire régional du lancer de poids était une véritable armoire à glace à laquelle personne n'osait se frotter. Avec « Pavy », une autre barraque étudiante, et lui à ses côtés, on ne craignait personne.

1. THE DOORS, « Break on Through (To the Other Side) » (littéralement : « Évade-toi, passe de l'autre côté »), *The Doors*, Electra, 1967.

Sarciat était l'un des chasseurs invétérés des étudiants d'extrême droite, mais les militants avaient fini par se méfier de lui à cause de son comportement incontrôlable. Il fréquentait les milieux interlopes et la bande de la gare routière de Caen, participait à tous les coups tordus des comités d'action et pratiquait le jet de pierres et de boulons avec une fronde ou une élingue contre les forces de l'ordre dans les manifestations.

Bien qu'étudiant en sociologie, il n'avait pas vraiment un tempérament porté vers les études. Je me souviens d'un jour où il nous rejoignit alors que nous étions quelques-uns en train de lire et de discuter des textes de Freud et d'Althusser. Tout en écoutant nos propos, il se mit tranquillement à rouler un joint avant de le faire passer autour de la table. L'interprétation assidue des concepts prit fin dans des rires incompressibles.

Son caractère l'entraînait toujours plus loin dans la transgression. Il finit par pratiquer à sa manière le petit commerce de haschich en dépouillant les dealers et agressa Jacques Lacan à son domicile avec un revolver, l'obligeant à libeller un chèque de mille francs. À la suite de cette agression à main armée, il envoya un bouquet à la bonne de Lacan qu'il avait rudoyée au passage avec un petit mot destiné au psychanalyste : « Transmettez ces fleurs à la dame à l'accent si troublant. Elle a pris sur le visage ce que vous avez fait d'elle : une servante. N'épargnez rien pour son rétablissement[1]. » Après son arrestation, il déclara qu'il avait voulu démontrer qu'un psychanalyste est un flic. Lors de son procès, à la question : « Pourquoi avez-vous frappé le docteur Jacques Lacan ? », il avait répondu ironiquement : « Pour engager le dialogue. » Quant aux raisons du vol, il

1. Patrick Rambaud, « Les aventures de Jacques Lacan », *Actuel*, n° 6 avril 1980.

avait simplement dit : « Vous savez combien Lacan gagne par jour[1] ? »

Il était également inculpé pour violences contre des professeurs et j'assisterais à son procès en juillet 1971 dans un tribunal entouré de policiers. Je n'approuvais pas son extrémisme à l'aspect suicidaire, mais quand je le vis arriver entre deux gendarmes, ma solidarité lui fut spontanément acquise : Le président : « Voulez-vous vous lever et venir à la barre ? » Yves Sarciat : « Non, je suis très bien ici, je ne bougerai pas. »

Les deux gendarmes qui l'encadraient tentèrent vainement de le faire se lever. Il refusa d'emblée de répondre aux questions posées par le président et s'en prit au procureur : « Qui es-tu, toi, pour me juger ? » avant de le traiter de « gros porc »... Le président le fit aussitôt expulser de la salle d'audience et le procureur demanda l'application de la loi pour outrage à magistrat en cours d'audience.

Le président fit une seconde tentative en le rappelant au box des accusés. Yves Sarciat ne céda pas : « Non je ne viendrai pas à la barre, l'affaire que vous jugez est une mascarade ! » Cette fois-ci, il fut définitivement expulsé – non sans difficulté – par les gendarmes et, après délibération, condamné à un an de prison pour outrage à magistrat et placé immédiatement sous mandat de dépôt[2].

1. *Ibid.*

2. Yves Sarciat, emprisonné pour l'attaque à main armée du professeur Lacan, fera appel de ce jugement en faisant valoir qu'au moment du procès il sortait d'un traitement psychiatrique et d'une cure de désintoxication. Après une nouvelle expertise psychiatrique, il sera de nouveau jugé en juin 1972. La cour prendra en compte ses arguments et réduira sa peine à six mois de prison ferme au lieu d'un an. Voir *L'Année 70-71 à Caen*, http://unicaen.free.fr/documents/1970-1971.pdf.

Les images d'Yves Sarciat menottes aux poignets gardé par deux gendarmes et refusant de se soumettre m'ont impressionné. Il était le symbole d'une radicalité individuelle qui menait à l'impasse. Son défi à la justice et à la société bourgeoise avait un aspect désespéré. Aux prises avec ses propres démons, il est allé à sa manière jusqu'au bout d'une révolte exacerbée qui l'a mené en prison.

Des bandits de cinéma

Ces étudiants anarchisants et marginaux avaient des traits qui les rapprochaient des bandits de cinéma. Dans les années 1960 et 1970, leur valorisation cinématographique faisait partie du nouvel air du temps. Le cinéma étant un loisir étudiant particulièrement prisé, la fréquentation à haute dose des salles obscures pouvait amener à mélanger quelque peu le rêve et la réalité.

L'anarchiste individualiste était devenu un nouveau héros. Dans ce domaine, *À bout de* souffle (1960) et *Pierrot le fou* (1965) de Jean-Luc Godard demeuraient des références culte. De son côté, Claude Lelouch, dans son film *Une fille et des fusils* (1965), mettait en scène de jeunes ouvriers accompagnés de leur copine qui en avaient assez de leur vie monotone et décidaient de faire fortune en devenant des gangsters. Ils dévalisaient une armurerie, volaient une voiture de luxe, pratiquaient un kidnapping avec demande de rançon… Ce banditisme cinématographique gardait des allures de *Pieds nickelés*[1].

1. Bande dessinée mettant en scène trois voyous de faible envergure (Croquignol, Filochard et Ribouldingue) auxquels il arrive toutes sortes d'aventures. Créée au début du siècle, cette bande dessinée qui a évolué au fil des ans était encore célèbre dans les années 1960. Dans une courte scène de *Pierrot le fou*, on peut voir

Dans un registre plus méli-mélo, *Ho !* (1968) de Robert Enrico montrait un petit malfrat joué par Jean-Paul Belmondo, qui voulait devenir grand en organisant un braquage finissant mal.

À la différence d'autres films, ceux de Jean-Pierre Melville étaient beaux et froids. Le héros solitaire et tragique interprété par Alain Delon dans *Le Samouraï*[1] (1967) et *Le Cercle rouge* (1970) appartenait à un milieu de tueurs et de bandits « professionnels » avec leur élégance, leur code et leur violence assumée. Ce personnage était fascinant même si ses valeurs apparaissaient en décalage avec l'insouciance soixante-huitarde[2].

Le film *Mise à sac*[3] (1967) d'Alain Cavalier avait des aspects plus collectifs. Il montrait comment une bande de malfrats organisés comme un commando dévalisait une ville isolée en neutralisant le commissariat, le poste des pompiers, le central téléphonique, s'emparait de l'argent de deux banques, de la poste, d'un supermarché et des coffres d'une usine… Cette mainmise nocturne sur une ville avait tous les attraits de l'aventure et des risques qui lui sont inhérents. L'histoire finissait mal, mais ces voleurs professionnels avaient des aspects sympathiques. La vision enjolivée des bandits allait se banaliser et s'intégrer à la société du spectacle.

Ferdinand (le héros joué par Jean-Paul Belmondo) lire un album des aventures des *Pieds nickelés*.

1. Jean-Pierre MELVILLE, *Le Samouraï*, 1967, film franco-italien tiré du roman *The Ronin* de Goen McLeod.

2. Sur ce point, voir l'article de Jean-Loup BONNAMY, « 50 ans après, pourquoi il faut revoir *Le Cercle rouge* de Melville », *Le Figaro*, 29 décembre 2020.

3. Alain CAVALIER, *Mise à sac*, 1967, film franco-italien d'après le roman *The Score* de Richard Stark.

Le film *Bonnie and Clyde*[1] (1967) mettait en scène l'épopée sauvage du célèbre couple de gangsters américains qui avait multiplié les attaques de banques et les crimes sanglants dans les années 1930. Ce couple de criminels devenait des amants maudits et romantiques périssant sous les balles des mitraillettes de policiers déchaînés[2]. Dans le même temps, les bandits anarchistes de la Belle Époque retrouvaient une notoriété à travers l'adaptation cinématographique par Louis Malle du roman *Le Voleur* (1967) de Darien et des aventures de *La Bande à Bonnot* (1968) réalisé par Philippe Fourastié.

Le désespoir solitaire du voleur Georges Randal, magistralement interprété par Jean-Paul Belmondo, contrastait avec la détermination froide de Bonnot qui inventait le premier hold-up en automobile et n'hésitait pas à tuer[3]. Comme les anarchistes poseurs de bombes[4], les membres de cette bande, arrêtés par la police, connaîtraient une fin tragique. Malgré les crimes et les aspects sordides de la bande à Bonnot, à travers le cinéma, elle gardait des aspects amicaux et romantiques. La découverte cinématographique de ces anarchistes après Mai 68 fascinait ainsi de jeunes révoltés qui passaient outre leurs crimes et leurs exactions.

---

1. Arthur PENN, *Bonnie and Clyde*, 1967.
2. Serge Gainsbourg en avait fait une chanson qu'il chantait avec Brigitte Bardot, « Bonnie and Clyde », Fontana, 1968.
3. Bruno Cremer incarnait Jules Bonnot et Jacques Brel « Raymond la science », l'anarchiste doctrinaire.
4. François Claudius Koënistein, dit Ravachol (1859-1892), avait commis plusieurs attentats contre des magistrats ; Auguste Vaillant (1861-1894) avait lancé une bombe à clous dans la chambre des députés du Palais-Bourbon ; Émile Henry (1872-1994) avait fait sauter les bureaux de la Société des mines de Carmaux et lancé une bombe dans le café Terminus de la gare Saint-Lazare.

Dans un autre registre, le film *Solo* de Jean-Pierre Mocky (1970) se voulait articulé au présent. Les premières images montraient un groupe de jeunes anarchistes exterminant à la mitraillette des bourgeois en pleine partouze avec des filles mineures dans une somptueuse villa de la banlieue chic de Paris. Le héros joué par Jean-Pierre Mocky, violoniste et trafiquant de diamants, venait en aide à son frère recherché par la police. Tout en désavouant les attentats, il manifestait une certaine sympathie pour ce jeune révolutionnaire perdu : « Tu sais, moi aussi quand j'avais ton âge, j'étais un révolutionnaire, je militais vachement avec des gars qui aujourd'hui sont devenus des pantouflards. Toi, tu veux changer la société, moi, je l'exploite. Il y a partout de belles femmes avec des bijoux. Il suffit de les piquer. Partout il y a de l'amour, du flouze, de la joie, du bonheur et tout ça en musique[1]. » En d'autres termes, il valait mieux tirer profit de la société – « Si on ne les avait pas, les bourgeois, à qui on piquerait l'oseille ? » – plutôt que de chercher à tout changer. Le héros se sacrifiait pour son frère et finissait par être tué par la police.

Jean-Pierre Mocky était venu présenter son film dans un cinéma de Caen. *Solo* nous semblait caricaturer les gauchistes que nous étions et nous avions manifesté bruyamment notre désapprobation dans une salle qui l'écoutait avec sympathie. Mocky avait beau expliquer qu'il avait voulu montrer dans son film les désillusions de l'après-Mai 68 et les tentations de jeunes révolutionnaires idéalistes, le nihilisme terroriste et le héros anarchiste désabusé nous paraissaient hors de propos. Mai 68 nous semblait avoir laissé la place à une dynamique collective et joyeuse de

1. Extrait du dialogue du film.

transgression. S'y ajoutait une référence aux luttes populaires étant censées amener un changement de société paré de toutes les vertus. Après quelques altercations virulentes avec Mocky et les spectateurs, nous avions fini par quitter la salle, laissant les cinéphiles à leurs palabres. Un an plus tard, Mocky, dans son film *L'Albatros* (1971), remettait en scène l'individu hors la loi, porteur d'humanité face à des bourgeois et des politiciens véreux et une meute de policiers à ses trousses.

Dans les films de l'époque, la police n'avait pas le beau rôle. *Un condé* (1970) d'Yves Boisset mettait en scène, sous les traits de Michel Bouquet, un policier désabusé et sans pitié cherchant à venger l'assassinat de son ami et collègue. Celui-ci n'hésitait pas à torturer et à tuer pour parvenir à ses fins. Ce film fut un moment interdit par le ministère de l'Intérieur[1]. Dans *Max et les ferrailleurs* (1971) de Claude Sautet, un policier sinistre et manipulateur, interprété par Michel Piccoli, échafaudait un plan machiavélique pour faire tomber dans un piège une bande de zonards. La fraternité de cette bande et l'insouciance de la prostituée jouée par Romy Schneider étaient tout l'opposé de la noirceur et de la psychologie tordue du policier. Au cinéma comme dans la vraie vie, il y avait toujours les bons et les méchants, mais la représentation s'était inversée et c'étaient les méchants policiers qui semblaient toujours gagner.

---

1. Il sera finalement distribué après qu'une scène d'un interrogatoire musclé a été coupée et filmée de nouveau. La censure renforcera l'audience du film qui connaîtra le succès.

Des bourgeois et des vices

Les notables et les bourgeois n'étaient pas non plus épargnés. Dans *Que la bête meure* (1969) de Claude Chabrol, Jean Yanne incarnait la méchanceté et la bêtise d'un notable. Ce garagiste chauffard qui ne s'était pas arrêté après avoir tué un enfant sur la route était d'une grossièreté sans pareille, méprisant la littérature, étalant ses goûts pour l'argent et le sexe.

Cette ironie féroce contre la bourgeoisie se retrouvait de façon plus feutrée dans *La Femme infidèle* (1970) et *Juste avant la nuit* (1971). Chabrol y dépeignait un milieu bourgeois replié sur lui-même où régnaient l'hypocrisie et l'adultère. Derrière la respectabilité familiale et professionnelle, se cachaient des passions inassouvies, le culte du paraître et la peur du scandale. Claude Chabrol montrait l'ambiguïté de ses personnages, mais on pouvait aussi en déduire qu'il était vraiment temps d'en finir avec ce monde bourgeois pervers et mensonger.

Mes préférences allaient à Buñuel dont je découvrais les films avec délectation. Avec Mai 68, ils avaient eux aussi retrouvé une seconde jeunesse. À Caen, les associations de ciné-club et des salles de cinéma programmaient ses anciens et ses nouveaux films. Buñuel s'évertuait lui aussi à faire tomber les masques : derrière les bonnes manières et la position sociale se cachent des pulsions sexuelles et les fantasmes inavoués. Ces films qui pouvaient paraître sombres demeuraient imprégnés d'un surréalisme et d'un humour noir que j'appréciais beaucoup. Il ne s'agissait pas de juger ou de chercher à comprendre, mais de se laisser porter par des scènes qui provoquaient le trouble sans qu'on sache trop pourquoi.

Les films de Buñuel étaient jugés immoraux par les autorités ecclésiastiques, ce qui les rendait encore plus attirants.

Dans les salles, ils provoquaient un rire libérateur et partagé avec mes amis contestataires.

Buñuel lui-même avait été marqué par une éducation des plus sévères dans un collège des frères du Sacré-Cœur de Jésus[1]. Il avait pu constater la hantise sexuelle de l'Église catholique avec son obsession des pensées impures et du plaisir sexuel considérés comme des péchés. Il avait été l'ami de Federico García Lorca et de Salvador Dalí ; à Paris, il avait rejoint les surréalistes ; il s'était engagé dans la défense de la République espagnole contre Franco. Son anticléricalisme était d'autant plus virulent que l'Église hispanique avait soutenu le dictateur. Buñuel avait un goût pour la provocation et la destruction. Autant d'éléments le rendant sympathique au sein d'un milieu étudiant post-soixante-huitard qui réglait ses comptes avec le moralisme, la religion et le nationalisme.

1. Congrégation catholique, laïque et masculine, fondée au XIXe siècle, consacrée à l'éducation chrétienne des garçons.

2

Des enragés imbus de sciences humaines

En mai-juin 1968, après ceux de Nanterre, les étudiants de sociologie de Caen proches de Claude Lefort et d'Alain Caillé (alors maître assistant) avaient été à la pointe de la contestation. Proche de Claude Lefort, Marcel Gauchet était l'une des figures de proue de la contestation avec une référence emblématique aux sciences humaines en opposition radicale à l'enseignement traditionnel de la philosophie. Après Mai 68, il regroupait une petite mouvance d'étudiants post-soixante-huitards à laquelle je me joignis spontanément. Celle-ci était composée de fortes individualités qui lisaient beaucoup et avaient en commun le goût de la provocation[1]. Ce petit groupe qui se voulait sans maître n'en était pas moins fasciné par Freud et Marx, tout comme par les intellectuels critiques de l'époque[2].

---

1. Participaient, entre autres, à ce petit groupe : Paul Yonnet, Marcel Jaeger, Serge Boisard, Louis Bouvet, Malo, Claude Chevalier…

2. Claude Lefort, Cornelius Castoriadis, Edgar Morin, mais aussi Claude Lévi-Strauss, Michel Foucault, Jacques Lacan, Louis Althusser, Georges Ganguihlem et d'autres constituaient des références dans le domaine théorique.

Nous ne manquions pas alors de prétention avec le sentiment d'avoir accès à des théories critiques encore peu accessibles à la majorité des étudiants. Nouveau paradigme de la pensée à visée scientifique, les sciences humaines venaient légitimer notre contestation de l'enseignement philosophique traditionnel.

Décentrement et relativisme culturel

Je découvris l'ethnologie en lisant *Tristes tropiques*[1] de Claude Lévi-Strauss. Ce dernier mettait directement en cause l'enseignement philosophique et le courant existentialiste dans lesquels j'avais baigné en classe de terminale. Il critiquait la métaphysique dans sa prétention à connaître le réel et la complaisance de l'existentialisme envers les « illusions de la subjectivité » : « Cette promotion des préoccupations personnelles à la dignité des problèmes philosophiques, écrivait-il, risque trop d'aboutir à une sorte de métaphysique pour midinette[2]. »

À la différence des *Structures élémentaires de la parenté*[3] que je n'avais pas réussi à lire jusqu'au bout, ce livre avait les charmes mêlés d'un récit d'aventures, de réflexions personnelles, d'observations et d'analyses détaillées qui forçaient mon admiration.

L'ethnologue avait rompu un moment avec un parcours professionnel programmé pour partir à l'aventure : « J'avais délaissé ma carrière universitaire, écrivait-il, pendant ce temps,

1. Claude LÉVI-STRAUSS, *Tristes tropiques* [1955], Paris, Pocket (Terre humaine), 1988.
2. *Ibid.*, p. 61.
3. Claude LÉVI-STRAUSS, *Les structures élémentaires de la parenté*, Paris, Puf, 1949.

mes condisciples plus sages en gravissaient les échelons ; ceux qui, comme moi jadis, avaient penché vers la politique, étaient aujourd'hui députés, bientôt ministres. Et moi, je courais les déserts en pourchassant les déchets d'humanité. Qui ou quoi m'avait donc poussé à faire exploser le cours normal de ma vie[1] ? » Après Mai 68, cette interrogation avait de l'écho.

En lisant *Tristes tropiques* dans ma chambre d'étudiant en Normandie, je me retrouvais projeté dans des contrées lointaines qui m'étaient inconnues ou que j'avais entrevues dans ma prime jeunesse dans les albums de *Tintin*. Accompagnant l'auteur en imagination (en bateau, à cheval ou en pirogue), j'étais « en route dans des contrées que peu de regards avaient contemplées, partageant l'existence de peuples dont la misère était le prix[2] ». Claude Lévi-Strauss avait le don de décrire des montagnes, des déserts, des forêts et des fleuves, mais aussi des villes et des villages avec leurs rues et leurs marchés. Rien ne semblait échapper à son regard. Il mettait en lumière la signification de comportements et de mœurs apparemment insensés ou jugés rétrogrades du haut d'une civilisation qui se croyait le centre du monde. S'arrêtant sur des détails apparemment insignifiants, il dévoilait minutieusement le sens des rituels, des parures, des outils… en les resituant au sein de cultures indigènes dont jusqu'alors j'ignorais tout.

Ce dépaysement permettait un décentrement intellectuel salutaire. Loin des lourdeurs métaphysiques, il stimulait l'esprit d'ouverture et de compréhension, remettait en question nos *a priori* sur les peuples dits primitifs. À l'idée d'une histoire en marche vers toujours plus de progrès, se substituait celle d'un pluralisme de cultures. Notre civilisation occidentale n'était que l'une d'entre elles.

---

1. Claude LÉVI-STRAUSS, *Tristes tropiques*, *op. cit.*, p. 450.
2. *Ibid.*, p. 451.

Au fil des pages, l'ethnologue se trouve confronté à cette contradiction : il ne peut « d'autant mieux se désintéresser de sa civilisation et se désolidariser de ses fautes que son existence même est incompréhensible, sinon comme une tentative de rachat : il est le symbole de l'expiation. [...] Pourtant, cette condamnation de nous-mêmes, par nous-mêmes infligée, n'implique pas que nous accordions un prix d'excellence à telle ou telle société présente ou passée, localisée en un point déterminé du temps et de l'espace[1] ». Si, de fait, l'analyse ethnologique « rehausse les sociétés différentes et rabaisse celle de l'observateur », il ne s'agit pas pour autant de conférer des valeurs absolues aux coutumes et aux genres de vie les plus éloignés de la nôtre[2].

À sa façon, Claude Lévi-Strauss nous invitait à rompre non seulement avec l'ethnocentrisme occidental, mais avec l'idée même d'une bonne société : « Aucune société n'est foncièrement bonne ; mais aucune n'est absolument mauvaise. Toutes offrent certains avantages à leurs membres, compte tenu d'un résidu d'iniquité dont l'importance paraît approximativement constante[3]. »

La lecture gauchiste de Claude Lévi-Strauss passait outre cette complexité et ces dilemmes. Elle intégrait ses analyses dans une critique radicale et un rejet pur et simple de notre civilisation, faisant des peuplades dites primitives des sortes de bons sauvages porteurs d'une humanité salvatrice, dans un contexte historique marqué par les luttes des peuples du tiers-monde contre les puissances coloniales.

À l'inverse d'une vision optimiste du progrès, les dernières pages de *Tristes tropiques* développaient l'idée d'une entropie, d'un processus global de désintégration : « Le

---

1. *Ibid.*, p. 466-467.
2. *Ibid.*, p. 465-466.
3. *Ibid.*, p. 463.

monde a commencé sans l'homme et il s'achèvera sans lui. Les institutions, les mœurs et les coutumes, que j'aurai passé ma vie à inventorier et à comprendre, sont une efflorescence passagère d'une création par rapport à laquelle elles ne possèdent aucun sens, sinon peut-être celui de permettre à l'humanité d'y jouer son rôle[1]. »

Structures et « mort de l'homme »

Tristes tropiques occupait une place à part dans l'œuvre de Claude Lévi-Strauss. Son *Anthropologie structurale*[2] s'affirmait quant à elle comme une démarche scientifique dont la linguistique constituait l'archétype. En ce sens, les systèmes de parenté sont régis par des règles qui s'apparentent à celles du langage, où chaque élément ne trouve sa signification que dans son lien avec les autres, dans un ordre symbolique formel propre à l'esprit humain. Cette démarche qui se voulait des plus rigoureuses semblait alors supplanter la philosophie en analysant les structures inconscientes à l'œuvre dans les relations humaines. Face aux pensées vagues, elle paraissait salutaire. Mais ce qu'on appelait alors du mot globalisant « structuralisme » ne s'apparentait pas moins à un « transcendantalisme sans sujet[3] » : l'homme donnait l'impression de se dissoudre dans des configurations combinatoires complexes dont il ne serait qu'un effet.

De son côté, Michel Foucault entendait mettre au jour une structure historique inconsciente aux savoirs sous le nom

1. *Ibid.*, p. 495.

2. Claude Lévi-Strauss, *Anthropologie structurale*, Paris, Plon, 1958.

3. Paul Ricœur, « Structure et herméneutique », *Esprit*, novembre 1963.

d'« épistémè[1] ». Il annonçait la « mort de l'homme », mort toute symbolique il est vrai, puisqu'il s'agissait de l'homme comme figure centrale de notre savoir replacée dans une épistémè particulière apparue à la fin du XVIIIe siècle.

Mais c'était surtout son livre *Histoire de la folie à l'âge classique*[2] qui retenait notre attention. Michel Foucault y soulignait le lien étroit entre la constitution de la folie comme maladie mentale, la naissance de la psychiatrie et les pratiques d'internement : « Tout est organisé pour que le fou se reconnaisse dans un monde du jugement qui l'enveloppe de toutes parts ; il doit se savoir surveillé, jugé et condamné ; de la faute à la punition, le lien doit être évident, comme une culpabilité reconnue par tous[3]. » « L'homme moderne ne communique plus avec le fou[4] » et l'histoire des sociétés depuis le Moyen Âge et la Renaissance était marquée par son exclusion et son enfermement[5].

Dans ce livre, Michel Foucault se livrait à un travail d'historiographe et d'épistémologue ressortant du registre de la connaissance. Les gauchistes en faisaient un autre usage en trouvant dans ses écrits et ses déclarations de quoi alimenter leur fantasmagorie du pouvoir et de la répression.

---

1. Michel FOUCAULT, *Les Mots et les Choses*, Paris, Gallimard, 1966.

2. Michel FOUCAULT, *Histoire de la folie à l'âge classique*, Paris, Union générale d'édition, 1970.

3. *Ibid.*, p. 278.

4. *Ibid.*, p. 9.

5. Dans *La Pratique de l'esprit humain. L'institution asilaire et la révolution démocratique* (Paris, Gallimard, 1980), Marcel Gauchet et Gladys Swain ont remis en question cette interprétation de Foucault, en montrant que les rapports des sociétés modernes avec la folie ne sont pas animés par une logique d'exclusion mais d'intégration liée à l'idée d'égalité. Dans les sociétés modernes, le fou tend à être pensé comme un *alter ego* et non comme absolument Autre.

La fonction du pouvoir selon Foucault était de surveiller les individus, de les punir et de les corriger. Ce n'étaient pas seulement les asiles qui étaient en cause, pas plus que les tribunaux et les prisons. Articulé à des savoirs et à des codes, le pouvoir était présent à l'hôpital, à l'école, à l'université... En fin de compte, il irriguait l'ensemble de la société par un réseau d'institutions.

Cette conception servait ainsi de légitimation théorique à une remise en cause radicale et systématique de tous les pouvoirs et savoirs institués. Dans ce cadre, la psychiatrie pouvait être considérée comme une idéologie. À la limite, la folie elle-même pouvait être envisagée comme une pure construction sociale, inséparable de l'oppression et du grand enfermement, le « fou » devenant une nouvelle figure de l'opprimé qu'il fallait libérer.

Alors qu'il avait été absent des événements de mai-juin 68[1], Michel Foucault avait été marqué par ce tournant. Il s'était greffé sur le mouvement post-soixante-huitard et l'avait encouragé à sa façon. Dans un entretien avec des lycéens, il mettait en avant, comme l'une des luttes importantes de la période, la déconstruction du « vieux substrat traditionnel de l'humanisme » qui « garantit le maintien de l'organisation sociale »[2]. Pour lui, le Groupe d'information sur les prisons[3] auquel il participait devait aller jusqu'à

1. Michel Foucault enseignait alors la philosophie en Tunisie. Revenu définitivement en France après les événements de mai-juin 1968, il enseignera quelques mois au Centre universitaire de Vincennes et sera ensuite nommé au Collège de France en 1969.

2. « Par-delà le bien et le mal », *Actuel*, n° 14, novembre 1971.

3. Le Groupe d'informations sur les prisons a été créé au début des années 1970 à l'occasion de l'interdiction du groupe maoïste La Cause du peuple et de l'arrestation de nombreux militants. Il élargira son champ d'action à l'enquête et à la dénonciation des conditions de détention dans les prisons françaises.

mettre en question le « partage social et moral entre innocents et coupables », « effacer cette frontière profonde entre l'innocence et la culpabilité » : « Nous voulons effacer, attaquer l'institution, déclarait-il aux lycéens, jusqu'au point où elle culmine et s'incarne dans une idéologie simple et fondamentale comme les notions de bien, de mal, d'innocence et de culpabilité »[1]. De quoi alimenter et légitimer les discours les plus radicaux et nihilistes du peuple adolescent.

Lacan-Althusser : même combat ?

Le petit groupe d'étudiants réunis autour de Marcel Gauchet, dont j'étais membre, lisait de près les textes de Freud et s'intéressait à Lacan. Les cours de psychanalyse et celui de Claude Lefort, « Psychanalyse et anthropologie », faisaient allusion à ce dernier à travers l'importance accordée à l'« autre scène de l'inconscient », au « narcissisme primaire », au désir et au manque. À Paris, le séminaire de Jacques Lacan ne désemplissait pas de ses fervents disciples, faisant de lui un « maître absolu[2] » alors que Lacan affirmait au contraire qu'il n'en était pas un. Ceux qui se risquaient à rendre compte de ses *Écrits*[3] saluaient avec admiration la profondeur de son apport et de son style si particulier : « Les associations et les jeux qui l'émaillent, de même que ses obscurités ne sont jamais le produit du hasard, mais d'un travail d'une rare complexité. Si bien que la structure de la phrase évoque bien vite celle d'une mosaïque, tant chaque

1. Michel FOUCAULT, « Par-delà le bien et le mal », art. cité.
2. Mikkel BORCH-JACOBSEN, *Lacan. Le maître absolu*, Paris, Flammarion, 1990.
3. Jacques LACAN, *Écrits*, Paris, Seuil, 1966.

mot possède sa valeur et son éclat[1]. » Ce qui ne m'empêchait d'avoir encore quelques difficultés à comprendre un langage dont l'hermétisme nous apparaissait comme le signe d'une profondeur dans laquelle on pouvait facilement se noyer.

Au sein de l'université de Caen, nous avions le sentiment que nous étions peut-être les seuls étudiants – avec Claude Lefort et Marcel Gauchet en référence – à mesurer la portée subversive de la psychanalyse dans le champ du savoir. Plus précisément, nous la considérions comme une science humaine, telles que le marxisme, la linguistique et l'anthropologie, remettant en cause la philosophie traditionnelle qui, sous différentes variantes, affirmait la primauté du sujet et de la conscience. La reconnaissance de l'inconscient bouleversait la philosophie idéaliste et spiritualiste et nous comptions bien le faire savoir bruyamment au sein de l'institut de philosophie de la faculté.

La relecture de Marx par Louis Althusser se révélait le pendant de celle de Freud par Jacques Lacan. Membre du Parti communiste et enseignant de philosophie à l'École normale de la rue d'Ulm, ce dernier menait une lutte interne contre ce qu'il considérait être des déviations théoriques dans l'interprétation du marxisme. Il était regardé alors comme un grand philosophe dont les écrits avaient rénové la théorie marxiste.

Son livre *Pour Marx*[2] était l'une de nos grandes références théoriques et un modèle d'une lecture minutieuse des textes fondateurs débarrassée des approximations et des interprétations subjectives. Empruntant à Bachelard la notion de « coupure épistémologique », Louis Althusser introduisait

1. Jean-Michel PALMIER, *Lacan*, Paris, Éditions universitaires (Psychothèque), 1969.

2. Louis ALTHUSSER, *Pour Marx*, Paris, Maspero, 1967.

une mutation dans les écrits de Marx entre ses œuvres de jeunesse, marquées par une problématique humaniste, et les œuvres de la maturité établissant le marxisme en nouvelle science, celle de l'histoire conçue comme un processus sans sujet.

Une telle démarche n'était pas sans rappeler celle de l'exégèse théologique, ainsi que l'avait justement souligné Raymond Aron : « Althusser doit, comme plusieurs générations de marxistes avant lui, prêter à Marx, en usant de citations bien choisies, ce qu'il veut dire lui-même. La méthode, celle des théologiens, consiste à choisir entre les textes tout en poussant l'audace jusqu'à reconnaître que Marx n'a pas pleinement compris lui-même sa pensée authentique, la portée de la *révolution scientifique* qu'il a inaugurée[1]. »

À l'époque, ces propos tenus par un penseur que nous considérions comme un réactionnaire n'avaient pas de prise sur nous. La relecture de Marx par Althusser – tout comme celle de Freud par Lacan – permettait aux adeptes que nous étions d'occuper à leur manière une position de magistère détenant les clés de la bonne interprétation. L'abstraction du propos que nous nous efforcions de décrypter était comme la marque d'une scientificité qui nous impressionnait.

Althusser complexifiait le schéma marxiste de l'infrastructure économique et de la superstructure en reconnaissant à cette dernière une consistance et une efficacité propres. Il mettait ainsi en question le déterminisme selon lequel « le politique, l'idéologique ne seraient que le pur phénomène de l'économique qui en serait "la vérité"[2] » ; « l'économie

1. Raymond ARON, *Marxismes imaginaires*, Paris, Gallimard, 1970, p. 204.

2. Louis ALTHUSSER, « Marxisme et humanisme », in *Pour Marx*, *op. cit.*, p. 107.

détermine, *mais en dernière instance*, à la longue le cours de l'histoire[1] ». Ces idées étaient estimées comme des apports théoriques décisifs au sein d'une mouvance intellectuelle pour qui le marxisme continuait d'être considéré, selon une formulation célèbre de Jean-Paul Sartre, comme l'« horizon indépassable de notre temps ».

Antihumanisme théorique et pratique

À vrai dire, les écrits d'Althusser étaient d'une abstraction et d'une complexité telles que leur lecture impliquait une forte motivation pour essayer de comprendre à tout prix les formulations les plus obscures. Il en allait ainsi du concept de « surdétermination » considéré comme un apport important à la théorie marxiste : « La "contradiction" est inséparable de la structure du corps social tout entier, dans lequel elle s'exerce, inséparable de ses *conditions* formelles d'existence, et des *instances* mêmes qu'elle gouverne, qu'elle est donc elle-même, en son cœur, *affectée par elles*, déterminante mais aussi déterminée dans un seul et même mouvement, et déterminée par les divers *niveaux* et les diverses *instances* de la formation sociale qu'elle anime : nous pourrions la dire *surdéterminée dans son principe*[2]. »

À force de lire et de relire ce genre de textes, en nous arrêtant presque à chaque mot, nous avions l'impression d'accéder à un renouveau de la pensée. Notre groupe d'étude de textes avait les aspects d'un cercle d'initiés dont Althusser était l'un des grands maîtres.

1. *Ibid.*, p. 112.
2. Louis ALTHUSSER, « Contradiction et surdétermination », in *Pour Marx*, *op. cit.*, p. 99-100.

Bien des années plus tard, me rappelant cet épisode althussérien et son degré d'abstraction confondant, je ne pus m'empêcher de le rapprocher ironiquement de l'une de ces histoires drôles qui circulaient parmi les dissidents et la population des pays de l'Est que me raconta un ami tchèque : « Un jour, un militant communiste de base pose la question dans sa cellule : "Le marxisme est-il une science ou une philosophie ?" Ne sachant quoi répondre, le responsable de cellule fait remonter la question aux différentes instances du parti, jusqu'au comité central et au bureau politique. Après huit jours de délibération, ce dernier en arrive à la conclusion que le marxisme est une philosophie. On transmet alors la réponse au militant de base qui avait posé la question. Celui-ci s'exclame aussitôt : "Je m'en doutais bien, si cela avait été une science, on l'aurait d'abord expérimentée sur les animaux" »...

À l'époque, nous entendions « expérimenter » le marxisme althussérien à notre manière au sein de l'université. Le concept d'humanisme relevant de l'idéologie et non d'une science, il s'agissait de mener une critique radicale de ses prétentions théoriques : « Sous le rapport strict de la théorie, écrivait Althusser, on peut et on doit alors parler ouvertement d'un *antihumanisme théorique* de Marx et voir dans cet *antihumanisme théorique* la condition de possibilité absolue (négative) de la connaissance (positive) du monde humain lui-même et de sa transformation pratique. On ne peut *connaître* quelque chose des hommes qu'à la condition absolue de réduire en cendres le mythe philosophique (théorique) de l'homme[1]. »

De telles formulations nous renforçaient dans notre volonté de nous attaquer à l'enseignement de ce mythe, au sein de l'université. La philosophie humaniste fondée sur

---

1. Louis ALTHUSSER, « Marxisme et humanisme », art. cité, p. 236.

l'idée de la nature humaine ou de l'essence de l'homme devait céder la place à une science que le marxisme était censé mettre en œuvre dans le domaine de l'analyse des rapports de production et de l'histoire. Cette incroyable prétention nous permettait de régler nos comptes avec toute une éducation et un enseignement humaniste et spiritualiste.

« Idéologies et appareils idéologiques d'État[1] », paru en 1970, allait nous fournir de nouvelles armes critiques radicales. Dans cet article, Althusser distinguait l'appareil répressif de l'État (armée, police aux tribunaux, prisons...) des appareils idéologiques d'État (AIE), constitués d'une pluralité d'institutions ayant pour fonction de diffuser l'idéologie de la classe dominante. Les Églises, le système scolaire, la famille, le système juridique, politique, syndical, le système d'information, les institutions culturelles et sportives... tout cela entrait dans cette nouvelle catégorie.

Ces deux types d'appareils (répressifs et idéologiques) ne pouvaient être complètement séparés ; ils mêlaient en fait répression et idéologie dans une proportion différente : l'appareil répressif fonctionnait principalement, comme son nom l'indiquait, à la répression et secondairement à l'idéologie à l'inverse des appareils idéologiques[2].

Ce texte d'Althusser venait à point nommé : il permettait d'alimenter et de cautionner théoriquement notre critique radicale de l'université et de la société.

Ceux qu'Althusser appelait les « professionnels de l'idéologie » avaient les « accents de la Morale, de la Vertu, de la “Transcendance”, de la Nation, du rôle de la France dans le

1. Louis ALTHUSSER, « Idéologie et appareils idéologiques d'État », *La Pensée*, n° 151, juin 1970.

2. Bien avant lui, Gramsci avait développé d'une manière beaucoup moins dogmatique et plus fine la notion d'« hégémonie culturelle » dont s'inspirait Althusser.

Monde »... Dans ce texte, le paragraphe alambiqué consacré à l'« idéologie religieuse chrétienne » prétendait mettre au jour la structure même de toute idéologie. Il développait une étonnante interprétation où se mêlaient l'Ancien et le Nouveau Testament, Moïse, Dieu le père et Dieu le fils... comme autant d'exemples de la « structure spéculaire redoublée de l'idéologie », du « dédoublement des *Sujets en Sujet* et du *Sujet lui-même en sujet-Sujet* »[1]. L'hermétisme de tels propos nécessitait une volonté sans faille pour parvenir à suivre les méandres et décrypter un texte où l'auteur s'enfermait dans son propre système de pensée. Mais à vrai dire, notre lecture n'obéissait pas seulement à un appétit de connaissances et d'analyses nouvelles. Elle faisait écho à une volonté d'en découdre dont les fondements étaient loin d'être aussi théoriques que de telles spéculations pouvaient le laisser supposer.

Pour Althusser, qui avait été un fervent catholique dans sa jeunesse, l'école dans les sociétés capitalistes avait remplacé l'Église dans son rôle d'« appareil idéologique dominant ». Cet appareil était d'autant plus puissant qu'il façonnait les consciences et les comportements depuis l'enfance : « Aucun appareil idéologique d'État ne dispose pendant autant d'années de l'audience obligatoire (et, c'est bien la moindre des choses, gratuite...), cinq à six jours sur sept à raison de huit heures par jour, de la totalité des enfants de la formation sociale capitaliste. »

Cette importance accordée à l'« appareil idéologique scolaire » nous concernait directement en tant qu'étudiants et renforçait notre lutte idéologique contre les savoirs dispensés à l'université. L'école et l'université étant désormais considérées comme parties intégrantes de l'appareil d'État capitaliste, on pouvait facilement en déduire que les empêcher

1. *Ibid.*

de fonctionner et les mettre à bas constituait désormais une perspective authentiquement révolutionnaire.

Althusser en restait à de hautes considérations théoriques sans se soucier de ses effets au sein du mouvement étudiant en révolte. À sa manière, le groupe d'« enragés » que nous formions allait se charger de mettre ses spéculations en pratique, en semant le désordre au sein de la faculté des lettres de l'université de Caen.

3

Lutte idéologique et comités d'action

Le groupe d'enragés dont je faisais partie méprisait quelque peu la masse des étudiants qui suivaient leurs études pour ensuite faire carrière. Les revendications corporatistes concernant la vie étudiante, les examens et les diplômes ne nous intéressaient pas. Ce que nous appelions la « lutte idéologique » importait avant tout : elle impliquait une critique théorique des contenus de l'enseignement et des interventions dans les cours qui sapaient l'autorité des enseignants que nous jugions à la fois réactionnaires et inintéressants, voire incompétents. Notre prétention théorique allait de pair avec des propos incendiaires et des pratiques provocatrices qui déstabilisaient l'institution avec un plaisir certain.

La philosophie en question

La mise en cause systématique de tout ce qui s'apparentait de près ou de loin à une philosophie du sujet et au spiritualisme était un trait marquant des enragés de l'institut de philosophie. Un tract intitulé « Philosophes ! La chouette de Minerve se lève plus tard que d'habitude[1] » se référait à Marx, Nietzsche et Freud, mais aussi à Heidegger et Althusser, appelait à « repenser l'histoire de la philosophie », à une nouvelle « pratique de lecture des textes », à « mettre à jour la problématique, l'ordonnance logique d'une œuvre »...

Ce vaste programme théorique n'en paraissait pas moins impossible à mettre en pratique : « Un enseignement de ce genre peut-il être assuré présentement ? Non. Il faut voir alors que ce qu'on appelle complaisamment la crise de la philosophie tient en premier lieu à la carence des enseignants en philosophie. De plus, le problème n'est pas simplement pédagogique mais proprement politique, car ce qui est en jeu, c'est un bouleversement dans notre conception de la pratique philosophique, et cela dans une perspective résolument matérialiste. Qu'importe alors le "contrôle continu", la "participation des étudiants" et autres appellations démagogiques si la nature même de notre enseignement n'est pas remise fondamentalement en cause[2]. »

Ce texte s'en prenait en même temps à la mise en place d'unités de valeurs (UV) qui remplaçaient l'ancien certificat et aux magouilles des enseignants : « Il ne suffit pas d'assurer le bon fonctionnement de la production de fonctionnaires du logos. Nos enseignants sont peut-être démocrates, des libéraux, "engagés ou non", mais ils se conduisent comme des marchands de tapis sur les valeurs. Nous n'avons obtenu qu'une répartition de valeurs monarchiques entre lesquelles il y a autant de rapport qu'entre l'Odéon et les Folies Bergère[3]. »

1. « Philosophes ! La chouette de Minerve se lève plus tard que d'habitude », tract non signé en possession de l'auteur.

2. *Ibid.*

3. *Ibid.*

Cette critique débouchera en mars 1970 sur la création d'un nouveau type de comité d'action en philosophie, en sociologie et en lettres modernes. Ces comités revendiquaient l'introduction des sciences humaines dans l'enseignement, le contrôle de nomination des enseignants et du choix des programmes, appelaient à boycotter les élections dans les unités d'enseignement et de recherche… Le tout s'accompagnait de multiples interruptions des cours de professeurs attachés à l'enseignement traditionnel, et hostiles à la réforme de l'université qui accordait une place aux étudiants dans les comités de gestion. Il était alors facile de faire le lien entre le contenu de leur enseignement et leur opposition aux comités de gestion paritaire en les traitant de « réacs ». Dans l'univers contestataire et gauchiste, il n'y avait pas de hasard et « tout était lié ».

Des enseignants sur la sellette

« Philosophes ! On se fout de vous ! » : le tract du comité d'action de l'institut de philosophie annonçait d'emblée son orientation : « On ne saurait pratiquer la philosophie sans tenir compte des sciences humaines qui la mettent en question : la psychanalyse, la linguistique, le marxisme. Nous demandons l'institution de l'enseignement de ces trois sciences[1]. » Cette exigence entendait « enterrer la métaphysique imbue d'idéologie spiritualiste » et s'en prenait aux enseignants de l'institut qui refusaient une telle orientation.

Le comité d'action n'hésitait pas à déclarer : « Nous n'avons rien à attendre des enseignants. Pas plus nous

1. COMITÉ D'ACTION DE L'INSTITUT DE PHILOSOPHIE, « Philosophes ! on se fout de vous ! », tract ronéoté, document en possession de l'auteur.

n'espérons faire l'accord de tous. Au contraire, il faut expliciter les divergences : ce n'est pas un hasard si le mépris de la science et le mépris des textes vont de pair avec une idéologie réactionnaire et des choix politiques droitiers[1]. » La conclusion s'imposait : « Si la véritable réflexion philosophique ne passe pas à Caen par les enseignants, nous devons nous préparer à un travail marginal. Il semble peu réaliste d'organiser un enseignement parallèle qui concurrence réellement celui de l'institution. C'est une tâche trop lourde. Mais il est possible de constituer de petits groupes de travail travaillant plus spécialement telle ou telle discipline, capables d'intervenir alors de façon efficace dans les cours[2]. » Ce qui fut dit fut fait. La pratique de texte intensive concernait non seulement Marx et Freud, mais aussi Althusser, Lévi-Strauss, Canguilhem…

Nommé à l'institut de philosophie de Caen, Alexis Philonenko, historien de la philosophie, spécialiste de Fichte et de Kant, ne voulait pas entendre parler des comités de gestion paritaire avec les étudiants. La réplique ne s'était pas fait attendre : les interventions surprises des contestataires dans ses cours et la grève à l'institut avaient alors relancé l'agitation[3].

Alexis Philonenko devint la bête noire du comité d'action. Il était qualifié d'« autocrate » dans un tract intitulé « *Philonenko über alles* », avant d'être traité de « mégalomane, hystérique, caractériel » : « Le diagnostic reste à faire, et le traitement à accomplir… Tous à vos petits-suisses ! On ne signe pas on est des lâches… »[4].

1. *Ibid.*
2. *Ibid.*
3. Les étudiants obtinrent la publicité des débats.
4. « Des étudiants de philosophie et la nomination de Jerphagnon », document en possession de l'auteur.

Une inscription à la peinture sur les murs de l'institut – non signée et désapprouvée officiellement par le comité d'action – compléta le tableau en le traitant d'« ivrogne »... À la suite de ces troubles, le doyen fit fermer le département pendant une semaine.

J'ai gardé en mémoire l'une des interventions les plus spectaculaires dans un amphithéâtre où enseignait Alexis Philonenko : nous étions quelques dizaines d'étudiants, surgissant brusquement, drapeau rouge en tête, en faisant grand bruit. Du haut de l'amphithéâtre, le leader de l'institut de philo assenait la leçon sur l'importance des sciences humaines dans le champ du savoir ; un étudiant s'était allongé sur la scène devant l'enseignant stupéfait ; un autre encore traçait sur les murs de l'amphi des dessins et des slogans injurieux envers son enseignement. Deux autres professeurs, Simone Goyard et Lucien Jerphagnon, soutenus par Alexis Philonenko et jugés eux aussi réactionnaires, subirent le même sort.

« À bas les autocrates ! À bas la curaille !
À bas les cons ! »

Un tract de type situationniste sous la forme d'une fausse autocritique de Simone Goyard suscitait l'indignation de cette dernière :

« Messieurs,

Je ne peux vous appeler Camarades, étant moi-même une crapule. Je dois dire que tous les professeurs sont des ordures. Ils sont toujours en retard et font profession de cultiver le retard. Le mouvement réel qui supprime les conditions d'existence sera leur mort, c'est pourquoi ils travaillent au maintien de ce qui existe.

La marchandise que nous fabriquons, c'est le mensonge savant, c'est ce pourquoi l'État nous paye, et c'est ce que nos singes savants d'étudiants sont avides d'acquérir, pour pouvoir devenir les praticiens du mensonge dans tous les partis et groupuscules bureaucratiques qui veulent moderniser le capitalisme.

Nous sommes des penseurs garantis par l'État. Mais je dois dire que notre activité bénévole la plus méritoire a été depuis cinquante ans d'essayer de cacher aux jeunes générations ce que fut l'histoire réelle du mouvement ouvrier, ses manifestations les plus grandioses : Kronstadt, Turin 1920, la Commune de Spartacus, et enfin Barcelone 1936-1937.

J'ai honte, mais cette honte ne fera pas de moi une révolutionnaire.

Messieurs, je vous salue. »

Ce genre de prose nous faisait rire. Il n'en allait pas de même des enseignants qui la prenaient au premier degré. Face aux interventions des comités d'action, Simone Goyard dut faire appel à des appariteurs pour garder l'entrée de la salle où l'un de ses partiels avait lieu. Apprenant sa soutenance de thèse à Paris, un petit groupe d'étudiants de Caen se rendit à la Sorbonne pour tenter de s'y opposer.

Lucien Jerphagnon, nommé à Caen avec le soutien de Philonenko, était également la cible des enragés de l'institut de philo. Cet enseignant avait eu le malheur de publier dans *Le Monde* un texte qui s'en prenait aux « enragés ». Contrairement à ceux qui regardaient ces derniers avec sympathie ou les soutenaient plus ou moins discrètement – surtout quand cela pouvait servir leur intérêt au sein des conseils de gestion de l'université –, Lucien Jerphagnon dénonçait avec ironie les discours plus ou moins complaisants à leur endroit : « J'entends l'objection. Je vois même le sourire, d'abord un peu gêné, mais de plus en plus réconfortant, qui l'accompagne. Ce sont là, n'est-ce pas, outrances juvéniles, qu'il ne faut prendre ni à la lettre ni au tragique. Habileté remarquable d'une jeunesse précoce dans la maturité : ils demandent plus pour obtenir moins ! Comme ils nous connaissent ! Et puis, dans tout cela il y a une vitalité sympathique que la réforme va contenter. De toute façon, le caractère exorbitant, songez-y, de leurs exigences fait assez voir que tout n'est pas aussi sérieux que vous le pensez : il y a du canular là-dedans[1]... »

Jerphagnon n'était pas de ceux-là. Il prenait au sérieux les gauchistes et ne craignait pas de les critiquer ouvertement. Leur but lui paraissait clair : « Détruire l'Université faute de mieux et en attendant mieux – en lui substituant un centre révolutionnaire fonctionnant à plein temps aux frais des contribuables[2]. » Leurs exigences (enseignement défini et imposé par les étudiants, enseignants recrutés sur critères politiques, refus de toute réforme...), écrivait-il, promouvaient une « Université impossible » : « Là où le rapport de force jouera contre les enseignants non gauchistes, ils seront mis dans l'impossibilité de faire le travail pour lequel ils ont été recrutés »[3]. Il ne croyait pas si bien dire. Sommé de s'expliquer sur ce texte et refusant de répondre, il ne put tenir son cours sous les quolibets et les invectives.

Lucien Jerphagnon nous apparaissait alors comme le représentant type d'un courant spiritualiste honni qui n'avait que faire des sciences humaines. Féru de théologie, cet ancien prêtre ayant quitté les ordres se référait au philosophe chrétien Maurice Blondel (1861-1949), et

1. Lucien JERPHAGNON, « Reconvertir les professeurs ? », *Le Monde*, 21 novembre 1968.

2. *Ibid.*

3. *Ibid.*

enseignait la philosophie antique et médiévale. Il venait renforcer ce que nous appelions dédaigneusement le clan des « marchands de tapis » et les « piliers de la chrétienté ». Son rejet n'en était que plus violent : « Non à Jerphagnon ! Esprit blondeliforme, caractérologue, astrologue. Assez de cons : pas de Jerphagnon ! [...] Refusons la nomination de Jerphagnon parce qu'il est un universitaire d'un niveau misérable dans une faculté qui en compte déjà trop de son espèce[1]. »

Cet extrémisme connut néanmoins quelques hésitations : un tract ne fut pas distribué à cause de sa trop grande virulence : « Il n'y a rien à attendre d'aucun de ces individus. Nous nous reconnaissons comme des étudiants sans enseignants. Clarifions la situation. Éliminons les imposteurs. Transformons l'institut de philo en abattoir ! À bas la curaille ! À bas les cons[2] ! »

Lutte idéologique et lance à incendie

Le scénario était toujours le même : une bande de quelques dizaines d'individus arrivait brusquement dans les salles de cours et les amphithéâtres, le théoricien du groupe interpellait directement l'enseignant en lui rappelant doctement l'importance des sciences humaines et du retour aux textes. À cette problématique abstraite s'ajoutaient parfois des propos plus triviaux contre la répression et le développement des luttes au sein des universités et des usines. Le tout formait un mixte théorico-gauchiste pas toujours

1. « Des étudiants de philosophie et la nomination de Jerphagnon », doc. cité.

2. « Les grands moments de notre lutte à l'institut de philo », document en possession de l'auteur.

très clair mais détonnant, vis-à-vis duquel l'enseignant était sommé de se déterminer.

Les étudiants présents dans ces cours se taisaient, n'éprouvant pas tous de la sympathie pour ce genre de manifestation. Étant jugés passifs et réacs du seul fait de leur présence, ceux qui osaient émettre des protestations étaient vite rabroués comme il se doit. Il en allait de même pour les enseignants dont certains finissaient par quitter la salle de cours en restant dignes sous les quolibets.

Ces pratiques ne manquèrent pas de provoquer des réactions non seulement des autorités universitaires, mais de l'Unef et des étudiants trotskistes. L'Unef nous reprochait de faire la lutte idéologique la « panacée universelle, le gris-gris qui va modifier la société et provoquer spontanément la révolution » et rappelait doctement : « Le pouvoir économique est prioritaire »[1]. Les trotskistes, éternels donneurs de leçons, nous accusaient de faire le jeu du pouvoir : « En entretenant le mythe d'une culture réservée à des initiés, en refusant de comprendre qu'il n'y a d'avant-garde efficace que celle qui pratique une théorie révolutionnaire, le CA [comité d'action de philosophie] ne se laisse-t-il pas tout simplement avoir au jeu du gouvernement qu'il croit refuser[2] ? » Ce genre de propos nous paraissaient affligeants : ces organisations projetaient dans le milieu étudiant le modèle du syndicalisme ouvrier et des partis de gauche ; ils n'avaient rien compris aux aspects culturels nouveaux de la révolution soixante-huitarde.

1. « L'AG informe », 4e semaine d'avril (1970 ?), bulletin de l'Association des étudiants de Caen (Unef), document en possession de l'auteur.

2. « Philosophes, le Comité d'action se fout de vous », tract de la Ligue communiste, document en possession de l'auteur.

Signe des temps, Guy Besse, membre du bureau politique du Parti communiste français, ancien directeur des Éditions sociales et de la revue *La Nouvelle Critique* affiliées au PCF, fut également nommé enseignant à l'institut de philosophie de Caen. Il allait lui aussi subir les foudres des enragés. Sa nomination fut aussitôt dénoncée comme une manœuvre pour tenter de désamorcer l'agitation en installant un « spécialiste du marxisme en chambre » et donner une caution de gauche à la « dictature des réacs » : « Le marxisme de Besse coexiste pacifiquement avec l'idéalisme et le spiritualisme des vieilles croûtes traditionnelles. Ce marxisme châtré vient confirmer la philosophie bourgeoise dans son prestige spéculatif : la liaison philosophie-action politique se trouve encore mieux camouflée »[1].

Lors d'une intervention dans l'un des cours de Guy Besse, les gauchistes amenèrent un jeune maoïste établi à l'usine de la Saviem, qui avait été dénoncé par un militant CGT et licencié. Prenant place sur l'estrade, ce dernier témoigna de ce qui s'était passé comme d'une preuve de la trahison du PCF et de sa direction dont Guy Besse était un digne représentant.

Ses cours étaient de plus en plus perturbés, à tel point que des enseignants de gauche et de droite vinrent à son aide en jouant le rôle d'appariteurs devant la porte de la salle. Ce jour-là, les étudiants perturbateurs qui ne craignaient personne les repoussèrent à coups de lance à incendie, suscitant un sérieux désordre dans le couloir de la faculté.

La justification de cette action par les étudiants maoïstes ne se fit pas attendre : « Feu sur les révisionnistes qui servent à cautionner les visées réactionnaires de ceux contre

---

1. COMITÉ D'ACTION PHILO, « La dialectique de l'histoire est telle que la victoire du marxisme en matière de théorie oblige ses ennemis à se déguiser en marxistes », document en possession de l'auteur.

qui nous n'avons cessé de lutter. Besse a pris un jet d'eau dans la gueule pour avoir dit que Marx était un bon élève et qu'il avait réussi à tous ses examens, ce qui est faux et qui surtout a une coloration moralisatrice puante. On n'oublie pas les autres pour autant, bien évidemment[1]... »

« Igname sanglant » et « poudingue théoriciste »

Le comité d'action de sociologie, dont Paul Yonnet était l'un des principaux animateurs, avait quant à lui choisi une dénomination surréaliste : L'« Igname sanglant[2] », et publiait son manifeste sociologique avec en épitaphe une citation de Marx qui indiquait clairement ses intentions : « Créer enfin une situation qui rende impossible tout retour en arrière. »

Le texte alambiqué de ce manifeste ne manquait pas non plus de prétention. Il dressait à sa manière le tableau des relations historiques entre la sociologie et le capitalisme, et de la sociologie française pour aboutir à la conclusion : « La lutte entre socio-critique et socio-positiviste-empiriste est engagée à Caen comme ailleurs. Elle fera des victimes car cette coexistence, dangereuse, impensable et inacceptable à long terme pour le pouvoir, doit s'achever par la défaite de l'un des deux protagonistes[3]. » Le comité d'action entendait bien accélérer ce processus : « Que les cache-sexes tombent ! proclamait-il. Que les plaies se découvrent !

---

1. « Les grands moments de notre lutte à l'institut de philo », doc. cité.

2. L'igname est le tubercule d'une plante exotique proche de la pomme de terre.

3. COMITÉ D'ACTION DE SOCIO IGNAME SANGLANT, « Manifeste sociologique de l'Igname sanglant », 18 mars 1970, document en possession de l'auteur.

Que les conflits apparaissent enfin au grand jour ! » La conclusion sous forme d'une invective situationniste allait de soi : « Le prolétariat crèvera ces salopes ! »...

L'analyse des rapports de force au sein de l'institut de sociologie passait en revue les différents enseignements en n'épargnant personne, y compris les enseignants de gauche. Il était même reproché au courant de la sociologie critique représenté par Claude Lefort d'avoir passé des compromis avec ses adversaires. Tout en renforçant ce courant critique, l'Igname sanglant entendait procéder à la « liquidation (non physique) de l'institut des idéologues bourgeois et des étudiants réactionnaires et fascisants », « contrôler la nomination des enseignants », « présenter des travaux collectifs à l'examen »... Vaste programme là aussi, qui allait renforcer le chaos existant.

Le comité d'action de lettres modernes n'était pas en reste : « Aucune des disciplines qui fondent les recherches littéraires aujourd'hui – linguistique, psychanalyse, matérialisme historique – n'est enseignée dans notre institut. » Il critiquait vertement les enseignants autocrates comme les réformistes : « Léguons au musée les professeurs pour qui la littérature va de soi »[1], et appelait à la mise en place d'un enseignement de ces trois disciplines.

Ce comité d'action publia un long texte alambiqué, intitulé « La coupure épistémologique », commençant par une citation de Lénine : « La dialectique de l'Histoire est telle que la victoire théorique du marxisme force ses ennemis à se déguiser en marxistes. » Ce texte s'en prenait aux enseignants progressistes, critiquant tour à tour le « trompe-l'œil pédagogique », la « pseudo-maïeutique », le « poudingue

1. Comité d'action de Lettres modernes, « Étudiants de Lettres modernes. Nous devons affirmer que rien n'a changé », document en possession de l'auteur.

théoriciste », le « flottement conceptuel », la « poubelle méthodologique »... illustrés par les pratiques des enseignants. La conclusion, une fois encore, s'imposait : « Ce texte abstrait doit mener à des luttes très concrètes »...

Psychanalyse et « flics à cornette »

L'introduction du cours de psychanalyse ne fut pas non plus de tout repos. Les enseignants dits réactionnaires n'appréciaient guère cette discipline jugée hors champ de la philosophie.

La position des étudiants contestataires était paradoxale. Ils avaient obtenu l'introduction de l'enseignement de psychanalyse, mais ils n'entendaient pas pour autant le cautionner. À peine institué, cet enseignement était jugé insatisfaisant au regard de la portée subversive de la psychanalyse, et considéré comme un « renforcement de la mystification qui soutient la pratique enseignante traditionnelle, un dernier camouflage derrière lequel continue à prospérer l'institution autoritaire de la parole[1] ».

Les deux enseignants de psychanalyse reçurent eux aussi la visite impromptue des enragés. L'un d'eux se vit vertement reproché un enseignement des plus convenus, et ses compétences, remises en cause parce qu'il n'avait pas suivi d'analyse.

Le second, qui se réclamait de Lacan, ne fut pas plus épargné. Un tract incendiaire le traitait d'« imposteur », lui reprochant de jouer sans cesse sur la position du Maître supposé-savoir, tout en réfutant une telle position : « Le principe du piège à cons dont on s'efforce de prendre l'étudiant de psychanalyse repose sur une analogie entre la

1. Tract non signé, document en possession de l'auteur.

situation analytique (la cure) et la situation d'enseignement. [...] "Enseignés, ici vous ne pouvez pas vraiment savoir. Il ne m'est pas possible de vous communiquer mon savoir (qui, bien sûr, n'en est pas un : je suis le seul en ces murs à savoir que je ne sais pas)." Et l'étudiant, à l'écoute de ce discours, de se tordre les oreilles en désespoir de ne rien entendre (et pour cause), convaincu qu'une censure maligne lui interdit de saisir les merveilles vérités qui flottent dans l'air[1]. » Ces cours étaient jugés allusifs et creux : « Il n'y a rien dans son baratin, il n'y a rien. Reste une stylistique qui, elle, s'acquiert par le privilège de résidence au quartier Lacan[2]. »

L'alternative proposée n'était pas pour autant très claire : il s'agissait d'« affronter la théorie freudienne dans sa systématicité, en tant qu'elle s'applique historiquement à l'idéologie, en tant qu'elle articule pour la première fois la chaîne Corps-Langage-Représentation. C'est par cette systématicité qu'elle est l'objet possible d'enseignement[3] ». Cet obscur objet d'enseignement avait tous les aspects d'une gnose pour initiés.

La psychiatrie faisait également l'objet de critiques acerbes et d'actions provocatrices. L'enseignant de psychanalyse traité d'imposteur vit ainsi surgir dans son cours des étudiants qui l'obligèrent à passer une camisole de force comme un exemple vivant de la violence inhérente à la psychiatrie.

Des étudiants contestataires qui travaillaient à l'hôpital psychiatrique du Bon-Sauveur de Caen faisaient connaître et dénonçaient les conditions d'internement et les traitements imposés aux malades[4]. Un tract intitulé « À bas

1. *Ibid.*
2. *Ibid.*
3. *Ibid.*
4. Sur ce point, voir l'interview de Marcel JAEGER, « Des années 60 à aujourd'hui : un parcours dans le champ de la santé

les hôpitaux-prisons », rédigé par un militant maoïste de *La Cause du peuple*, dénonçait les conditions d'internement : « Tous sont soumis au même régime pénitentiaire accompagné d'une absorption étonnante de potions, cachets, suppositoires, qui permet de voiler l'absence d'une véritable thérapeutique. La rapidité avec laquelle se font les examens médicaux, le mépris de la psychanalyse comme instrument de connaissance du psychisme vont de pair avec la désinvolture des psychiatres, des infirmiers et des bonnes sœurs vis-à-vis des malades[1]. »

La dénonciation de ces réalités s'accompagnait d'un rapprochement osé avec les conditions des classes exploitées : « La lutte des pensionnaires des hôpitaux psychiatriques est profondément identique à celle des pensionnaires des usines, affirmait ce tract. Elle est aussi la même que celle du personnel hospitalier qui gagne à peine autant que des ouvriers professionnels[2] ». Dans ce secteur (comme dans l'ensemble de la société), la révolte grondait et allait tout changer. Il n'y avait pas de doute : « Le processus de destruction des hôpitaux psychiatriques est entamé[3] ! »

J'apportai ma modeste contribution à ce processus en allant une nuit peindre avec quelques camarades des slogans vengeurs sur les murs de l'hôpital du Bon-Sauveur. Le fait que cet établissement psychiatrique fût dirigé par une congrégation de bonnes sœurs méritait le slogan : « À bas les flics en cornette ! » et autres joyeusetés dont l'une de type surréaliste nous faisait rigoler : « Pédale Joséphine ! »

---

mentale et de la formation en travail social », in *Penser la formation en travail social*, Paris, Champ social (Le Sociographe), 2021.

1. Tract non signé, document en possession de l'auteur.
2. *Ibid.*
3. *Ibid.*

Aussi paradoxal que cela puisse sembler aujourd'hui, ce mélange de prétention intellectuelle et de transgression nous rendait dynamiques et joyeux, avec un sentiment d'impunité qui renforçait notre détermination à en découdre avec les autorités en place.

4

Chaos en fac de lettres

Le jeudi 3 décembre 1970 devaient se tenir les élections aux conseils de gestion. Deux ans après Mai 68, le climat n'était guère favorable. Les actions des comités d'action de la faculté des lettres qui perturbaient le déroulement des cours allaient *crescendo*. Face à la multiplication des troubles, les plaintes des enseignants concernés s'amplifiaient auprès du doyen de la faculté et du recteur. Mais les quelques avertissements et menaces de sanction auprès des étudiants perturbateurs n'avaient aucun effet sur ces derniers.

« Les fossoyeurs de l'ancien monde »

La veille de ces élections, un tract intitulé : « Nous participerons ! » et signé : « Les fossoyeurs de l'ancien monde », revendiquait l'action contre Georges Besse dans ces termes : « Nous ne cacherons pas le plaisir que nous avons vécu vendredi dernier quand nous avons vidé Besse, prof de philo à la faculté des lettres : il lui a été notamment reproché d'être une ordure du parti dit communiste français et de prôner le vote aux élections du conseil de gestion »[1].

Ce tract avait le mérite de la clarté dans la formulation de sa pratique et de ses intentions : « Bien entendu, le terrain que nous choisissons est celui du refus du bon fonctionnement des institutions dont l'université fait partie. Par exemple : nuire à tout déroulement correct d'un examen. Empêcher un professeur de faire son cours, instaurant une discussion publique (ce même professeur ne sera pas toujours autorisé à rester dans la salle), s'approprier tout ce qui nous plaît ou peut nous servir dans nos actions : machines, papiers, bureaux, etc. » Et d'annoncer sans ambages une nouvelle action prévue le lendemain : « NOUS CONCRÉTISONS IMMÉDIATEMENT NOTRE PARTICIPATION EN NOUS APPROPRIANT JEUDI À 9 H LA SALLE DES PROFESSEURS DE LA FACULTÉ DES LETTRES : C'EST ÉVIDEMMENT PLUS CONFORTABLE. C'est donc un des endroits où nous pouvons vous inviter décemment à ne pas vous ennuyer, et puis c'est une manière de rappeler aux mandarins qu'il faudra bien que cela change[2]. »

Cet appel sonnait comme une provocation de trop pour les responsables universitaires. Le doyen de la faculté des lettres, accompagné de plusieurs professeurs, décida d'attendre les gauchistes de pied ferme. À l'heure dite, une vingtaine d'étudiants entrèrent dans la salle des professeurs. Ils se retrouvèrent face au doyen et aux professeurs. Les étudiants hésitèrent un court instant ; le doyen tenta de refermer la porte et, dans la bousculade, reçut un coup de pied. Celui-ci porta plainte aussitôt contre l'auteur du coup. L'après-midi, les « fossoyeurs » revenaient à la charge.

---

1. LES FOSSOYEURS DE L'ANCIEN MONDE, « Nous participerons », tract reproduit dans *L'Année 70-71 à Caen*, *op. cit.*

2. *Ibid.*

Cette fois-ci, ils enfoncèrent la porte. Le doyen déposa trois nouvelles plaintes contre des étudiants et fit appel à la police pour les arrêter.

J'arrivai dans l'après-midi sur place et participais à la réunion des comités d'action, quand soudain j'aperçus par la fenêtre des policiers casqués pénétrer en nombre sur le campus. Ils contrôlaient les identités à la recherche des étudiants contre lesquels le doyen avait porté plainte.

Les étudiants tout comme les enseignants attachés à l'idée de « franchise universitaire[1] » étaient scandalisés et cessèrent les cours. Les policiers investissaient la faculté et commençaient à évacuer les étages sans ménagement. Pour éviter les arrestations, des étudiants gauchistes réfugiés au second étage parvinrent à s'échapper à l'aide d'une échelle. Quelques dizaines d'entre eux furent amenées au commissariat central, mais les quatre agitateurs recherchés restaient introuvables.

Devant des regroupements sur l'esplanade de l'université, des cars de CRS venaient en renfort. Après être sorti de la faculté sans avoir été contrôlé, je me retrouvai au milieu d'une centaine d'étudiants qui commençaient à apostropher les forces de l'ordre.

Je fis alors connaissance d'un provocateur, qui s'agitait beaucoup et nous incitait à aller manifester en ville plutôt que d'affronter la police sur le campus. Cet étudiant, dont on se méfiait, était un policier inscrit à la faculté de droit et qui, plus tard, serait démasqué. Il ne devrait alors son salut qu'à une voiture de police venue le récupérer après qu'il avait été poursuivi par des militants au restaurant universitaire.

---

1. Instituée au Moyen Âge, la franchise universitaire interdit aux forces de l'ordre de pénétrer dans l'enceinte des universités en dehors de l'accord de leur président.

À la nuit tombée, les gardes mobiles chargèrent les étudiants devant la faculté. Quelques centaines d'entre eux, armés de barres de fer, commencèrent à dépaver la cour d'honneur, lancèrent divers projectiles dont des bouteilles incendiaires sur les CRS avant d'être repoussés à l'intérieur du campus. Les affrontements durèrent jusqu'à ce que la police se retire. C'était ma première expérience de confrontation avec les forces de l'ordre. Ce ne serait pas la dernière…

Après ces événements, le doyen, en accord avec le recteur, décida de fermer la faculté jusqu'au lundi suivant. Un appel à la grève fut aussitôt lancé par les syndicats. Une manifestation sauvage réunit quelques milliers d'étudiants dans les rues de la ville, changeant constamment de parcours pour éviter toute confrontation directe avec la police. Dans la soirée, une délégation rencontra le recteur qui refusa la réouverture de la faculté ; l'occupation du rectorat fut aussitôt votée en assemblée et il finit par céder.

Les provocations et les actions minoritaires des gauchistes avaient réussi à déclencher des réactions en chaîne. Action-répression-solidarité, ce processus qui avait eu lieu en Mai 68 à Paris semblait se rejouer à Caen avec comme point d'orgue l'intervention de la police. Un seuil avait été franchi, qui échauffait les esprits et provoquait une nouvelle mobilisation contre la répression policière. L'université de Caen paraissait enfin ressembler à un second Nanterre, nourrie par l'espoir d'un nouveau Mai 68 en arrière-fond.

Partie de chasse au Plessis-Grimoult

Des rumeurs laissaient penser à une chasse aux gauchistes par la police. Sans savoir qui était précisément recherché, il valait mieux quitter la ville pour le week-end. Un ami étudiant dont le père avait une maison à la campagne, dans la commune du Plessis-Grimoult à quelques kilomètres de Caen, proposa de nous héberger. Nous étions cinq étudiants, contents de nous retrouver au calme dans une grande bâtisse rénovée au milieu des champs.

Le lendemain matin, nous partîmes prendre un pot au café du village. Sur le chemin du retour, un de mes amis remarqua au loin un chasseur qui faisait de grands signes. Apparurent alors deux, trois, quatre chasseurs et des dizaines d'autres qui s'avançaient en ligne dans notre direction : ce n'étaient pas des chasseurs, mais des gardes mobiles en grand nombre ! Cet alignement d'uniformes et de fusils nous impressionna. Des images me viennent spontanément à l'esprit : celles d'une scène du film *Le Cercle rouge*[1], quand les CRS mènent une battue dans la campagne à la recherche d'un gangster évadé.

Instinctivement, nous tentâmes de fuir à travers champs. Mais les gardes mobiles qui nous encerclaient nous rattrapèrent facilement. Ils nous arrêtèrent sans ménagement et semblaient contents de leur prise. L'un d'eux tenait une petite matraque : « Attendez un peu d'être embarqués dans les cars ! » Nous nous attendions à être tabassés. Un des gendarmes s'exclama : « Il est où, l'Arabe, qu'on lui fasse sa fête ? » L'« Arabe » en question était un étudiant de *La Cause du peuple* que nous connaissions bien. C'était lui qui était accusé d'avoir donné le coup de pied au doyen dans la bousculade. Après vérification, les gardes mobiles constatèrent que nous n'étions pas sur la liste des individus recherchés et nous fûmes soulagés de l'apprendre. Il n'était pas difficile de comprendre ce qui s'était passé : pour prévenir son père de notre arrivée, notre camarade avait téléphoné depuis la maison de l'A, dont la ligne était branchée sur table d'écoute.

1. Jean-Pierre MELVILLE, *Le Cercle rouge*, 1970.

Ramenés sous bonne escorte dans la cour de la bâtisse, nous découvrîmes alors les cars de gardes mobiles. Certains étaient en treillis comme s'ils participaient à une opération militaire. Ils voulaient perquisitionner la maison, mais le propriétaire était absent. Nous l'attendions, chacun avec un garde à ses côtés. Le mien, assez âgé, tenta d'entamer une conversation avec moi : il me dit être « amoureux des vieilles pierres » et admira la bâtisse. Une autre vision de la gendarmerie que celle de la matraque…

Le propriétaire arriva enfin. Scandalisé par cette invasion de sa propriété, il protesta et exigea des explications. Il était accompagné de sa fille qui entra aussitôt dans la maison et ouvrit en grand les fenêtres. Elle mit un disque sur l'électrophone. Tous entendirent les notes de la chanson « Le Partisan » de Leonard Cohen.

Nous restâmes plantés là, dans la cour, face aux vieilles pierres, entourés de nos gardiens et de tous ces uniformes noirs avec leurs fusils. Cette scène nous semblait irréelle : des étudiants et des gardes mobiles, dans la cour d'une bâtisse en pleine campagne normande, écoutaient une chanson de Leonard Cohen reprenant un chant de la Résistance contre les nazis… Dans quel temps vivions-nous ? De nouveau, le réel se mêlait à l'imaginaire. Tout cela pour un coup de pied donné à un doyen dans une bousculade, ce déploiement policier pour rien… Cette chasse aux gauchistes prenait les allures d'une mise en scène théâtrale, avec des acteurs qui ne savaient plus trop comment jouer leur rôle. Les gendarmes repartirent bredouilles.

Ce qui s'était passé nous avait choqués. Pour me changer les idées, je partis avec mon ami Pépé retrouver La Hague et la mer. Sur la route, nous rencontrâmes un convoi de CRS et roulâmes au milieu des cars pendant plusieurs kilomètres.

Décidément… De quoi alimenter la fantasmagorie du fascisme et de l'État policier.

Installation du chaos

Le lundi suivant, la mobilisation reprit de plus belle. L'intervention de la police sur le campus et les arrestations ratées du Plessis-Grimoult avaient donné lieu à des articles dans la presse. Tandis que l'auteur du coup de pied au doyen restait introuvable, trois des étudiants recherchés avaient décidé de se présenter devant le juge d'instruction. Ils furent inculpés pour « participation volontaire à une action concertée au cours de laquelle des dommages ont été causés à des biens » et laissés en liberté.

Les assemblées générales réunissant entre mille et deux mille personnes se succédèrent dans une ambiance exaltée. Claude Lefort prit la parole et s'indigna du déploiement policier et de ce qui s'était passé au Plessis-Grimoult. « Les balles étaient engagées dans le canon des fusils… » déclara-t-il, sans qu'on sache ce qu'il en était exactement. Les plaintes du doyen et l'intervention de la police sur le campus lui semblaient pour le moins disproportionnées et participaient d'une répression plus générale contre les luttes de l'après-Mai. Son soutien nous fit plaisir et il fut fortement applaudi.

L'intersyndicale dénonça l'intervention des forces de l'ordre à l'intérieur de l'université ; la section du SNE-SUP organisa une « commission d'enquête sur les activités de certains enseignants et leur responsabilité dans le déclenchement de la répression[1] » ; la grève fut votée en lettres

1. Courrier du SNESUP, adressé à ses adhérents, 9 janvier, 1971, cité par Benoît MARPEAU, « Malaise étudiant et perplexités

pour le retrait des plaintes contre les étudiants. La solidarité étudiante et syndicale laissait penser que la grève allait s'étendre à l'ensemble de l'université. Mais cette exaltation n'était pas partagée par tout le monde : les interventions dans les facultés de droit et de sciences au son de « L'Internationale » n'aboutirent pas au résultat escompté.

Une manifestation sauvage pour le retrait des plaintes contre les étudiants, à laquelle les syndicats n'appelèrent finalement pas, rassembla plusieurs milliers de personnes. Elle contourna les barrages de gardes mobiles et se déroula sans incident. Le correspondant du quotidien *Le Monde* à Caen décrivit l'ambiance qui régnait alors au sein de la police : « Le bureau du commissaire central de Caen : au mur, un vaste plan représentant le campus universitaire. Des flèches et des cercles y ont été tracés au crayon rouge par les responsables du maintien de l'ordre. Un récepteur ondes courtes décrit, minute par minute, la situation aux abords de la faculté. M. Bach, commissaire divisionnaire, n'a pas beaucoup dormi ces temps-ci. Le commissaire a la réputation d'un homme calme, soucieux d'éviter les heurts lorsque cela est possible. Sa tâche est d'autant plus délicate que le préfet du Calvados, M. Gaston Pontal, a toujours été partisan de la manière forte dans une ville où les étudiants sont déjà très isolés de la population[1]. » Les étudiants gauchistes vivant dans un entre-soi qui avait tendance à se prendre pour l'avant-garde du nouveau monde, cet isolement leur importait peu.

Le doyen de la faculté des lettres décida de fermer le bâtiment à vingt heures, alors qu'une réunion de soutien aux

---

professorales : violence et affrontements symboliques à Caen en 1970-1971 », *Annales de Normandie*, vol. 64, n° 2, 2014, p. 117-134.

1. Yves AGNÈS, « Le maintien de l'ordre sur le campus divise les universitaires », *Le Monde*, 9 décembre 1970.

étudiants inculpés organisée par le Secours rouge devait avoir lieu. La réponse ne se fit pas attendre : la faculté des lettres fut aussitôt assiégée et une grande banderole, déployée sur son fronton : « Grève générale ».

L'occupation eut lieu dans un joyeux désordre. Le drapeau rouge flottait sur le toit du bâtiment. Des commissions diverses furent mises en place, on se mobilisa contre le procès de Burgos en Espagne, dans lequel étaient impliqués seize membres de l'organisation basque ETA ; des débats furent organisés sur le mouvement des Blacks Panthers, sur le mouvement de libération des femmes... Au rez-de-chaussée, la salle des professeurs fut transformée en crèche sauvage, les murs des couloirs furent couverts d'affiches diverses et de slogans vengeurs. Les groupuscules exposaient et vendaient leurs journaux et leur littérature révolutionnaire, qui s'étendait de Marx et Lénine à Mao, en passant par Trotski et Che Guevara, tandis qu'un haut-parleur diffusait des chants révolutionnaires : « L'Internationale », « L'Appel du Komintern », sans oublier « Nous sommes les nouveaux partisans », chanson maoïste du mouvement de la Gauche prolétarienne.

Ces aspects militants coexistaient avec un gauchisme plus culturel. Des vendeurs de bibelots et de bijoux artisanaux divers côtoyaient les tables de presse ; la musique psychédélique des Doors, et le free-jazz d'Archie Shepp et de John Coltrane concurrençaient « L'Internationale ». Le tout était entrecoupé de communiqués du comité de grève et d'appels à la mobilisation. Le soir, un concert de free-jazz eut lieu dans le grand amphithéâtre de l'université. Le groupe The Art Ensemble of Chicago, venu de Paris, joua devant une salle à moitié vide, dans laquelle flottait une légère odeur de haschich.

Ce moment d'exaltation chaotique allait se heurter à une réalité décevante. La grève demeurait essentiellement limitée à la faculté des lettres qui était le terrain de prédilection des gauchistes. Les étudiants de la faculté de droit réunis en assemblée générale l'avaient refusée ; en sciences économiques, elle s'était difficilement installée et devant le désordre, le doyen, qui ne tenait pas à jouer le rôle de policier, démissionna. Malgré leur ardeur juvénile, les étudiants gauchistes ne purent venir à bout des week-ends et des vacances universitaires dont ils profitaient malgré tout. Mais pour ceux qui voulaient y croire à tout prix, c'était à chaque fois la même histoire : le mouvement allait renaître et s'étendre à la rentrée prochaine. En tout cas, ils feraient tout pour qu'il en soit ainsi.

Qu'importent l'isolement et l'image dégradée des étudiants dans l'opinion, par-delà la solidarité bien réelle envers les inculpés et l'exigence du retrait des plaintes, les fossoyeurs de l'ancien monde éprouvent du plaisir à vivre intensément et à propager le désordre.

Des perspectives embrouillées

Un seuil avait été franchi : la lutte idéologique avait débouché sur la répression. Cette nouvelle situation venait confirmer à nos yeux l'interprétation althussérienne de l'appareil d'État à la fois idéologique et répressif. Elle confortait notre prétention d'étudiants critiques ayant mis à mal et démystifié l'idéologie dominante, faisant ainsi apparaître la nature autoritaire de l'État bourgeois. Mais que pouvions-nous faire désormais ? Allions-nous continuer nos actions provocatrices comme avant ?

Dans un texte écrit au lendemain de l'intervention policière, le comité d'action de philosophie déclarait : « Les événements récents (intervention des flics sur la fac à la demande du doyen, appuyé par les profs réacs) montrent clairement que les éléments fascisants de la fac ont à leurs côtés le pouvoir policier d'État qui vise en fait à rendre possible et protéger leur entreprise idéologique. Les seuls étudiants ne pourront affronter efficacement les appareils répressifs d'État : la prise du pouvoir politique ne pourra se faire que sous la direction de la classe ouvrière (ce qui ne veut pas dire que les étudiants ne doivent pas engager une lutte radicale sur leur propre terrain)[1]. »

La combinaison de la critique du discours philosophique et de la classe ouvrière n'allait pas de soi. Un mois plus tard, un autre tract tentait encore d'opérer une vaste synthèse quelque peu embrouillée : « Rien ne se dit à un cours de philosophie, parce qu'on y parle de tout, sauf de quelque chose de maîtrisable. On parle de “la psychanalyse”, mais on prend bien soin de résumer Freud, de faire sa petite synthèse des familles, de brouiller les concepts que l'on a pu se mettre sous la dent. Rien de tel pour parader devant les étudiants un peu curieux. Même chose pour Marx, Kant… “Ça” parle et “ça” nous fait chier. Entre un délire et un discours universitaire, il n'y a pas grande différence. On peut même dire sans exagération, que le discours de Philonenko (pour prendre un exemple au hasard) est structuré comme le discours d'un schizophrène moyen[2]. »

À ce discours déjà connu s'ajoutait un salmigondis dans lequel le travail sur un texte philosophique s'apparentait à une pratique productive d'un nouveau genre, mené par d'authentiques révolutionnaires pour le moins prétentieux : « Nous, philosophes révolutionnaires prolétariens, opposons à cette merde : l'objet du travail philosophique est le

1. C.A. philosophie, 5 décembre 1970, document en possession de l'auteur.

2. C.A. philosophie, 19 janvier 1971, document en possession de l'auteur.

texte. Le texte est l'image et le produit du travail. La lecture est un travail. Le produit de ce travail est un texte, etc. Nous avons donc : une matière première, des moyens de production, un agent de production et un produit. Cette vision des choses est juste parce qu'elle ne laisse aucune place à l'idée que le philosophe émet des idées sur des idées. D'où notre seconde proposition : au discours de la folie institutionnalisée, opposons la pratique théorique révolutionnaire essentielle au développement de notre pratique politique[1]. » CQFD.

Dans ce magma se juxtaposaient les références sentencieuses à Freud, à Marx, mais aussi à une lecture particulière de Heidegger : « La philosophie naîtra de la fin de la métaphysique, dans la réalisation de l'ontologie fondamentale, celle de Heidegger, dont nous revendiquons l'exemple qu'il nous donne d'une lecture matérialiste de l'histoire de la philosophie[2]. » Le tout était censé s'inscrire dans une révolution prolétarienne d'un nouveau genre à laquelle Marx n'aurait sûrement pas pensé : « Nous travaillons pour la révolution prolétarienne, non pour les petits chefs, qui, eux, ne méritent que des gnons dans la gueule (un des licenciés en philosophie, produit par l'université française, n'est autre que le commissaire de police Bach : comme dit l'autre, c'est pas un hasard). À des pratiques “philosophiques” scandaleuses, opposons des pratiques de lutte scandaleuses[3] ! »

1. *Ibid.*
2. *Ibid.*
3. *Ibid.*

Ces luttes scandaleuses allaient en fait changer de nature en prenant un aspect qui se voulait de plus en plus politique et prolétarien. Dans un texte critique, le comité d'action de philosophie remettait désormais en cause le théoricisme qui avait jusqu'alors prévalu : « Le CA a objectivement considéré l'université comme le lieu révolutionnaire principal dans la société avec quelques évocations purement formelles quant à la juxtaposition de notre lutte avec celle du prolétariat. L'attitude ultra-théoriciste du CA masquait le problème essentiel : nécessité de destruction par le prolétariat des institutions véhiculant un savoir séparé. Cette destruction présuppose la prise du pouvoir politique par le prolétariat. Cette ligne théoriciste allait de pair avec un manque total d'organisation s'accompagnant d'une pratique insuffisamment maîtrisée. Cette situation renvoie en fait à l'absence d'une ligne politique claire appelant une telle organisation[1]. »

En guise de ligne politique claire, le comité de philosophie mettait en exergue une citation de Mao : « Il faut s'assimiler la théorie marxiste et savoir l'appliquer ; il faut se l'assimiler dans le seul but de l'appliquer. » Les revendications syndicales universitaires appuyées par les étudiants communistes étaient toujours rejetées dédaigneusement : « Des profs, des bouquins, des gommes, des crayons… Il va de soi que le CA ne peut faire siennes ces revendications puisqu'elles vont dans le sens du renforcement des pouvoirs sociaux établis. » Mais la perspective débordait désormais le champ de l'université et du savoir en vase clos ; la lutte idéologique contre l'enseignement philosophique traditionnel et l'humanisme bourgeois prenait un tournant

1. C.A. philosophie, 5 décembre 1970, doc. cité.

plus tourné vers la lutte de classes et militant, en sachant que la « solution finale » ne pouvait venir des seules luttes à l'intérieur de l'université. Le comité d'action entendait continuer le mouvement sous de nouvelles formes en se liant aux luttes menées dans les autres secteurs de la société et « principalement dans les usines ». En attendant, la lutte à l'université était plus plaisante et facile à mener.

Formellement, les orientations avaient changé. Un « mouvement du 3 décembre » (date de l'intervention de la police sur le campus) fut proclamé par un noyau de militants des comités d'action. Son journal ronéotypé s'appelait *Drapeau rouge* avec en couverture un gros titre : « Des comités d'action partout[1] », flanqué de la faucille et du marteau. De nouveaux comités d'action, composés d'étudiants gauchistes, avaient vu le jour dans les départements d'histoire, d'allemand, de géographie, de sciences économiques, de médecine, donnant l'impression que le mouvement allait s'étendre indéfiniment. Le mouvement du 3 décembre entendait les fédérer.

Le mot d'ordre de lutte idéologique présentait désormais un objectif clairement affiché : « Notre but stratégique est la destruction des appareils d'État dont l'université fait partie. Le harcèlement idéologique mené actuellement doit préparer cette destruction en menant le maximum d'étudiants sur les positions de classe du prolétariat. Cette prise de position implique nécessairement un travail concret à l'extérieur : comités de quartier, travail d'enquêtes, soutien aux luttes des ouvriers et des paysans[2]... » Au cas où les lecteurs de ce bulletin ne l'auraient pas bien compris, la « proposition d'une plateforme de fédérations des CA »

1. « Des comités d'action partout », *Drapeau rouge*, journal du mouvement, n° 1, 3 décembre, document en possession de l'auteur.

2. « Continuons le mouvement du 3 décembre », *ibid.*

levait toute ambiguïté : « L'université n'est pas réformable, il ne peut être question d'améliorer son fonctionnement, ni de gérer démocratiquement. Mais il est tout aussi réformiste de croire qu'on peut la libérer idéologiquement ou la détruire dans le cadre du système capitaliste. [...] Ce à quoi nous devons viser, c'est à un changement de rapport de force, c'est à faire reculer la bourgeoisie aussi bien sur le plan des mesures qu'elle veut imposer à l'université que sur celui des mesures répressives qui visent à briser toute opposition révolutionnaire. IL NOUS FAUT DONC MENER LA LUTTE SUR TOUS LES FRONTS[1]. »

Rompre avec l'intellectualisme

Dans un communiqué, le Comité de défense de la République dénonçait d'un bloc les « agissements délictueux » au sein de la faculté des lettres, les séquestrations de cadres dans les conflits ouvriers de la région, le « matraquage idéologique » des enseignements du secondaire, etc. « Les prétendus étudiants qui dégradent aujourd'hui l'université et s'attaquent lâchement aux personnes, déclarait-il, viendront grossir demain le rang de ses enseignants de la guerre civile. Il arrive même qu'ils reçoivent le concours bénévole de quelques clercs et responsables de communautés religieuses, apostats et imposteurs, qui sous l'emprise des théologies dites de la mort de Dieu trahissent les devoirs de leur charge et investissent le contenu immuable de l'enseignement chrétien[2]. » Ce genre de déclaration ne pouvait que renforcer la détermination des « prétendus étudiants » en question.

1. « Proposition d'une plateforme de fédération des CA », *ibid.*
2. Communiqué du CDR daté du 23 décembre 1970, reproduit dans *L'Année 70-71 à Caen*, *op. cit.*

Au sein des comités d'action, j'étais de ceux pour qui la révolution dans le champ du savoir ne pouvait complètement satisfaire un besoin d'action. La découverte et l'intérêt pour les sciences humaines avaient marqué une première rupture. Il fallait en finir avec cet univers planant très haut dans un ciel d'idées et de valeurs où la réalité semblait un phénomène second et servait d'exemple empirique dans les dissertations. Les sciences humaines avaient remis en question la métaphysique et un spiritualisme de bon ton qui permettaient d'évaluer le monde de très haut. Mais l'analyse des logiques et des structures dans un langage abscons pouvait produire une rhétorique et un délire de l'abstrait prétentieux qui tournaient en rond. La lecture de textes hermétiques, les critiques et les débats « intellos » à n'en plus finir, fussent-ils accompagnés de transgressions et d'actions provocatrices, restaient dans un entre-soi. Contester les mandarins et le savoir sclérosé, certes, mais pour quoi faire ? La révolution dont nous nous réclamions avait-elle pour but de remplacer les anciens clercs par des nouveaux, qui, bien que critiques et n'empruntant pas les chemins classiques de la philosophie et de l'université, allaient devenir de nouveaux maîtres à penser ?

CINQUIÈME PARTIE

Comment devient-on révolutionnaire ?

1

Anarchie vaincra ?

Après les journées de mai-juin, je me sentais spontanément libertaire et me mis à lire les penseurs anarchistes. Emmanuel Mounier, que j'avais lu en classe de terminale, leur avait rendu hommage : « Il n'est pas un des écrivains anarchistes, écrivait-il, qui ne soit un homme de passion et d'aventure. [...] Quand ils rêvent, ils ne rêvent pas de rationalisation, mais de surabondance. Les rêves de Marx sont des rêves de professeur, leurs rêves sont des rêves d'enfant : d'un côté l'armée des travailleurs disciplinée comme un rouage ; de l'autre des hommes libres, turbulents de désirs[1]. » S'il ne partageait pas les idées anarchistes, Mounier considérait ce courant avec sympathie, voyant dans ses intentions profondes un « sens de l'homme » qui, malgré son athéisme, était comme un appel tragique à Dieu. Après Mai 68, cette façon de tout ramener à la religion m'était devenue insupportable. La lecture des anarchistes m'avait ouvert d'autres horizons qui rejetaient cette vision édulcorée et spiritualiste.

1. Emmanuel MOUNIER, « Anarchie et personnalisme », in *Communisme, anarchie et personnalisme*, Paris, Seuil (Politique), 1966, p. 92 et 151.

Les anarchistes russes : ces héros méconnus

Je ne m'intéressais guère à Proudhon dont les idées d'association mutualiste et de fédéralisme influençaient un courant autogestionnaire trop tiède à mon goût. Ses envolées lyriques décrivaient une société future qui avait les aspects d'un paradis sur terre : « Tout changera d'aspect à vos yeux épurés : des sentiments nouveaux feront naître en vous de nouvelles idées ; religion, morale, poésie, art, langage vous apparaîtront sous une forme plus grande, plus belle ; et, certain désormais de votre foi, enthousiaste avec réflexion, vous saluerez l'aurore de la régénération universelle[1]. »

Les anarchistes russes me semblaient plus radicaux. Kropotkine définissait la philosophie et l'idéal de l'anarchie comme « le plus complet développement de l'individualité combiné avec le plus haut développement de l'association volontaire sous tous les aspects à tous les degrés possibles, pour tous les buts inimaginables[2] ». Cet idéal n'avait-il pas été mis en pratique en Mai 68 par la Commune étudiante ? L'analogie était en tout cas facile à établir : les anarchistes russes s'étaient heurtés aux bolcheviques, comme les étudiants au Parti communiste et à la CGT.

Un ami m'avait prêté *La Révolution inconnue*[3] de Voline, révolution anarchiste que l'historiographie communiste avait occultée. Voline avait participé à la révolution russe

---

1. Pierre-Joseph PROUDHON, extrait de *Qu'est-ce que la propriété ?* [1867], in *Écrits sur l'anarchie*, Paris, Seghers (Écrits), 1964, p. 77.
2. KROPTOKINE, extrait de *Autour d'une vie* [1902], in *ibid.*, p. 94.
3. VOLINE, *La Révolution inconnue (1917-1921)*, Paris, Les Amis de Voline, 1947.

et rejoint l'armée révolutionnaire insurrectionnelle de Nestor Makhno en Ukraine, qui appelait les paysans à créer des communes libres. Le récit des combats de Makhno contre l'armée tsariste puis contre l'Armée rouge qui finit par le vaincre avait pour moi des allures d'épopée romantique. L'appel à l'autonomie des masses était enthousiasmant : « Là où les masses laborieuses ne se laisseront pas subjuguer, là où elles cultiveront l'amour de l'indépendance, là où elles concentreront et fixeront leur esprit et leur volonté de classe, elles créeront toujours leurs propres mouvements sociaux historiques, elles agiront selon leur propre entendement[1]. »

Je prenais ces principes généraux et généreux pour argent comptant, sans me soucier le moins du monde de la réalité de cette insurrection paysanne dans un pays pauvre qui n'avait pas grand-chose à voir avec la France des années 1960. J'ignorais superbement les exactions de l'armée de Makhno et les horreurs de la guerre civile. Tout comme l'écrasement par les bolcheviques de la commune de Kronstadt dont je m'étais procuré les textes[2], celui des makhnovistes renforçait leur caractère héroïque.

Parmi les théoriciens de l'anarchisme, Bakounine était l'un des plus passionnants. Je trouvais dans ses écrits une conception de l'homme souverain assumant, en dehors de tous les dogmes, une révolte sans bornes : « Cette immodération, cette désobéissance, cette révolte de l'esprit humain contre toute limite imposée soit au nom du Bon Dieu, soit au nom de la science, constituent son honneur, le secret de sa puissance et de sa liberté. C'est en cherchant l'impossible que l'homme a toujours réalisé et reconnu le possible, et ceux qui

1. *Ibid.*, p. 689-690.

2. *La Commune de Cronstadt. Recueil de documents comprenant la traduction intégrale des Izvestias de Cronstadt*, Paris, Bélibaste, 1969.

se sont *sagement* limités à ce qui leur paraissait le possible n'ont jamais avancé d'un seul pas[1]. »

Chez Bakounine, tout le mal semblait en fait provenir de l'État, instrument de violence, de rapine et de pillage qui, par sa nature même, suscitait les « révoltes légitimes de la liberté ». La « passion de la destruction » se voulait créatrice et venait légitimer la contestation radicale et tous azimuts du peuple adolescent.

Sa pensée ne se limitait pas cependant à ces aspects nihilistes. Au moment où je découvrais la sociologie et l'anthropologie, dans certains de ses écrits, Bakounine prenait lui aussi en compte un déterminisme social ou plus précisément un enracinement culturel : « Chaque génération nouvelle, écrivait-il, trouve à son berceau tout un monde d'idées, d'imagination et de sentiments qu'elle reçoit comme un héritage des siècles passés[2]. » Personne n'échappait à ce milieu culturel premier, constitutif d'une humanisation inséparable de la vie en société. La grande masse des êtres humains pouvait s'en satisfaire dans la mesure où il leur assurait certitudes et sécurité. Mais il existait des individus hors du commun qui se révoltaient et mettaient en question cet héritage, parvenant ainsi à s'émanciper et à penser par eux-mêmes.

Pour Bakounine, liberté individuelle et liberté collective n'étaient pas séparables. Pour moi comme pour beaucoup d'autres étudiants à l'esprit libertaire, la première importait avant tout. Dans ce domaine, l'anarchisme individualiste de Max Stirner correspondait mieux à la révolte exacerbée du peuple adolescent.

---

1. BAKOUNINE, *La Liberté. Choix de textes*, Paris, Pauvert (Libertés), 1969, p. 33.

2. *Ibid.*, p. 36.

L'« Unique » radical et tout-puissant

Stirner me paraissait le plus radical des penseurs anarchistes, rejetant toutes les formes de soumission de l'individu non seulement à l'État, à la patrie, à la religion, à la morale, mais aussi aux idées mêmes d'humanité, de vérité, de justice, et à toute forme d'idéal, considérées comme autant d'abstractions, de fictions qui, à l'instar de la religion, s'élèvent au-dessus de l'individu et l'aliènent. Ces idées me rappelaient certains graffitis de Mai 68 : « L'anarchie, c'est je », « Ni maître, ni Dieu. Dieu c'est moi », « Le pouvoir de ta vie, tu le tiens de toi-même »...

« Il n'y a rien au-dessus du Moi », écrit Stirner ; ce « Moi » est unique et proprement insaisissable. Centre d'évaluation et d'appropriation du monde, il est le facteur subversif par excellence qui refuse toute forme d'oppression et d'aliénation, affirme sa propre puissance : « Qu'est-ce donc que ma propriété ? Ce qui est en ma puissance. À quoi suis-je légitimement autorisé ? À tout ce dont je suis capable[1]. »

Il n'y avait donc pas de honte à être égoïste en rapportant tout à soi-même et en affirmant sa propre capacité à s'approprier le monde. Bien au contraire, l'égoïsme était synonyme de la liberté et du dynamisme d'un Moi unique, désaliéné et souverain. Prendre conscience de son unicité et se faire valoir était le signe d'une liberté créatrice. L'humanité était entrée dans une nouvelle période historique, celle de l'égoïsme succédant à l'idéalisme, synonyme d'aliénation et de sacrifice.

Je retrouvais chez Stirner des accents nietzschéens et notais nombre de ses formulations comme autant d'aphorismes éclairants et subversifs : « Ne cherchez pas dans le

1. Max STIRNER, *L'Unique et sa propriété* [1844], extrait in *Écrits sur l'anarchie*, *op. cit.*, p. 39.

renoncement à vous-mêmes une liberté qui vous prive précisément de vous-mêmes, mais cherchez-vous vous-mêmes » ; « Que chacun de vous soit un moi tout-puissant » ; « Il n'y a pas d'autre juge que moi-même qui puisse décider si j'ai raison ou non » ; « Les seules choses que je n'ai pas le droit de faire sont celles que je ne fais pas d'un esprit libre » ; « Tu as le droit d'être ce que tu as la force d'être »[1]…

Dans ce cadre, le rapport de l'« Unique » avec les autres ne pouvait se faire que sous la forme d'une alliance entre individus libres trouvant leur propre intérêt à se réunir pour accroître leur propre puissance : « Ces associations égoïstes auront pour effet de multiplier les moyens d'action de chacun et d'affermir sa propriété sans cesse menacée[2]. » Les idées de Max Stirner correspondaient bien à un individualisme adolescent radicalisé qui se prenait pour le centre du monde. Dans ce domaine, les situationnistes n'avaient rien inventé.

Ces associations égoïstes n'avaient rien de rigide et d'immuable, chacun était totalement libre d'adhérer et de les quitter comme bon lui semblait : « S'il [mon prochain] peut m'être utile, je consens à m'entendre avec lui, à m'associer avec lui pour que cet accord augmente ma force, pour que nos puissances réunies produisent plus que l'une d'elles ne pourrait faire isolément. Mais je ne vois dans cette réunion rien d'autre qu'une augmentation de ma force, et je ne la conserve que tant qu'elle est ma force multipliée. Dans ce sens-là, elle est une association[3]. » À la différence des relations aliénantes avec l'État et les institutions qui s'interposent entre les individus, cette association entendait tisser des liens directs et horizontaux entre leurs membres en refusant toute médiation.

1. Cité par Daniel GUÉRIN, in *L'Anarchisme*, Paris, Gallimard (Idées), 1965, p. 32.
2. Max STIRNER, *L'Unique et sa propriété*, *op. cit.*, p. 42.
3. *Ibid.*

Cette révolte anarchiste radicale permettait à chacun de rester maître et possesseur de lui-même, tout en étant libre de s'associer avec d'autres. La liberté octroyée par en haut n'était pas une liberté, mais une « marchandise volée » ; il n'y avait d'autre liberté que celle que l'individu conquiert lui-même[1]. Ces idées faisaient écho à certains slogans de la Commune étudiante : « Ne me libère pas, je m'en charge » et aux comités d'action qui s'étaient créés en dehors des partis et des syndicats.

L'Espagne libertaire

Il existait un autre type d'anarchisme plus collectif qui suscitait tout autant mon intérêt et ma passion juvénile. À l'époque, la guerre d'Espagne faisait partie de ces épopées révolutionnaires et guerrières qui faisaient encore rêver les militants. Les images des miliciens, le fusil en bandoulière, souriant et levant le poing, incarnaient pour moi le peuple en armes prenant son destin en main. Le discours de Blum, alors Premier ministre du Front populaire, justifiant, le cœur serré, la non-intervention, l'« abstention » des livraisons d'armes au gouvernement républicain[2], alors qu'Hitler et Mussolini ne s'en privaient pas, constituait une insupportable trahison.

Pour les surréalistes que je découvrais avec délectation, ce qui s'était passé en Espagne en 1936 préfigurait la révolution dont ils rêvaient. André Breton avait apporté son soutien enthousiaste à « ceux qui, sans erreur possible et sans distinction de tendances, voulaient coûte que coûte

1. Daniel GUÉRIN, *L'Anarchisme*, *op. cit.*, p. 32.
2. Discours de Blum lors de la réunion de la Fédération socialiste de la Seine à Luna Park, 6 septembre 1936.

en finir avec le vieil "ordre" fondé sur le culte de cette trinité abjecte : la famille, la patrie et la religion[1] ». Benjamin Péret, qui s'était engagé en Espagne les armes à la main, lui faisait part de son enthousiasme en ces termes : « Si tu voyais Barcelone telle qu'elle est aujourd'hui, émaillée de barricades, décorée d'églises incendiées dont il ne reste plus que les quatre murs, tu serais comme moi, tu exulterais[2]. »

Parmi les anarchistes espagnols, le nom de Durruti était devenu l'une des références exemplaires des libertaires et des situationnistes. Il avait dirigé la défense de Barcelone, rejoint le front d'Aragon avec une colonne de trois mille hommes, encouragé la collectivisation des terres dans les villages. Appelé à défendre Madrid avec sa colonne, il y mourrait dans des conditions jamais totalement élucidées, la thèse d'un assassinat par les communistes étant fréquemment évoquée. Son enterrement à Barcelone rassemblerait plus de 250 000 personnes. Pour beaucoup, il symbolisait l'héroïsme et la pureté révolutionnaire.

Dans son *Traité de savoir-vivre à l'usage des jeunes générations*, Raoul Vaneigem voyait dans les pratiques de Durruti un exemple pour la « révolution de la vie quotidienne » : « Dans les villages libérés par sa colonne, écrivait-il, Durruti rassemblait les paysans, leur demandait de désigner les fascistes et les fusillait sur-le-champ. La prochaine révolution refera le même chemin. Sereinement. Nous savons qu'il n'y aura plus personne pour nous juger, que les juges

1. André BRETON, *L'Amour fou* [1937], in *Œuvres complètes*, t. II, Paris, Gallimard (Bibliothèque de la Pléiade), 1992, p. 784.

2. « Lettre du 11 août 1936 de Benjamin Péret à André Breton », *in* André BRETON, Benjamin PÉRET, *Correspondance (1920-1959)*, Paris, Gallimard, 2017, p. 43-44.

seront à jamais absents, parce qu'on les aura mangés[1]. » Cette « nouvelle innocence[2] » prônée par les situationnistes ne m'effrayait pas trop. Je partageais alors avec eux un goût immodéré pour la provocation et l'exaltation verbale de la violence en toute irresponsabilité et méconnaissance des réalités des révolutions.

Je projetais sur la guerre d'Espagne un désir de romantisme et d'anarchie qui ne trouvait plus d'équivalent dans la nouvelle situation historique d'un pays démocratique comme la France. Les anarchistes espagnols étaient pour moi des héros au grand cœur qui s'étaient opposés au coup d'État fasciste et aux communistes staliniens cherchant à les écraser. Contrairement à la France, en 1936, leurs organisations étaient bien supérieures en nombre au Parti communiste. Ils avaient accompli une chose extraordinaire : un gouvernement direct du peuple par le peuple qui rappelait certains mots d'ordre autogestionnaires de Mai 68. Là où le mouvement étudiant soixante-huitard avait échoué, les travailleurs espagnols avaient montré trente ans auparavant que la révolution et le gouvernement du peuple par le peuple étaient possibles, même s'ils avaient perdu la guerre contre Franco. L'utopie d'une démocratie directe était devenue une réalité dans des villages et des entreprises collectivisées où les comités de travailleurs organisaient eux-mêmes la production. Là aussi, l'analogie avec l'attitude du Parti communiste français et de la CGT envers les gauchistes et le mouvement étudiant en Mai 68 était facile à faire, d'autant plus que ma connaissance de la guerre d'Espagne à l'époque se limitait aux écrits favorables aux libertaires.

1. Raoul VANEIGEM, *Traité de savoir-vivre à l'usage des jeunes générations*, *op. cit.*, p. 282.

2. *Ibid.*

Comme l'a justement souligné Pierre-Frédéric Charpentier dans son ouvrage monumental sur les intellectuels français et la guerre d'Espagne, celle-ci a constitué une « guerre civile par procuration[1] ». Les soixante-huitards révolutionnaires, dont je fus, se sont inscrits tant bien que mal dans cette filiation, tout en vivant dans une société démocratique, en bénéficiant des avantages de la nouvelle société de consommation et des loisirs. Cet idéalisme adolescent ne se souciait pas trop des idéologies politiques, des réalités des pratiques révolutionnaires et de leurs effets. Ceux-ci apparaissaient comme secondaires au regard d'une passion révolutionnaire où se mêlaient une esthétique et une éthique sommaires pour qui le « peuple en lutte » faisait figure de héros.

Cette expérience espagnole des années 1930 intéressait avant tout les militants révolutionnaires et ne rencontrait guère d'écho dans les larges masses. Mon père avait bien rigolé quand je lui avais parlé de cette auto-organisation des travailleurs. La solidarité des gens de mer chez les marins-pêcheurs de Cherbourg et l'existence d'une coopérative où l'on pouvait se procurer un certain nombre de produits moins chers n'allaient pas de pair, tant s'en faut, avec une mentalité collectiviste. Au lendemain de Mai 68, un militant du PSU m'avait amené à une réunion de paysans dans l'Orne et j'avais pu m'apercevoir que, là aussi, malgré le slogan du « pouvoir paysan », les paysans en chair et en os paraissaient pour le moins sceptiques. Manifestement la mentalité des agriculteurs normands n'était pas la même que celle des paysans anarchistes espagnols d'Aragon ou d'Andalousie…

1. Pierre-Frédéric CHARPENTIER, *Les Intellectuels français et la Guerre d'Espagne. Une guerre civile par procuration*, Paris, Félin, 2019.

Des anarchistes d'un autre temps

Après le voyage en Espagne, mes lectures m'ont progressivement amené à acquérir une autre idée des anarchistes en question. Dans son roman *La Fête espagnole*[1], Henri-François Rey donnait une vision de la guerre d'Espagne et des « anars » qui n'avait rien de glorieux. Ces derniers y apparaissaient comme des fanatiques et de sombres brutes à la gâchette facile, pratiquant des arrestations et des exécutions sommaires dont serait finalement victime le héros, engagé dans les Brigades internationales, et désireux, avec sa compagne, de fuir la guerre qui « salit tout ce qu'elle touche ».

D'autres ouvrages m'ont fait découvrir des réalités de l'anarchisme espagnol que j'ignorais superbement : dans les campagnes, tout particulièrement en Andalousie, il comprenait une composante millénariste[2] issue d'une société paysanne qui n'avait pas grand-chose à voir avec la France de Mai 68. Dans certains villages, les anarchistes les plus puristes pouvaient fermer les tavernes, déconseiller ou interdire de boire de l'alcool, abolir les jeux de hasard... Ces anarchistes-là étaient des puritains. Restait cette « tentative utopique d'une dimension jusqu'alors inconnue[3] » et qui fut un grand moment pour eux qui l'avaient vécue : « Durant plusieurs mois, écrivait George Orwell, des masses de gens purent croire que tous les hommes sont égaux et purent agir selon cette croyance. En résulta un sentiment de libération

---

1. Henri-François REY, *La Fête espagnole* [1958], Paris, Le Livre de poche, 1969.

2. Voir « Le millénarisme – II : Les anarchistes andalous », *in* Éric J. HOBSBAWM, *Les Primitifs de la révolte dans l'Europe moderne*, Paris, Fayard, 1966.

3. Bartolomé BENNASSAR, *La Guerre d'Espagne et ses lendemains*, Paris, Perrin, 2004, p. 272.

et d'espérance qu'il est difficile de concevoir dans une société fondée sur l'argent... Il n'est personne ayant vécu en Espagne pendant les mois où les gens ont cru à la révolution qui puisse oublier cette expérience étrange et émouvante[1]. »

J'avais acheté un gros livre : *Les Anarchistes espagnols et le Pouvoir*[2] de César M. Lorenzo, fils d'une famille de militants anarcho-syndicalistes qui s'était réfugié en France après la victoire de Franco. Ce livre touffu me permit de mieux connaître la lutte des anarchistes depuis ses origines et leurs prises de position pendant la guerre d'Espagne. La réalité était beaucoup plus complexe que celle que j'avais imaginée. Si « la Catalogne en 1936, a été le théâtre de la révolution sociale la plus radicale que le monde ait connue[3] », les anarchistes s'étaient montrés incapables de surmonter leurs contradictions. Ce livre décrivait non seulement les affrontements sanglants avec les communistes, mais les oppositions existantes entre les différents courants anarchistes, leurs hésitations et leurs dilemmes vis-à-vis du pouvoir et face aux troupes de Franco : « S'ils refusaient l'armée, la militarisation, ils perdaient la guerre, et s'ils bâtissaient une armée, ils trahissaient l'anarchisme[4]. »

Bien des années plus tard, après que j'eus abandonné l'imaginaire gauchiste, les livres d'un ami historien américain, spécialiste de la guerre d'Espagne, m'ouvrirent les yeux sur la réalité vécue par des millions d'individus anonymes non politisés[5]. Ses livres n'en restaient pas à

1. George ORWELL, *My Spanish Civil War*, cité par Bartolomé BENNASSAR, *La Guerre d'Espagne et ses lendemains*, *op. cit.*, p. 288.

2. César M. LORENZO, *Les Anarchistes espagnols et le Pouvoir (1868-1969)*, Paris, Seuil (Esprit, « la cité prochaine »), 1969.

3. *Ibid.*, quatrième de couverture.

4. *Ibid.*, p. 238.

5. Michael SEIDMAN, *Republic of Egos: A Social of the Spanish Civil War*, Chicago, University of Wisconsin Press, 2002 ; *Ouvriers*

l'étude des discours et des idéologies, mais soulignaient le divorce existant entre la propagande et la réalité, en mettant en lumière l'importance des problèmes économiques et sociaux rencontrés par le camp républicain. Les Espagnols subirent la guerre et les effets d'une économie déstructurée ; ils connurent la peur et la terreur, adoptant des comportements de survie qui ne correspondaient pas à l'image d'un peuple héroïque et unifié.

La fin d'un mythe ?

Pendant des années, la guerre civile espagnole fut considérée par la gauche comme une lutte entre le Bien et le Mal, au sein de laquelle le peuple espagnol, vu comme un bloc antifranquiste, fut paré de toutes les vertus. Les idéologies et les mythes ne manquèrent pas. Rares furent ceux qui dénoncèrent les horreurs auxquelles se livrèrent l'un et l'autre camp. Bernanos fut l'un de ceux-là avec son livre *Les Grands Cimetières sous la lune*[1]. L'auteur y décrit les atrocités franquistes et la complicité de l'Église dont il fut le témoin à Palma de Majorque, qui suscitèrent son indignation, alors que ses sympathies premières penchaient du côté de la Phalange.

Plus encore, deux livres : *Ma guerre d'Espagne. Brigades internationales : la fin d'un mythe* de Sygmunt Stein[2] et

---

contre le travail. Barcelone et Paris pendant les fronts populaires, Marseille, Senonevero, 2010.

1. Georges Bernanos, *Les Grands Cimetières sous la lune* [1938], Paris, Le Livre de poche, 1964.

2. Sygmunt Stein, *Ma guerre d'Espagne. Brigades internationales : la fin d'un mythe*, trad. du yiddish par Marina Alexeeva-Antipov, Paris, Seuil, 2012.

À feu et à sang de Manuel Chaves Nogales[1], m'apportèrent une lumière crue sur ce que fut la guerre d'Espagne.

Les carnets de Sygmunt Stein, militant communiste et membre des Brigades internationales, démontent au plus près la façon dont les « magiciens communistes jonglaient habilement avec leurs mensonges sur la fraternité et la démocratie[2] ». Parti en Espagne pour combattre le fascisme avec une vision en noir et blanc selon laquelle « tout ce qui était vieux et réactionnaire se retrouva du côté de Franco » et « ce qui était porteur de rêve et de liberté se rangea du côté de la république espagnole menacée », il découvre vite une réalité qui va à l'encontre des idéaux pour lesquels il entend combattre. Il brosse des portraits saisissants de volontaires des Brigades internationales composées d'adolescents idéalistes, de militants convaincus, de communistes à la solde de Moscou, mais aussi de déclassés et d'aventuriers douteux. Il montre « le cynisme et la crasse de la morale communiste[3] », le fanatisme de militants et de responsables tels qu'André Marty, l'un des dirigeants du Parti communiste français chargé par Moscou d'organiser les Brigades internationales. Surnommé le « boucher d'Albacestre », ce dernier fut responsable de nombreuses exactions, règlements de comptes et liquidations sommaires. La Pasionaria, figure emblématique de la lutte contre le franquisme avec son fameux slogan : « *No Pasaran !* », finit elle-même par devenir une « idole fabriquée par l'énorme appareil de propagande[4] ».

Les communistes ne furent pas les seuls en cause dans les exactions commises dans le camp républicain. Manuel Chavez

---

1. Manuel CHAVES NOGALES, *À feu et à sang*, Paris, Quai Voltaire, 2011.
2. Sygmunt STEIN, *Ma guerre d'Espagne*, *op. cit.*, p. 200.
3. *Ibid.*, p. 112.
4. *Ibid.*, p. 155.

Nogales (1897-1944), journaliste et écrivain d'abord fidèle à la République, fut horrifié par les bombardements franquistes tout comme par les exactions anarchistes. Il refusa de cautionner l'un et l'autre camp et, ne voulant « en rien être solidaire des assassins », il finit par s'exiler en France. Son livre est un recueil de nouvelles qui s'appuie sur des faits et des personnages réels, en immersion dans l'horreur d'une guerre civile : « Idiots et assassins ont surgi avec une égale profusion et agi avec une égale intensité dans les deux camps qui se sont partagé l'Espagne. [...] Je vis alors beaucoup de réactionnaires se transformer en fervents communistes, et des bourgeois aisés se muer en terribles anarchistes. La guerre et la peur justifient tout[1]. » Le portrait qu'il donne de Durruti qui se « mua rapidement en un *caudillo* des plus inflexibles et autoritaires » et la description de ses pratiques font froid dans le dos.

Il rejoint le témoignage de Simone Weil qui, dans sa lettre à Bernanos, fait part de ce qu'elle a découvert aux côtés des anarchistes de la colonne Durruti : expéditions punitives et exécutions sommaires de prêtres, de jeunes hommes prétendument fascistes, d'un jeune garçon de quinze ans qui combattait comme phalangiste... sans que ces exactions et ces crimes fassent l'objet de répulsion ou de désapprobation. « Quand on sait qu'il est possible de tuer sans risquer ni châtiment ni blâme, écrit-elle, on tue ; ou du moins on entoure de sourires encourageants ceux qui tuent. Si par hasard on éprouve d'abord un peu de dégoût, on le tait et bientôt on l'étouffe de peur de paraître manquer de virilité. Il y a là un entraînement, une ivresse à laquelle il est impossible de résister sans une force d'âme qu'il me faut bien croire exceptionnelle, puisque je ne l'ai rencontrée nulle part. J'ai rencontré en revanche des Français paisibles, que jusque-là je ne méprisais pas, qui n'auraient pas eu l'idée d'aller eux-mêmes tuer, mais

1. Manuel CHAVES NOGALES, *À feu et à sang*, *op. cit.*, p. 10 et 11.

qui baignaient dans cette atmosphère imprégnée de sang avec un visible plaisir. Pour ceux-là je ne pourrai jamais avoir à l'avenir aucune estime[1]. »

La guerre d'Espagne continua de nourrir l'imaginaire des orphelins d'épopée et de révolution, en faisant largement silence sur les atrocités commises aussi dans le camp antifranquiste. Je continuai de m'intéresser à la guerre d'Espagne en lisant des livres d'historiens décrivant la situation des deux camps, mais pourquoi fallut-il attendre si longtemps pour admettre, selon les mots de Bernanos, que « la tragédie espagnole est un charnier[2] » ?

---

1. Lettre de Simone Weil à Bernanos, https://aldoror.fr/2018/04/08/simone-weil-guerre-espagne/.
2. Georges BERNANOS, *Les Grands Cimetières sous la lune*, *op. cit.*, p. 191.

2

Du bolchevisme en milieu étudiant

En matière révolutionnaire, le continent européen n'était pas en reste. Il avait connu au début du siècle la révolution russe qui avait suscité un immense espoir parmi la classe ouvrière et les peuples du monde. Près d'un demi-siècle plus tard, Mai 68 avait remis au goût du jour la révolution, sans que ses plus jeunes acteurs sachent forcément de quoi au juste il était question. Quelle que fût l'évolution du régime soviétique depuis 1917, la révolution bolchevique gardait le statut privilégié d'événement historique ayant changé le monde.

Après avoir étudié les anarchistes et sympathisé avec leurs idées, je me mis moi aussi à m'intéresser à la révolution bolchevique. Son récit était fascinant, en même temps que les écrits de ses leaders et théoriciens me faisaient découvrir une doctrine des plus rigides qui avait réponse à tout. C'était ce qui pouvait séduire de jeunes intellectuels en mal d'épopée et de nouvelles croyances.

La version romancée de la révolution russe était passionnante. Le ciné-club de la faculté des lettres diffusait les films d'Eisenstein qui en donnaient une image glorieuse. Le plus connu, *Le Cuirassé Potemkine* (1925), mettait en scène l'un des événements de la révolution de 1905 après la défaite de la guerre avec le Japon : la mutinerie des marins du cuirassé au mouillage dans le port d'Odessa.

Ce film soviétique, qui commémorait la révolution russe de 1905 en la présentant comme annonciatrice de la révolution bolchevique d'octobre 1917, était attirant à plus d'un titre. Longtemps interdit dans de nombreux pays, il gardait encore un aspect subversif et bénéficiait d'une aura esthétique. Des cinéphiles enthousiastes ne tarissaient pas d'éloges à son égard, saluant l'innovation du langage cinématographique de l'auteur. La célèbre scène où un landau dévale les marches de l'escalier d'Odessa, tandis que les troupes tsaristes tirent sur la foule, était devenue un modèle du montage cinématographique et du pouvoir de suggestion des images. Ce film connut un succès mondial et certains n'hésitaient pas à le considérer comme le meilleur de tous les temps.

Quoi qu'il en fût, *Le Cuirassé Potemkine* était un hymne à la révolte et à la fraternité de tous les opprimés contre la dictature, auquel on ne pouvait rester insensible. Les mutins du *Potemkine* refusaient de manger de la viande avariée, jetaient leurs officiers à l'eau et s'emparaient du navire ; les habitants d'Odessa manifestaient en leur faveur et étaient massacrés par les troupes tsaristes ; l'escadre envoyée pour en finir avec les mutins refusait de faire feu et les marins de la flotte leur apportaient leur soutien fraternel…

Dans le domaine musical, Jean Ferrat avait lui aussi salué cette révolte avec sa célèbre chanson « Potemkine[1] » que l'on entendait souvent dans les cafés disposant de juke-box. Cette vision humaniste et lyrique de la révolution russe à travers la révolte des marins du *Potemkine* suscitait l'émotion.

Il en allait de même d'*Octobre* (1927). Ce film de propagande avait été commandé à Eisenstein pour la célébration du dixième anniversaire de la révolution bolchevique d'octobre 1917. La division des rôles et des camps y était pour le moins schématique. Les visages burinés des ouvriers, des paysans, des soldats joués par des acteurs non professionnels contrastaient avec ceux des bourgeois vivant dans le luxe et l'oisiveté ; les plans où figurait initialement Trotski qui avait joué un rôle premier dans la prise du pouvoir avaient été supprimés...

Tout cela n'empêchait pas le spectateur que j'étais d'être impressionné par ces scènes de foule avec ces milliers de figurants, ces meetings enflammés, ces visages en gros plan des gens du peuple, soigneusement choisis, qui aspiraient visiblement à changer le monde. Pris dans le rythme rapide et saccadé du montage, le spectateur avait l'impression d'assister en direct aux combats et à la prise du Palais d'hiver comme une apothéose. Ce film à la gloire de la révolution bolchevique avait tout d'une épopée dont le peuple russe était le héros, avec Lénine comme guide et sauveur suprême.

Octobre était inspiré du livre célèbre de John Reed, *Dix jours qui ébranlèrent le monde*[2], que je découvris par la même occasion. Écrit par un journaliste talentueux, ce livre reportage se lisait comme un roman. Il plongeait le lecteur dans le

1. Jean FERRAT (musique et interprétation), Georges COULONGES (paroles), « Potemkine », Barclay, 1965.

2. John REED, *Dix jours qui ébranlèrent le monde* [1919], traduit par Martin-Stah, Paris, Union générale d'édition, 1969.

bouillonnement d'une révolution avec le sentiment de participer à un événement sans précédent.

La dictature du prolétariat à la portée de tous

Lénine bénéficiait alors du statut de leader et de théoricien de cette révolution nouvelle. Les communistes et une bonne partie de l'*intelligentsia* de gauche considéraient ses écrits comme le développement du marxisme dans une nouvelle situation historique marquée par le développement de l'impérialisme. Un philosophe renommé comme Louis Althusser (entre autres) se référait à ses écrits et, aux yeux de ses adeptes, Lénine était considéré comme le continuateur de la pensée de Marx et d'Engels.

Ses œuvres complètes étaient diffusées par le biais des Éditions sociales liées au Parti communiste français, mais on pouvait aussi trouver quelques-uns de ses textes en livre de poche. Parmi eux, *L'État et la Révolution*[1] était l'un des plus connus. Il était présenté par l'éditeur comme une « réponse claire, scientifique » aux « questions essentielles » sur la nature de l'État et la dictature du prolétariat[2]. À la faculté des lettres et des sciences humaines de Caen, *L'État et la Révolution* figurait en bonne place parmi la bibliographie du cours de sociologie politique. Claude Lefort y faisait allusion comme à un ouvrage incontournable, tout en étant critique envers sa théorie du parti d'avant-garde et de l'État.

Je n'avais jamais lu Lénine auparavant et ce livre me surprit à plus d'un titre. Je découvrais une doctrine qui, de prime abord, ne correspondait pas à l'idée que je m'en étais faite à

1. LÉNINE, *L'État et la Révolution*, Paris, Gonthier (Médiations), 1969.
2. *Ibid.*, quatrième de couverture.

travers les écrits anarchistes. Au contraire, Lénine affirmait tout bonnement : « Nous ne sommes pas le moins du monde en désaccord avec les anarchistes quant à l'abolition de l'État en tant que *but*[1]. »

Il insistait à plusieurs moments sur ce point en donnant une vision pacifiée et idyllique de la société communiste future : « Nous nous assignons comme but final la suppression de l'État, c'est-à-dire de toute violence organisée et systématique, de toute violence exercée sur les hommes en général. [...] Aspirant au socialisme, nous sommes convaincus que dans son évolution il aboutira au communisme et que, par suite, disparaîtra toute nécessité de recourir à la violence entre les hommes, toute nécessité de *la soumission* d'un homme à un autre, d'une partie de la population à une autre ; car les hommes *s'habitueront* à observer les conditions élémentaires de la vie en société, *sans violence* et *sans soumission*[2]. »

Envisagée sous l'angle d'une période de transition vers le communisme, la dictature du prolétariat prenait elle-même un visage auquel je n'avais pas pensé. L'« État prolétarien », soulignait Lénine, n'était pas un État comme les autres, c'était un « demi-État » en voie d'extinction. La dictature du prolétariat n'était pas seulement provisoire ; elle était une forme de démocratie supérieure qui n'avait encore jamais existé dans l'histoire. Alors que sous le capitalisme, la démocratie était faite « uniquement pour les riches, pour la minorité », cette dictature « établira[it] pour la première fois une démocratie pour le peuple, pour la majorité, parallèlement à la répression nécessaire d'une minorité d'exploiteurs »[3].

1. *Ibid.*, p. 70.
2. *Ibid.*, p. 93-94.
3. *Ibid.*, p. 102.

À lire ces lignes, j'en arrivais à mettre en doute les critiques anarchistes et conseillistes contre les bolcheviques et leur conception de la révolution.

Cynisme et violence

Au regard de l'histoire, il fallait aussi l'admettre : la révolution n'avait rien de pacifiste et les oppresseurs ne quittaient pas le pouvoir facilement. Comme l'avait souligné Engels avec un argument choc : « Est-ce que la Commune de Paris aurait pu se maintenir plus d'un jour si elle ne s'était servie de l'autorité d'un peuple en armes contre la bourgeoisie[1] ? » La réponse était évidemment non.

L'argument d'Engels contre les anti-autoritaires repris par Lénine était sans appel : « Ces messieurs ont-ils jamais vu une révolution ? [...] C'est un acte par lequel une partie de la population impose à l'autre partie sa volonté à coups de fusils, de baïonnettes et de canons, moyens autoritaires s'il en fût[2]. » Dans ces conditions, la violence était inévitable et il paraissait logique et nécessaire d'« utiliser provisoirement les instruments, les moyens et les procédés du pouvoir d'État *contre* les exploiteurs[3] ».

Ainsi, contrairement à ce qu'on aurait pu croire spontanément, dictature et démocratie ne s'excluaient pas, mais elles se combinaient au sein d'une dictature d'un nouveau genre qui était en même temps une forme supérieure de démocratie... Il fallait y penser. Ce genre de dialectique qui faisait coexister des contraires était déconcertante, mais elle avait les apparences d'une pensée complexe et cohérente.

1. Cité par Lénine, *ibid.*, p. 72.
2. *Ibid.*
3. *Ibid.*, p. 70.

Je découvrais naïvement les méandres d'une doctrine qui passait outre le sens commun.

À y regarder de plus près, la vision idyllique de la dictature du prolétariat était pourtant contredite au fil des pages par des assertions qui laissaient entrevoir des aspects moins reluisants. Le besoin d'une organisation étatique de la violence n'était pas seulement nécessaire pour réprimer la résistance des exploiteurs, mais aussi « pour *diriger* la grande masse de la population – paysannerie, petite-bourgeoisie, semi-prolétaires – dans la "mise en place" de l'économie socialiste[1] ». L'extinction de l'État et la gestion de l'économie devaient s'effectuer « sous le contrôle et la direction du prolétariat armé » auquel les autres couches populaires devaient être subordonnées.

Dans cette optique, il était nécessaire d'instituer une « discipline rigoureuse, une discipline de fer maintenue par le pouvoir d'État des ouvriers armés », de procéder à « l'enregistrement et au contrôle des parasites, des fils à papa, des filous et autres "gardiens des traditions du capitalisme"[2] ».

Cette dictature qui se voulait transitoire et en voie d'extinction n'avait donc rien de rassurant[3]. Mais le léninisme n'en gardait pas moins les apparences du réalisme et de la rationalité face aux « rêveries » anarchistes et aux « intellectuels sentimentaux ». Élevée à la hauteur de sujet historique ayant pour rôle de libérer l'humanité tout entière, la classe ouvrière, guidée par son parti d'avant-garde, semblait parée de toutes les vertus. À sa façon,

1. *Ibid.*, p. 31.

2. *Ibid.*, p. 57, 116-117.

3. Sur l'idéologie et la dictature léniniste, voir Alain BESANÇON, *Les Origines intellectuelles du léninisme*, Paris, Calmann-Lévy, 1977 et Stéphane COURTOIS, *Lénine, l'inventeur du totalitarisme*, Paris, Perrin, 2017.

Lénine savait jouer sur la mauvaise conscience des petits-bourgeois intellectuels et privilégiés comme moi qui, à le croire, n'avaient d'autre issue que de se joindre à la lutte du prolétariat.

Léninisme post-soixante-huitard

Pour le néophyte, le léninisme permettait de saisir les causes profondes des phénomènes et changeait par là même notre regard sur la réalité. Ainsi, on pouvait toujours s'indigner de la répression policière, mais il fallait bien comprendre que celle-ci obéissait à une logique de l'État bourgeois qui, comme tout État, était une « organisation destinée à assurer l'exercice systématique de la violence par une classe contre une autre pour une partie de la population contre une autre[1] ». Tout semblait devenir clair à l'aune de cette conception. L'extrême gauche estudiantine qui se réclamait de Lénine puisait dans ses écrits de quoi justifier ses analyses et ses orientations.

Les résultats des élections législatives de juin 1968 qui avaient vu la victoire écrasante des gaullistes n'étaient qu'une manifestation de la nature de la démocratie bourgeoise qui autorisait les opprimés à « décider périodiquement, pour un certain nombre d'années, quel sera[it], parmi les représentants de la classe des oppresseurs, celui qui les représentera[it] et les foulera[it] aux pieds au Parlement[2] ». Le slogan soixante-huitard « Élections piège à cons » trouvait de la sorte sa justification théorique.

Cette victoire de la « réaction » en juin 1968 pouvait être considérée comme un simple épisode d'une marche

1. LÉNINE, *L'État et la révolution*, *op. cit.*, p. 93.
2. *Ibid.*, p. 100.

inexorable de l'histoire qui, malgré tous les obstacles, finirait nécessairement par triompher. Prendre ses désirs pour des réalités n'avait plus rien d'idéaliste mais pouvait s'appuyer sur un matérialisme historique à toute épreuve. Des groupuscules trotskistes pouvaient même considérer Mai 68 comme une répétition générale, tout comme la révolution russe de 1905 l'aurait été par rapport à la révolution d'octobre 1917 qui avait fini par triompher.

L'attitude de la gauche et du Parti communiste pendant les événements de mai-juin 1968 venait quant à elle confirmer les propos de Lénine sur la façon dont on avait tenté d'amadouer le marxisme : « On oublie, on refoule, on altère le côté révolutionnaire de la doctrine, son âme révolutionnaire. On met au premier plan, on exalte ce qui est ou paraît être acceptable pour la bourgeoisie[1]. » Face à cette dénaturation, Lénine affirmait que la « nécessité d'inculquer systématiquement aux masses *cette* idée – et précisément celle-là – de la révolution violente est à la base de *toute* la doctrine de Marx et d'Engels[2] ».

On pouvait facilement en déduire que le Parti communiste qui prônait le passage pacifique au socialisme n'avait pas seulement trahi le marxisme mais aussi le léninisme dont il se réclamait effrontément. Les groupes gauchistes n'avaient de cesse de le dénoncer sur ce point. Ils entendaient saisir le flambeau en s'en prenant au Parti communiste et en mettant en avant la nécessité révolutionnaire de la violence contre l'État bourgeois.

Le léninisme permettait ainsi d'opérer une rationalisation de la révolte du peuple adolescent en l'intégrant dans une doctrine qui prétendait détenir les clés de l'interprétation de l'histoire et légitimait l'envie d'en découdre avec l'État

1. *Ibid.*, p. 7.
2. *Ibid.*, p. 25.

policier. Cette perspective qui alliait un point de vue de certitude et un besoin d'action n'était pas pour me déplaire. J'allais bientôt expérimenter ce léninisme d'intellectuel adolescent au sein d'une université qui n'avait pourtant pas grand-chose à voir avec la Russie de 1917. Comme je vivais dans un monde d'idées et voulais à tout prix refaire Mai 68, la réalité importait peu.

Du trotskisme étudiant

Lénine n'était pas le seul à être considéré comme le chef et le théoricien de la révolution bolchevique ; Trotski demeurait également une référence parmi l'extrême gauche. À l'université de Caen, les groupes trotskistes étaient les plus nombreux. Ils étaient divisés en deux organisations distinctes que j'apprenais à connaître en achetant leurs brochures aux tables de presse lors des grèves à la faculté.

Avant Mai 68, la Fédération des étudiants révolutionnaires (FER) m'était apparue comme une organisation trotskiste des plus dogmatiques et sectaires. Ces trotskistes avaient dénoncé le mouvement du 22 mars comme un mouvement petit-bourgeois et, lors de la première nuit des barricades à Paris, ils avaient quitté le Quartier latin avant les affrontements, en appelant à se joindre aux travailleurs avec un curieux mot d'ordre : « 500 000 ouvriers au Quartier latin. » On ne les vit jamais arriver…

Cela ne les empêchait pas de revendiquer la « direction politique du mouvement de masse des étudiants ». Leurs militants aux allures spartiates défendaient les revendications corporatistes étudiantes sur le modèle du syndicalisme ouvrier, dénonçaient la réforme du plan Foucher, prônaient un « Front unique ouvrier » regroupant syndicats et partis de gauche. Ces orientations m'apparaissaient pour le moins en décalage avec le nouvel état d'esprit de révolte existant dans le milieu étudiant. Cette langue de bois m'était insupportable.

Il n'en allait pas tout à fait de même avec la Jeunesse communiste révolutionnaire (JCR) qui, à Caen, avant et pendant Mai 68, était apparue comme l'organisation d'extrême gauche la plus dynamique du mouvement étudiant. Son leader, revêtu comme sa compagne d'une veste de treillis militaire, avait des talents d'orateur. Ses propos radicaux dénonçant les réformistes et appelant à la révolution dans le climat fiévreux des assemblées générales retenaient l'attention.

Après leur dissolution en juin 1968, la plupart des militants de la JCR se retrouvèrent à la Ligue communiste. Cette organisation tentait de regrouper la lutte des classes et les revendications ouvrières avec les luttes nouvelles de la jeunesse contre l'ordre moral, la répression sexuelle, la lutte des femmes, les mouvements régionalistes[1]... Les militants de la Ligue communiste étaient peut-être les moins sectaires, mais ils me paraissaient comme trop tièdes avec le PCF et gardaient un aspect d'éternels donneurs de leçons.

Trotski disposait pourtant d'atouts romantiques auprès d'un public de jeunes étudiants. Il était l'un des chefs prestigieux de la révolution bolchevique et de l'Armée rouge qui avait vaincu les « armées blanches » et avait aussi l'avantage de n'être pas stalinien. Il avait critiqué et dénoncé la bureaucratie, les procès et la répression. Banni de l'URSS par Staline, pourchassé et assassiné par un agent stalinien au Mexique où il s'était réfugié, il avait tous les traits du héros et de la victime incarnant l'intransigeance et la pureté révolutionnaire[2].

---

1. Voir *Ce que veut la Ligue communiste*, *op. cit.*

2. Joseph Losey réalisera le film franco-italien *L'Assassinat de Trotsky* qui raconte les derniers mois de sa vie, avec Richard Burton, Alain Delon et Romy Schneider, 1972.

Pour ses partisans, c'était également un intellectuel révolutionnaire qui maniait la polémique avec brio. Il s'intéressait à la littérature et à l'art, avait écrit un livre sur le sujet *Littérature et Révolution*[1] et participé avec André Breton et Diego Rivera à l'écriture du manifeste *Pour un art révolutionnaire indépendant*.

Ce manifeste s'élevait « contre ceux qui prétendent assujettir l'activité intellectuelle à des fins extérieures à elle-même » et défendait la liberté de création, reprenant la formule : « toute licence en art »[2]. Le militant révolutionnaire, l'intellectuel et l'artiste semblaient pouvoir enfin être réconciliés et unis dans un combat commun. De quoi séduire la jeunesse étudiante et lycéenne soixante-huitarde en révolte contre le moralisme et contre toute forme de censure.

Le manifeste s'opposait au réalisme socialiste du régime stalinien, mais l'indépendance proclamée en matière artistique n'en était pas moins relative. La liberté totale d'autodétermination dans le domaine de l'art avait un préalable qui définissait d'emblée le bon et le mauvais camp : « L'art véritable, déclarait le manifeste, ne peut pas ne pas être révolutionnaire, c'est-à-dire ne pas aspirer à une reconstruction complète et radicale de la société. [...] Nous estimons que la tâche suprême de l'art à notre époque est de participer consciemment et activement à la préparation de la révolution[3]. »

L'art nouveau vu par Trotski était placé sous le signe de la révolution. Comme tel, il était incompatible avec le

1. Léon TROTSKI, *Littérature et Révolution*, Paris, Union générale d'éditions, 1964.

2. André BRETON, Diego RIVERA, « Pour un art révolutionnaire indépendant » (1938), in *ibid.*, p. 496.

3. *Ibid.*, p. 493-494 et 497.

« romantisme », le « mysticisme », le « scepticisme » et « toutes les autres formes d'affaissement spirituel »[1]. La liberté de l'art rencontrait là sa limite et il y avait quelque naïveté à penser que Trotski partageait la conception artistique de Breton et ses éloges de la folie.

« Par le fer et par le sang » : immoralisme et terreur

En lisant *Terrorisme et Communisme*[2] et *Leur morale et la nôtre*[3], je découvrais une vision moins romantique de la révolution d'Octobre et des bolcheviques qui refroidit quelque peu ma naïveté première. J'étais frappé par le ton et le cynisme avec lesquels Trotski traitait ces questions. La morale issue de la religion, de la philosophie n'était pour lui qu'une abstraction propre au « catéchisme bourgeois ». Il s'agissait d'insuffler « dans l'âme [du prolétariat] une haine inextinguible de l'oppression », de lui apprendre à « mépriser la morale officielle et ses suiveurs démocrates »[4] en lui faisant prendre conscience de sa mission historique.

Là aussi, l'argument paraissait logique : la morale étant conçue comme une « fonction idéologique » dépendante du développement historique, était moralement juste tout ce qui favorisait la lutte des classes (« la loi des lois ») dans le sens du prolétariat. La violence et la terreur n'étaient que de simples moyens, tout dépendait des classes sociales

1. Léon Trotski, *Littérature et Révolution*, *op. cit.*, p. 29-30.
2. Léon Trotski, *Terrorisme et Communisme* [1920], Paris, Union générale d'édition, 1963.
3. Léon Trotski, *Leur morale et la nôtre* [1938], Paris, Pauvert (Libertés), 1966.
4. *Ibid.*, p. 96.

qui les mettaient en œuvre et de leur rôle historique. Alors que la « terreur blanche » était l'« arme d'une classe historiquement réactionnaire », la « terreur rouge » était employée par une « classe historiquement ascendante » contre une « classe vouée à périr et qui ne s'y résigne pas »[1]. « Qui veut la fin, écrivait Trotski, ne peut pas répudier les moyens[2] » et « la fin se déduit tout naturellement du devenir historique[3] ».

La « guerre civile » qui « abolit violemment tous les liens moraux entre les classes » était comme ce moment ultime de vérité où les abstractions de la morale bourgeoise volaient en éclats et où se dévoilait la réalité nue de l'antagonisme meurtrier entre la bourgeoisie et le prolétariat. « Le prolétariat devra savoir mourir et savoir tuer[4] » et cette « lutte à mort » impliquait de tout mettre en œuvre pour écraser l'ennemi.

Comme chez Lénine, le lyrisme des lendemains qui chantent accompagnait l'amoralisme et la terreur en lui fournissant un supplément d'âme et sa noble justification. La haine entre les classes préparait paradoxalement les temps nouveaux où régneraient « l'amitié, l'amour, la tendresse », où l'homme libéré de l'égoïsme travaillerait pour le bien de tous, où la « personnalité de l'homme s'épanouira[it] comme une véritable fleur, comme s'épanouira[it] la poésie »[5]. La « guerre civile » apportait la paix et la réconciliation entre les hommes. Terrorisme et utopie généreuse coexistaient dans l'idéologie bolchevique, la fin supposée noble justifiant les méthodes les plus ignobles. Le sens

1. Léon TROTSKI, *Terrorisme et Communisme*, *op. cit.*, p. 106.
2. *Ibid.*, p. 48.
3. Léon TROTSKI, *Leur morale et la nôtre*, *op. cit.*, p. 97-98.
4. Léon TROTSKI, *Terrorisme et Communisme*, *op. cit.*, p. 53.
5. Léon TROTSKI, *Littérature et Révolution*, *op. cit.*, p. 296-297.

supposé de l'histoire, dont les bolcheviques se croyaient les détenteurs, justifiait tout[1].

La révolution bolchevique revisitée

Des années plus tard, je découvrirais la critique du système totalitaire de Hannah Arendt. Son analyse de l'idéologie comme le développement logique d'une idée prémisse qui donne une vision fantastiquement fictive mais cohérente et extrêmement rigide du monde[2] m'apparaîtrait comme particulièrement éclairante au regard des écrits de Lénine et de Trotski. Il en allait de même des prétendues lois d'une histoire en marche vers le communisme : c'est précisément par la terreur que le totalitarisme donne réalité à cette loi du mouvement historique.

L'ouverture des archives soviétiques après l'effondrement de l'URSS et la publication du *Livre noir du communisme*[3] jetèrent une lumière crue sur une révolution qui avait longtemps bénéficié d'un certain prestige.

Contrairement au récit mythique qui prévalut parmi la gauche au siècle dernier, la révolution d'Octobre en Russie fut un coup d'État soigneusement préparé et organisé par une minorité politique déterminée ayant su profiter de la situation de guerre, d'anarchie et d'impuissance

1. Pour une analyse plus complète du trotskisme, voir « Permanence et métamorphose du trotskisme », *Études*, janvier 2004, repris sous le titre : « Pour en finir avec le trotskisme », in *La Gauche à l'agonie (1968-2017)*, Paris, Perrin, 2011.

2. Hannah ARENDT, *Le Système totalitaire*, Paris, Seuil, 1972, p. 78-79.

3. Stéphane COURTOIS, Nicolas WERTH, Jean-Louis PANNÉ, Andrezej PACZKOWSKI, Karel BARTOSEK, Jean-Louis MARGOLIN, *Le Livre noir du communisme*, Paris, Robert Laffont, 1997.

des institutions issues de la révolution démocratique de février 1917. Trotski eut un rôle essentiel dans ce coup d'État en mettant sur pied l'organisation militaire de l'insurrection, et, en tant que créateur de l'Armée rouge, il fut l'un des grands responsables de la répression, de la terreur et des massacres commis bien avant la période stalinienne.

Comment – plus d'un siècle après la révolution bolchevique et plus d'un demi-siècle après Mai 68 – peut-on aujourd'hui encore déclarer être fier d'avoir été ou de rester trotskiste ?

3

L'antimilitarisme et le Che

Avant Mai 68, j'avais découvert en classe de terminale le récit d'Henri Alleg[1], communiste et soutien du Front de libération nationale (FLN), arrêté et torturé par les paras de Massu. Ce récit qui circulait dans la classe m'avait bouleversé. La postface de Jean-Paul Sartre qui entendait dévoiler les causes profondes de la torture en la ramenant à des considérations sophistiquées me paraissant de trop. La description précise de la torture d'Henri Alleg me suffisait : elle me montrait une face de l'armée française qui me révulsait, provoquant chez moi une révolte contre l'armée qui ne s'éteindrait pas de sitôt.

L'Algérie et les « paras »

Que m'importait alors que les politiques aient voté les « pouvoirs spéciaux[2] » laissant aux militaires le soin

1. Henri ALLEG, *La Question*, suivi par *Une victoire* de Jean-Paul Sartre, Paris, Pauvert, 1965.

2. Cette loi votée en mars 1956 par l'Assemblée nationale (y compris par le PCF) conférait au gouvernement des « pouvoirs

d'effectuer leur sale boulot ? Rares parmi ces derniers étaient ceux qui avaient dénoncé publiquement la torture[1]. Le putsch raté des généraux en Algérie en avril 1961[2] avait renforcé mon rejet des militaires. C'était l'armée tout entière qui se trouvait désormais en accusation.

Je n'étais pas encore politisé et m'étais fait une représentation de l'exploitation et de la domination coloniale à l'image de la charcuterie de mon beau-frère : on pouvait y acheter poules, lapins, canards et même des chevreaux morts, bien alignés et propres, tandis que dans l'arrière-cour on les égorgeait à tour de bras. Le bêlement du chevreau égorgé était le plus pénible à entendre parce qu'il faisait penser aux pleurs d'un enfant. Trop contents de profiter des bienfaits de la consommation, les clients ne s'intéressaient qu'aux produits dans la vitrine, sans se soucier de ce qui se passait dans l'arrière-cour.

Mon beau-frère avait failli partir en Algérie pendant son service militaire, mais étant de nature « débrouillarde », il avait réussi à occuper le poste de chauffeur de camion. Il avait assisté à des révoltes d'appelés dans les casernes avec les CRS qui les forçaient à embarquer et il se réjouissait de s'en être tiré à si bon compte. Je ne pouvais pas m'empêcher de penser que sous l'occupation allemande, il aurait sûrement réussi dans le marché noir.

J'avais appris par des amis dont les grands frères ou les cousins avaient été mobilisés en Algérie que le FLN se livrait à des assassinats et à des actes barbares. Certains

---

spéciaux » en Algérie et accordait à l'armée des pouvoirs de police, et de répression de justice militaire pour « rétablir l'ordre ».

1. Le général de La Bollardière, officier en fonction, avait dénoncé publiquement la torture en 1957 dans une interview à *L'Express*.

2. Putsch mené par quatre généraux et des militaires de carrière, partisans du maintien de la France en Algérie.

appelés avaient été traumatisés de voir leur camarade égorgé (ce qu'on appelait alors le « sourire kabyle »), les testicules enfoncés dans la bouche. Les assassinats, les attentats terroristes et les enlèvements de civils du FLN avaient provoqué leur stupeur. L'envie de venger les morts pouvait les entraîner dans une spirale de violence qui les marquerait à jamais.

En France, certains soutenaient totalement le FLN et considéraient que sa sauvagerie était une réponse à la violence coloniale et que ce n'était pas là l'essentiel. Malgré tout, pour eux, le FLN luttait pour une noble cause, celle de l'indépendance de son pays, avant d'ajouter effrontément : les résistants français n'avaient-ils pas fait de même pendant l'Occupation ? Pour les marxistes, la violence était inhérente à l'histoire, elle en était le produit et pouvait jouer un rôle libérateur. Selon une formulation célèbre, elle était l'« accoucheuse de toute vieille société qui en porte une nouvelle dans ses flancs[1] ». Ce genre de raisonnement et d'analogie grossière aboutissait souvent à passer outre, voire à blanchir, le FLN de tous ses crimes. Il n'en allait pas de même paradoxalement avec l'armée française qui avait pratiqué la torture en Algérie et qui, de ce fait, pouvait être vite assimilée à la Gestapo.

Les « paras » avaient changé de figure. Ils n'étaient plus les héros du débarquement de 1944 qui avaient lutté contre les nazis, mais ceux de Massu, traités de « fascistes », qui avaient mené la bataille d'Alger et torturé[2]. Et pourtant Massu et beaucoup d'autres officiers n'avaient pas hésité à rejoindre de Gaulle et la France libre, participé activement à la libération du pays et aux batailles jusqu'au cœur de l'Allemagne avant de combattre le Viêt Minh et le FLN. En fin de compte, le culte de la résistance gaulliste ne servait-il pas

1. Karl MARX, *Le Capital*, livre I, chap. XXIII.

2. Voir Maxime LE FORESTIER, « Parachutiste », in *Maxime Le Forestier*, Polydor, 1972.

à faire oublier les guerres d'Indochine et d'Algérie moins glorieuses ?

La corvée des « trois jours »

Les jeunes conscrits n'avaient pas bonne réputation, surtout quand ils étaient en bande. Lorsqu'on voyageait en train, on rencontrait parfois des « bidasses », enivrés, qui « gueulaient » et jouaient les gros durs, tout particulièrement auprès de jeunes filles. L'une de mes amies parisiennes qui prenait le train de nuit Paris-Cherbourg en avait fait plusieurs fois l'expérience. Face à ce qu'on qualifierait aujourd'hui de harcèlement sexuel, elle avait fini par trouver un moyen de diversion : elle sortait son jeu de cartes et s'arrangeait pour que les parties s'enchaînent et durent le temps du trajet.

J'effectuai mes trois jours de sélection pour le service national[1] à Guingamp et cette expérience renforça mon rejet de l'armée. J'y découvris des jeunes de la campagne des plus frustes, bien différents de mes amis lycéens « intellos ». Ils n'étaient pas là de gaieté de cœur, mais ils ne trouvaient rien à redire à une telle situation : effectuer son service militaire faisait partie des contraintes de la vie qu'on n'avait d'autre option que d'accepter. D'autres, manifestement plus instruits, trouvaient ces trois jours absurdes, tout comme moi. Certains, très remontés, déclaraient, l'air bravache, qu'ils n'entendaient nullement se laisser faire : ils avaient préparé leur coup et avaient prévu de jouer les malades (y compris

1. Avec la loi Mesmer de juillet 1965, les anciens conseils de révision chargés de sélectionner les jeunes aptes au service militaire avaient été remplacés par une sélection de trois jours d'examen et de test divers dans des centres de l'armée.

mentaux) avec quelques recettes de leur cru pour tenter d'échapper au service militaire. L'armée avait sûrement déjà eu affaire à ce genre de resquilleurs et je n'étais pas sûr qu'ils réussissent à la tromper si facilement.

Après la douche collective sous l'œil de quelques militaires et les examens médicaux « à la queue leu leu », venait l'évaluation psychologique et des compétences avec des tests qui me semblaient idiots. Je me souviens qu'un des examinateurs, revêtu d'une blouse blanche, enclenchait un magnétophone sur lequel il avait enregistré les démarches que nous devions suivre scrupuleusement, tandis qu'il lisait son journal, assis derrière son bureau. L'un des tests m'avait particulièrement surpris : parmi une liste d'objets possibles, on nous demandait de cocher celui qu'on associait à un clou. À côté du marteau, figuraient une chaise, une bicyclette et – je crois même m'en souvenir – un poste de radio et de télévision. Mes résultats à ces tests furent passables et j'eus droit à un petit entretien sur les bienfaits de l'engagement qui produisit l'effet inverse.

Dans le train qui me ramenait vers Cherbourg, les futurs conscrits s'étaient mis eux aussi à jouer les bidasses en buvant et en entamant des chansons paillardes. Ils n'étaient peut-être pas bien méchants, mais ce comportement de troupeau éméché me répugnait.

Ces trois jours me faisaient penser à la chanson de Jacques Brel « Au suivant[1] », qui dénonçait les bordels militaires de campagne, et l'armée par la même occasion. Il était temps de passer à autre chose.

1. Jacques Brel, « Au suivant », in *Mathilde*, Barclay, 1964.

Des intellectuels et des militaires d'un type nouveau ?

Ces trois jours s'étaient déroulés quelque temps après la capture et la mort de Che Guevara par l'armée bolivienne avec l'aide de la CIA, en octobre 1967. Cette mort avait intensifié mon opposition à l'armée, fondée sur un raisonnement globalisant : de l'Indochine à l'Algérie, du Vietnam à l'Amérique latine, c'était un même type d'armée colonialiste et impérialiste qui réprimait les peuples partout dans le monde.

Ces gradés en face desquels je m'étais trouvé et qui étaient censés me dire ce qu'il en était de mon quotient intellectuel, où avaient-ils fait leurs classes ? Avaient-ils obtenu leurs décorations en cassant du « Viet » et du « *fellagha* » ? Mon antimilitarisme se mêlait à d'autres sentiments plus vengeurs qui trouveraient à s'exprimer violemment les années suivantes.

Che Guevara et ses guérilleros, comme les combattants vietnamiens, représentaient pour moi, comme pour beaucoup d'autres jeunes, l'exact opposé des militaires colonialistes et impérialistes. Ils étaient les symboles de la lutte des peuples opprimés pour leur libération, le contraire des « paras » tortionnaires, des caporaux bêtes et méchants, des bidasses enivrés[1].

Intelligent et instruit, révolté par la misère et les injustices en Amérique latine, Guevara avait tout lâché pour défendre, les armes à la main, « les pauvres et les petits de la terre[2] ». Il condensait pour moi les figures de l'intellectuel éthique et engagé, de l'homme d'action et du chef de guerre. Ses appels à

1. Cet antimilitarisme donnait lieu à de nombreuses caricatures, entre autres par Siné dans le journal *L'Enragé* en mai-juin 1968 et Cabu dans *Hara-Kiri* puis *Charlie Hebdo*.

2. Expression de Fidel Castro dans son discours à la veillée solennelle à la mémoire de Che Guevara sur la place de la Révolution de La Havane, le 18 octobre 1967.

la lutte révolutionnaire contre l'impérialisme américain avaient fait le tour du monde. Il s'adressait avant tout aux peuples d'Amérique latine et du tiers-monde, mais il n'en fascinait pas moins le peuple adolescent en révolte dans les pays développés.

Pour des étudiants et des intellectuels de gauche proches du Parti communiste, Cuba incarnait une révolution et des pratiques nouvelles qui rompaient enfin avec le stalinisme. Les guérilleros relançaient une dynamique révolutionnaire qui s'était fourvoyée en abandons et compromis, repoussant toujours la révolution dans une histoire sans fin. Mais en dehors de l'Amérique latine et des pays du tiers-monde, je voyais mal comment un groupe de guérilleros déterminés allait pouvoir se lancer dans la lutte armée et entraîner les masses dans un pays développé comme la France. La révolution du Che impliquait des sacrifices et des contraintes qui n'allaient nullement de soi dans une société ne ressemblant en rien à la Sierra Maestra[1] ou à la jungle bolivienne.

À la différence de ceux qui ne faisaient qu'écrire et parler de révolution dans le confort de l'entre-soi, Régis Debray avait pourtant franchi le pas : il avait rompu avec un chemin d'enseignant tout tracé et rejoint la révolution cubaine, puis été emprisonné en Bolivie par l'armée après avoir accompagné Che Guevara. Sa détention et son procès avaient donné lieu à une importante mobilisation pour sa libération[2]. Apprenant la mort de Guevara, il avait déclaré à ses juges sans se soucier du verdict qui l'attendait : « Que le tribunal me fasse l'honneur de me déclarer coresponsable

---

1. Chaîne de montagnes dans le sud-est de Cuba, d'où Fidel, Che Guevara et les guérilleros menaient la lutte armée contre le régime de Batista.

2. Grâce à sa famille et à divers réseaux, des interventions avaient eu lieu auprès de la Croix-Rouge internationale, du pape, du gouvernement et du général de Gaulle qui envoya un télégramme au président bolivien.

de l'activité des guérilleros en Bolivie. Ma plus grande douleur est de ne pas être mort aux côtés du Che. » J'admirais la détermination et le courage de ce jeune intellectuel, de neuf ans mon aîné : il était allé au bout de ses idées et avait mis sa vie en jeu.

Intransigeance et action

Son livre *Révolution dans la révolution. Lutte armée et lutte politique en Amérique latine*[1] (1967) se voulait la théorisation d'un nouveau courant révolutionnaire dont les guérilleros cubains constituaient l'avant-garde. Pour Debray, la « lutte armée populaire » à Cuba correspondait à une nouvelle situation historique : « Fin d'une époque : celle de l'équilibre relatif de classe. Début d'une autre : celle de la guerre totale des classes, qui exclut les situations de compromis et les répartitions de pouvoir[2]. »

Le temps n'était plus au « rapport verbal, idéologique à la révolution » ; il fallait « faire sortir la révolution de son ghetto, des bavardages universitaires », rompre avec la « pléthore de commissions, secrétariats, congrès, conférences, réunions et assemblées à tous les échelons[3] »... Cette nouvelle radicalité bousculait les dogmes et les bureaucraties de l'Union soviétique et des partis communistes. Elle osait même remettre en cause la stratégie des

1. Régis DEBRAY, *Révolution dans la révolution. Lutte armée et lutte politique en Amérique latine*, Paris, Maspero, 1967. Ce livre a été écrit après de nombreuses discussions avec Fidel Castro qui avait lui-même relu le texte et fut d'abord publié à 200 000 exemplaires à Cuba.

2. *Ibid.*, p. 23.

3. *Ibid.*, p. 132 et p. 108.

bolcheviques consistant à la formation d'un « double pouvoir[1] ».

Il s'agissait désormais de passer à la lutte armée sans plus attendre, en s'appuyant sur un noyau d'hommes déterminés qui entraînerait les masses et se développerait dans le cours même de la lutte. De « risquer le tout pour le tout » : « Une fois soulevés dans la montagne, les combattants livrent une guerre à mort, qui n'admet plus de trêves, de reculs ni d'accommodements. Vaincre, c'est accepter, par principe, que la vie n'est pas le bien suprême du révolutionnaire[2]. » Cette perspective était tout l'opposé de la situation française où l'idéal semblait désormais se résumer au développement du bien-être et du pouvoir d'achat.

Six mois après la publication de ce livre, le monde entier apprenait la mort de Guevara. La photo de son cadavre allongé sur un brancard, torse nu et les yeux ouverts, lui conférait une sorte d'aura d'éternité, faisait de lui un héros et un martyr révolutionnaire ayant sacrifié sa vie pour tous les peuples opprimés de la Terre.

J'achetai un portrait de lui qui allait devenir célèbre. Malgré son béret de guérillero sur la tête avec sa petite étoile rouge, et la dureté de son regard qui n'avait rien de chrétien, cette photo avait des allures d'icône christique. Colorée de façon pop, elle lui donnait un caractère moderne adapté à l'air du temps. Je l'agrafai au mur de ma chambre d'étudiant à côté de celle du film *Persona* de Bergman[3]. Inconscient intimiste et passion révolutionnaire naissante constituaient

1. *Ibid.*, p. 34. La stratégie de double pouvoir consistait à mettre en place des comités d'usine et des comités paysans qui, une fois rassemblés, devenaient l'instrument de la prise du pouvoir d'État.

2. *Ibid.*, p. 58.

3. Ingmar BERGMAN, *Persona*, 1966.

alors un drôle de mélange dont l'aboutissement demeurait incertain.

Une morale d'un nouveau genre

Je me procurai la brochure de Che Guevara *Le Socialisme et l'Homme de Cuba*[1] à une table de presse de la Jeunesse communiste et révolutionnaire.

Le texte de Guevara me surprit parce que sa vision du socialisme et du communisme rompait avec le dogmatisme et l'économisme marxiste dominants. Chez lui, le communisme ne ressemblait pas à un monstre froid et l'opposition schématique entre spiritualisme et matérialisme paraissait dépassée. La construction du communisme ne passait pas essentiellement par le développement de la base économique. La mobilisation des masses ne supposait pas seulement la révolte contre la situation matérielle des classes opprimées ; elle n'était pas fondamentalement liée à des stimulants matériels, mais elle impliquait une morale incarnée par la personnalité et l'exemplarité du dirigeant.

La conscience individuelle inséparable de la vie sociale entrait pleinement en ligne de compte : « La révolution, école morale, restitue la dignité de l'homme dans son moi intime. Grâce à son action, il en arrive à se sentir plus intégral, avec davantage de richesse intérieure et plus de responsabilités[2]. » Pour paradoxal que cela puisse paraître aujourd'hui, cet objectif avait les aspects d'un humanisme que le socialisme à la cubaine semblait vouloir réaliser.

1. Ernesto CHE GUEVARA, *Le Socialisme et l'Homme de Cuba*, La Havane, Gäira, Institut du livre, 1967.

2. « Introduction », in *ibid.*, p. 7.

Nombre de formulations pouvaient en tout cas le laisser penser.

Sous le socialisme, écrivait Guevara, le travail désaliéné permettait à l'homme de « se projeter dans son œuvre », de « comprendre sa grandeur humaine à travers l'objet créé »[1], en attendant le communisme à venir qui devait permettre la « recréation spirituelle complète face à sa propre œuvre ». Il en allait de même pour l'art et la culture qui entendaient se démarquer d'un « réalisme socialiste » d'un autre âge. La fin de l'aliénation pour l'homme « se traduira concrètement dans le fait de la réappropriation de sa nature à travers le travail libéré et l'expression de sa propre condition humaine à travers la culture et l'art[2] ». Une telle perspective avait des accents d'éducation populaire.

Bien plus encore : « Laissez-moi vous dire, écrivait Guevara, au risque de paraître ridicule, que le révolutionnaire véritable est guidé par de grands sentiments d'amour. Il est impossible de penser à un révolutionnaire authentique sans cette qualité[3]. » Une telle affirmation sentimentale à laquelle je ne m'attendais pas désarçonnait la critique.

Ces références à la morale et à l'amour, au travail comme acte créateur et à la culture émancipatrice pouvaient étonnamment faire écho à Péguy et au personnalisme pour le jeune idéaliste que j'étais encore.

1. Ernesto Che Guevara, *Le Socialisme et l'Homme de Cuba*, *op. cit.*, p. 29.

2. *Ibid.*, p. 31 et p. 29.

3. *Ibid.*, p. 43.

La formation de l'homme nouveau ou la dictature auto-éducative

À la différence des bolcheviques, Guevara ne parlait pas de « terreur rouge » ; la dictature du prolétariat avait chez lui des aspects plus feutrés. Elle était, à l'en croire, une étape transitoire éducative visant à la désaliénation et à la formation de l'« homme nouveau » qui devait trouver son total accomplissement dans le communisme.

Cet homme nouveau avait quelques aspects qui faisaient vaguement penser au *Zarathoustra* de Nietzsche prophétisant le surhumain. À sa façon, Guevara annonçait l'avènement d'une nouvelle humanité qui rompait avec toute forme de référence dans un au-delà transcendant ; il se détachait de la grande masse par une volonté et une exigence envers lui-même hors du commun. Mais, à la différence de Zarathoustra, il n'était pas un solitaire face au « troupeau ». Bien au contraire, le révolutionnaire participait d'une avant-garde qui se liait au peuple et représentait ses « plus hautes vertus et aspirations ».

L'avant-garde et les chefs révolutionnaires avaient précisément pour rôle d'éduquer les masses vers ce noble but en faisant preuve d'une pédagogie fondée sur le « processus de l'auto-éducation de l'individu ». Ce processus, précisait Guevara, s'effectuait directement par l'« appareil éducatif d'État » et indirectement par la société tout entière qui devait « se changer en une école gigantesque » : « L'éducation pénètre dans les masses et la nouvelle attitude préconisée tend à se convertir en coutume ; la masse peu à peu l'assimile et pressionne [*sic*] ceux qui ne sont pas encore éduqués »[1].

1. *Ibid.*, p. 23.

Aussi naïf que cela puisse m'apparaître aujourd'hui, cette formation de l'homme nouveau avait les traits de la persuasion et de la non-violence. Je demeurais aveugle à des passages entiers qui dévoilaient, malgré tout, la nature de cette marche forcée vers le communisme.

L'auto-éducation signifiait paradoxalement le contraire de la liberté individuelle qu'elle semblait promouvoir. Elle passait par la propagande, le contrôle et le quadrillage de la population sous la dictature d'un groupe d'avant-garde qui étendait son emprise et sa répression sur la société tout entière par un ensemble de canaux : « L'image offerte par les masses avançant vers le futur implique le concept d'institutionnalisation comme étant un ensemble harmonieux de canaux, d'échelons, de barrages, appareils bien huilés qui permettent cette marche, qui permettent la sélection naturelle de ceux qui sont destinés à intégrer l'avant-garde et qui adjugent la récompense et le châtiment à ceux qui n'exécutent pas ou qui attentent contre [*sic*] la société en construction[1]. » Dans cette logique, il valait mieux intégrer l'avant-garde sans trop tarder.

Avant-garde sacrificielle et mystique suicidaire

Guevara ne le cachait pas, le chemin pour parvenir à l'avenir radieux du communisme serait long et ardu : « Notre liberté et son appui quotidien ont la couleur du sang et sont remplis de sacrifices. Notre sacrifice est conscient, rançon pour payer la liberté que nous construisons. Le chemin est long et en partie inconnu. Nous connaissons nos limites. Nous mettons sur pied l'homme du XXIe siècle : nous-mêmes[2]. »

1. *Ibid.*, p. 27.
2. *Ibid.*, p. 48.

Le révolutionnaire véritable était l'homme totalement dévoué à la révolution et sacrificiant sa vie pour elle. Aucun domaine de l'existence ne devait échapper à cette exigence de pureté et de rudesse envers soi-même et les autres : « Les dirigeants de la révolution ont des enfants qui dans leurs premiers balbutiements n'apprennent pas encore à nommer le père ; des femmes qui doivent faire partie du sacrifice général de leur vie pour conduire la révolution à son destin ; la ligne de démarcation des amitiés correspond strictement à celle des camarades de révolution. Il n'y a pas de vie en dehors d'elle[1]. » En attendant, la vie du révolutionnaire avait les aspects d'un chemin de croix rédempteur.

Comme l'écrirait plus tard Régis Debray, ce mystique au tempérament suicidaire aimait le peuple et l'humanité « en idée plus qu'en chair et en os et en masse plutôt qu'à l'unité[2] ». Guevara pouvait ainsi se montrer cruel et sans pitié pour ses compagnons de lutte souffrant dans la jungle bolivienne qui lui vouaient pourtant une sorte de vénération.

Sa déclaration d'amour envers l'humanité contribuait à faire de lui un héros non seulement romantique mais humaniste, pour celui qui n'était pas trop regardant sur le contenu de l'amour en question et sa redoutable ambivalence. Guevara avait tout à la fois les aspects d'un prophète, d'un missionnaire et d'un moraliste sans pitié qui combattait le mal les armes à la main et entendait former d'une main de fer l'homme nouveau communiste. Son amour et sa morale allaient de pair avec la violence, la répression, le travail forcé, la haine et la liquidation des opposants qu'il menait sans hésitation.

---

1. *Ibid.*, p. 43-44.
2. Régis DEBRAY, *Loués soient nos seigneurs. Une éducation politique*, Paris, Gallimard, 1996, p. 184.

Son désir éperdu de pureté et de sacrifice, sa volonté impitoyable avaient partie liée avec l'échec et la mort comme l'énoncerait plus tard Régis Debray : « Tel est le tabou qu'il m'a moi-même fallu vingt ans pour m'avouer ce paradoxe : corroboré par cent indices, que le Che Guevara n'est pas allé en Bolivie pour gagner mais pour perdre[1]. » « Bourreau de lui-même et des autres d'un même élan compulsif », Che Guevara ne menait pas seulement un combat contre les injustices et l'impérialisme américain mais menait une « bataille spirituelle contre le monde et lui-même[2] ».

Pourquoi avoir attendu si longtemps pour dévoiler la face sombre de ce guérillero devenu un mythe pour la jeunesse et plus largement ?

Plus d'un demi-siècle après sa mort, ceux qui se réclament encore de son message révolutionnaire, manifestent avec le portrait du Che ou portent fièrement des tee-shirts avec son effigie savent-ils vraiment ce qu'ils mettent en avant ?

La nostalgie n'explique pas tout. Il existe un refus de voir plus profond. L'exaltation révolutionnaire allait de pair avec un désir de sacrifice mortifère. Certains chrétiens gauchisants, en mal de mystique et de nouvelles croyances, pouvaient eux aussi être fascinés par le Che[3]. Le « cadavre christique d'où sortit une légende[4] » masquait le fanatique et appelait le respect, voire l'admiration.

1. *Ibid.*, p. 194.

2. *Ibid.*, p. 191 et p. 194.

3. En Mai 68, le Crac (Comité révolutionnaire d'action culturelle) de la Sorbonne avait organisé un débat intitulé : « De Guevara à Jésus Christ ». Voir Jean-Louis SCHLEGEL, « La révolution dans l'Église », *Esprit*, mai 2008.

4. Régis DEBRAY, *Loués soient nos seigneurs*, *op. cit.*, p. 188.

Violence salvatrice et angélisme mystificateur

À l'époque, le malentendu était à son comble. La méconnaissance de la réalité de la révolution cubaine et le manque d'information sur ce qui s'était effectivement passé dans la jungle bolivienne n'étaient pas seuls en cause. La mort tragique de Guevara l'élevait à la hauteur d'un mythe. Guevara avait fait le don total de sa personne et de sa vie, ce sacrifice le plaçait au-dessus du lot commun.

Cet imaginaire s'inscrivait dans un contexte intellectuel où l'on pouvait vivre dans un monde des idées et se griser de mots. Les systèmes philosophiques, les idéologies et les dogmes fournissaient des explications globales du monde dissolvant la réalité dans de hautes considérations accompagnées d'un extrémisme verbal qui tenait lieu d'engagement.

Dans ce domaine, Jean-Paul Sartre était devenu un maître à penser pour nombre d'étudiants fascinés par la révolution et le communisme[1]. Sa préface au livre *Les Damnés de la terre* de Frantz Fanon[2] (1961) élevait la violence des peuples colonisés à une hauteur philosophico-thérapeutique comme un moment salvateur permettant au colonisé de retrouver son humanité : « Nos belles âmes sont racistes. Elles auront profit à lire Fanon : cette violence irrépressible, il le montre parfaitement, n'est pas une absurde tempête, ni la résurrection d'instincts sauvages, ni même effet du ressentiment : c'est l'homme lui-même se recomposant. […] Et le colonisé

1. Michel Antoine BURNIER, dans son livre, *L'Adieu à Sartre, suivi du Testament de Sartre* (Paris, Plon, 2000), en brosse un tableau saisissant.

2. Jean-Paul SARTRE, préface du livre de Frantz Fanon, *Les Damnés de la terre*, Paris, Maspero, 1961.

se guérit de la névrose coloniale en chassant le colon par les armes[1]. »

De telles spéculations sur la violence purificatrice débouchaient sur des propos atterrants : « L'arme d'un combattant, c'est son humanité. Car, en le premier temps de la révolte, il faut tuer : abattre un Européen c'est faire d'une pierre deux coups, supprimer en même temps un oppresseur et un opprimé : restent un homme mort et un homme libre ; le survivant, pour la première fois, sent un sol *national* sous la plante de ses pieds[2]. » Par de tels propos, Jean-Paul Sartre, fort de sa notoriété, apportait de fait une caution et une légitimation intellectuelle aux pires exactions. Celui qui entendait s'en prendre aux « belles âmes » maniait l'extrémisme verbal comme une compensation à sa mauvaise conscience d'intellectuel privilégié.

Au lendemain de la guerre, Albert Camus, qui s'était engagé dans la Résistance, avait déjà dénoncé une telle posture : « J'ai horreur de la violence confortable, écrivait-il. J'ai horreur de ceux dont les paroles vont plus loin que les actes. C'est en cela que je me sépare de quelques-uns de nos grands esprits, dont je m'arrêterai de mépriser les appels au meurtre quand ils tiendront eux-mêmes les fusils de l'exécution[3]. » Ces propos n'avaient guère d'impact chez ceux qui se payaient de mots.

À vrai dire, cette façon d'aborder les luttes des peuples dominés était présente chez de nombreux militants de gauche. Contrairement à ce qu'ils pouvaient penser, la violence révolutionnaire n'était pas une simple réaction vitale

1. *Ibid.*, p. 28-29.

2. *Ibid.*, p. 29.

3. Albert CAMUS, « Deux réponses à d'Astier de La Vigerie » (1950), in *Actuelles. Écrits politiques*, Paris, Gallimard (Folio essais), 1997, p. 150.

face aux régimes dictatoriaux ; elle n'était pas employée *a minima* dans la perspective d'une société juste et fraternelle ; elle n'était pas un mal nécessaire et transitoire. Elle avait partie liée avec l'idée de rupture radicale et de table rase, s'articulait au ressentiment, aux pulsions d'agressivité et de haine que les révolutionnaires encourageaient et maniaient à leur profit.

La volonté forcenée de forger un homme nouveau paré de toutes les vertus, en étant persuadé d'être soi-même l'authentique représentant du peuple, était l'une des formes du communisme où le mal se déguisait en bien[1]. Guevara en était l'un des exemples les plus frappants.

Pourquoi m'a-t-il fallu, à moi aussi, tant d'années pour le reconnaître ?

---

1. Alain BESANÇON, *La Falsification du Bien*, Paris, Julliard, 1985.

4

Le maoïsme rêvé des anges

Parmi les révolutionnaires du XXe siècle, Mao Tsé-toung était aussi célèbre que Lénine, Trotski et Che Guevara. Il était tout à la fois un théoricien révolutionnaire, un stratège militaire et le dirigeant d'un des pays les plus peuplés du monde.

La Chine de Mao avait rompu avec l'URSS et soutenait la lutte du peuple vietnamien et celle de tous les peuples opprimés. Qui plus est, elle avait déclenché en 1966 une révolution culturelle qui, vue depuis la France, semblait avoir des traits communs avec la Commune étudiante. Les jeunes gardes rouges s'étaient révoltés contre les mandarins et les bureaucrates, et avaient remis en question la culture traditionnelle. Ils avaient manifesté leur soutien à la lutte des étudiants et des ouvriers français en Mai 68 et, à la différence du régime cubain, la Chine de Mao avait condamné l'invasion de la Tchécoslovaquie par l'armée soviétique. De quoi non seulement fasciner les étudiants révolutionnaires, mais aussi des intellectuels, des politiques, des chrétiens de gauche... Chacun pouvait projeter sur cet Orient lointain devenu rouge ses propres attentes et illusions.

Ma découverte de la « pensée Mao Tsé-toung » eut lieu en juin 1968, pendant l'occupation de la faculté des lettres de Caen. J'achetai alors le fameux « Petit Livre rouge » *Citations du président Mao Tsé-toung*[1] et l'opuscule intitulé *Quatre essais philosophiques*[2] à une table de presse tenue par des étudiants de l'Union des jeunes communistes marxistes-léninistes (UJCML)[3].

Parmi les *Quatre essais philosophiques* de Mao Tsé-toung, le texte intitulé « De la contradiction » conférait à son auteur un prestige intellectuel reconnu par des philosophes marxistes comme Louis Althusser et des étudiants contestataires imbus de philosophie.

Contrairement à ce que j'avais entendu pendant mes cours de philosophie, j'appris qu'il y avait deux conceptions du monde, l'une fausse (métaphysique) et l'autre vraie (dialectique). Cette dernière impliquait la loi des contraires et englobait sous sa coupe tous les phénomènes de la nature, de la société et de la pensée.

De multiples exemples étaient censés prouver le caractère universel de la contradiction : « Le plus et le moins en mathématiques ; l'action et la réaction en mécanique ; l'électricité positive et négative en physique ; la combinaison et la dissociation en chimie ; les forces productives et les rapports de production, la lutte entre les classes dans les sciences sociales ; l'attaque et la défense dans la science

1. MAO TSÉ-TOUNG, *Citations du président Mao Tsé-toung*, éditions en langues étrangères Pékin, 1966.

2. MAO TSÉ-TOUNG, *Quatre essais philosophiques*, éditions en langues étrangères Pékin, 1966.

3. Organisation créée en décembre 1966 par des étudiants maoïstes exclus de l'Union des étudiants communistes, liée au PCF.

militaire ; l'idéalisme et le matérialisme, la métaphysique et la dialectique en philosophie[1]. » J'éprouvais quelques difficultés de compréhension. Puisque toute chose impliquait nécessairement son contraire, on pouvait se poser des questions surréalistes : quel est le contraire d'un caillou, d'une automobile, d'un cheval ou d'un stylo ?

Les exemples venant illustrer le problème de « l'identité et de la lutte des contraires dans des conditions déterminées » étaient tout aussi déconcertants : l'œuf et de la poule, mais aussi la guerre et la paix, la Commune de Paris et la révolution russe, le régime nomade en Mongolie et en Asie centrale, la révolution chinoise…

La contradiction se déclinait ensuite en de multiples caractéristiques s'emboîtant les unes dans les autres au fil des pages comme des poupées russes : « l'universalité et le caractère spécifique de la contradiction », « la contradiction principale et l'aspect principal de la contradiction », « l'identité et la lutte des aspects de la contradiction », « la place de l'antagonisme dans la contradiction ».

J'avais encore du mal à suivre les subtilités de la dialectique de Mao, mais, paradoxalement, cette difficulté à comprendre de quoi au juste il était question pouvait avoir des effets de profondeur énigmatique chez un étudiant néophyte épris de révolution. Comment ai-je pu finir par prendre au sérieux ce discours insipide assené comme une théorie sophistiquée qui aurait trouvé les clés de l'explication du monde ?

1. Mao Tsé-toung, « De la contradiction », in *Quatre essais philosophiques*, *op. cit.*, p. 41.

« *Dictature démocratique* » *et vertus maoïstes*

Aussi incompréhensible que cela puisse me paraître aujourd'hui à la relecture de ces opuscules, le maoïsme me semblait plus démocratique et complexe que je l'avais imaginé. Il se distinguait par sa volonté affirmée de servir le peuple et de favoriser sa libre expression. Mao insistait particulièrement sur ce point : on ne devait pas employer la coercition et la répression envers le peuple. « Désir d'unité », « éducation » et « auto-éducation », « critique et autocritique », « discussion », « argumentation », « persuasion »... autant d'éléments de la méthode maoïste qui paraissaient rompre avec la bureaucratie et la répression stalinienne. La révolution culturelle semblait le confirmer. Mao avait fait appel à l'initiative et à la créativité de la jeunesse et des masses contre l'appareil du parti et ses relais au sein de l'université ou des institutions.

Ces « méthodes démocratiques » s'appliquaient à l'art et à la science avec le mot d'ordre : « Que cent fleurs s'épanouissent. Que cent écoles rivalisent. » Bien plus encore, la critique pouvait s'appliquer au marxisme et la lutte idéologique nécessitait la « méthode patiente du raisonnement, et non la méthode brutale de contrainte[1] ».

Le maoïsme exaltait également l'héroïsme, l'audace, l'initiative, le courage et le sacrifice comme des vertus révolutionnaires essentielles. Contre l'individualisme et l'égoïsme, il appelait à l'abnégation, à l'oubli total de soi, au dévouement pour les autres. Le vrai communiste condensait en lui toutes ces vertus qui se déclinaient comme un serment : « Un communiste doit être franc et ouvert, dévoué et actif ;

1. MAO TSÉ-TOUNG, « De la juste solution des contradictions au sein du peuple », in *Quatre essais philosophiques*, *op. cit.*, p. 126 et p. 129.

il placera les intérêts de la révolution au-dessus de sa propre vie et leur subordonnera ses intérêts personnels. Il doit toujours et partout tenir fermement aux principes justes et mener une lutte inlassable contre toute idée ou action erronée, de manière à consolider la vie collective du Parti et à renforcer les liens de celui-ci avec les masses. Enfin, il se souciera davantage du Parti et des masses que de l'individu, il prendra soin des autres plus que de lui-même. C'est seulement ainsi qu'il méritera le nom de communiste[1]. »

À relire les textes de Mao aujourd'hui, il m'est étrange de constater ce qu'à l'évidence je n'avais pas voulu voir. Il ne s'agissait pas de recueillir gentiment les idées des masses mais de les « concentrer », de les livrer au tamis de la pensée de Mao pour n'en retenir que les idées qui allaient dans son sens. La « ligne de masse » (« partir des masses pour retourner aux masses ») était la méthode fondamentale de direction du Parti communiste qui cherchait à tout prix à enrégimenter les masses dans son orbite, en les laissant dans un premier temps s'exprimer pour mieux combattre leurs « idées fausses » et faire triompher les « idées justes » qui correspondaient à celles de Mao. Au sein du Parti communiste, le « centralisme démocratique » pouvait jouer pareillement sur cette démocratie apparente qui appelait à exprimer librement ses idées, pour mieux repérer les déviants et les opposants à la pensée du dirigeant suprême.

La politique concernant les arts et les sciences relevait d'un processus semblable où l'expression libre visait à distinguer les « fleurs odorantes » des « herbes vénéneuses » selon six critères définis précisément par Mao, le plus important en l'affaire étant la « voie socialiste et le

1. MAO TSÉ-TOUNG, *Citations du président Mao Tsé-Toung*, *op. cit.*, p. 297.

rôle dirigeant du parti »[1]. Artistes et intellectuels n'avaient d'autre possibilité que de se « débarrasser progressivement de leur conception bourgeoise du monde et [d']adopter la conception prolétarienne, communiste, du monde », par un long travail de rééducation qui était censé faire corps avec les ouvriers et les paysans[2].

Quant à la critique du marxisme, elle n'avait guère de chances de le remettre en question pour une raison simple : « Le marxisme est une vérité scientifique[3] », et, comme telle, il ne craignait rien.

En finir avec la spéculation

Ce qui m'intéressait surtout à l'époque, c'était la critique des intellectuels coupés du peuple. Mao s'élevait « contre le culte du livre », appelait à la révolte contre les lettrés et les intellectuels séparés du peuple ; son insistance sur la pratique répondait à mon besoin d'agir. Je voulais rompre avec ce monde philosophique universitaire planant très haut dans un ciel d'idées et de valeurs où la réalité servait d'exemple empirique dans les dissertations. Il en allait de même de l'intellectualisme gauchisant à base de sciences humaines, qui avait montré ses limites en menant une révolution dans le champ du savoir sans se soucier outre mesure du reste du monde.

Je retenais du maoïsme avant tout l'idée qu'il fallait changer de perspective et ne plus regarder le monde, la société et l'histoire d'en haut avec des idées abstraites,

1. MAO TSÉ-TOUNG, « De la juste solution des contradictions au sein du peuple », art. cité, p. 133.
2. *Ibid.*, p. 120-121.
3. *Ibid.*, p. 130.

mais s'intéresser aux rapports concrets ici et maintenant, en s'engageant dans le militantisme.

La radicalité maoïste, la foi déclarée en la spontanéité et la créativité des masses, les appels à la révolte et à l'audace tranchaient avec le communisme sage et avec la bureaucratie des communistes traditionnels. L'explication maoïste était simple : l'URSS et le PCF étaient des « révisionnistes » qui avaient abandonné la doctrine révolutionnaire marxiste-léniniste en prônant la voie pacifique au socialisme. L'attitude du PCF en mai-juin 68 et ses attaques contre les groupes révolutionnaires d'extrême gauche pouvaient alors facilement s'expliquer à partir de cette « révision ». Il n'y avait pas d'illusions à se faire concernant le Parti communiste : celui-ci était devenu l'allié de la bourgeoisie et, comme tel, il était à combattre pour retrouver le chemin de la révolution.

Les slogans maoïstes rompaient avec le pessimisme et incitaient à l'action : « oser lutter, oser vaincre », « une seule étincelle peut mettre le feu à toute la plaine ». Les masses populaires « douées d'une puissance créatrice universelle » étaient les « véritables héros ».

Au pays des merveilles de Mao

Faute de connaître la réalité chinoise, il était facile de se fier à ceux qui avaient vu de leurs propres yeux la Chine en question. Ma lecture du gros livre (plus de 500 pages) de Maria-Antonietta Macciocchi *De la Chine*[1] contribua à me

1. Maria-Antonietta MACCIOCCHI, *De la Chine*, Paris, Seuil, 1971. L'auteur était membre du Parti communiste italien et correspondante de *L'Unità* à Paris. Le voyage avec son mari, dont elle rendait compte dans son livre, eut lieu en octobre 1970.

faire croire qu'enfin un bon communisme existait dans cette Chine dont j'ignorais tout.

Contrairement à ce qu'on aurait pu croire, le culte de Mao, affirmait Macciocchi, n'avait rien à voir avec celui de Staline. « Il paraît certain, écrivait-elle, que Mao n'abuse pas de son immense popularité » ; on disait même qu'il en était gêné. Du reste, ce n'était pas à proprement parler un « culte de la personnalité » mais la « pratique ininterrompue d'une théorie révolutionnaire en action[1] »… Il fallait y penser.

La réalité extraordinaire décrite par Macciocchi dépassait tout ce que j'aurais pu imaginer. Dans les usines et les bureaux, dans les villes et les campagnes, dans les écoles et les universités, tout signe distinctif hiérarchique avait disparu. Il en allait de même au sein de l'armée où les grades avaient été supprimés. Bien plus étonnant encore, il régnait dans les usines une « atmosphère philosophique » où les ouvriers pratiquaient une nouvelle manière de philosopher en liaison étroite avec leur pratique et avec le *Petit Livre rouge* comme « instrument fondamental de la dialectique matérialiste, du raisonnement philosophique[2] ».

Dans le domaine de la médecine comme dans les autres, la Chine de Mao accomplissait des miracles. La médecine de masse préconisée par Mao à base d'acupuncture et de remèdes traditionnels avait guéri des sourds-muets et des paralytiques et la rééducation idéologique des médecins envoyés dans les campagnes produisait des effets surprenants : « En changeant mon idéologie, déclarait un médecin rééduqué, j'ai guéri vingt malades considérés comme "incurables". En vérité, je crois que ce sont les paysans pauvres

1. *Ibid.*, p. 531 et p. 354.
2. *Ibid.*, p. 172.

qui ont guéri ma maladie idéologique et non pas moi qui ai guéri les paysans[1]. »

Partout, on cherchait à servir le peuple dans un esprit d'humilité et de sacrifice ; la séparation entre le travail manuel et le travail intellectuel était en bonne voie d'abolition, l'envoi des jeunes et des intellectuels dans les campagnes en était l'une des illustrations ; la liberté d'expression était « quasi absolue et débordante de fantaisie » et tout le monde semblait heureux dans les rencontres organisées par le parti pour ces visiteurs étrangers si amicaux.

Les réalités enjolivées par Macciocchi étaient peut-être difficiles à croire, mais à l'époque, comme beaucoup d'autres, je passais outre. En fait, le livre racontait des choses tellement déroutantes qu'il m'était difficile de penser qu'il s'agissait d'un grand « mensonge déconcertant[2] » pratiqué et mis en scène par le pouvoir maoïste avec une attention toute particulière pour ses amis et sympathisants. Au pays des merveilles maoïste, les aveugles étaient rois. Le livre de Macciocchi qui connaissait un grand succès en était l'exemple le plus frappant[3].

Dans cette fascination sans borne, un sommet était atteint lors d'une « journée extraordinaire dans une école du parti » avec le « héros de l'histoire de la collecte des excréments ». Après un copieux repas, Macciocchi interrogeait le héros en question qui n'était autre que le responsable du Comité révolutionnaire. Celui-ci lui faisait alors part de ce qu'il avait vécu avec émotion : « Cela n'a pas été drôle.

1. *Ibid.*, p. 319.

2. Ante CILIGA, *Dix ans au pays du mensonge déconcertant* [1938], Paris, Champ libre, 1977.

3. Le livre de l'historien François HOURMANT, *Les Années Mao en France avant, pendant et après Mai 68* (Paris, Odile Jacob, 2018), brosse un tableau des plus complets et saisissants de l'ensemble des manifestations françaises du maoïsme.

Ramasser les excréments devant tant de gens qui me connaissaient, que j'avais peut-être refusé de recevoir, ou avec qui j'avais été trop sévère dans l'application des taxations et des contrôles [1]. Les commerçants venaient me voir sur le seuil de leur boutique et disaient : “Au fond, c'est un brave homme, il semblait si fier. Et maintenant il est comme tout le monde, il balaie la rue, il ramasse les ordures, il appelle les gens pour qu'ils descendent leurs poubelles.” Cette nouvelle idée qu'on s'est faite de moi, cette admiration à laquelle je n'étais pas habitué, cette estime, je l'avoue, m'ont profondément touché[2]. »

Et Macciocchi de s'interroger sur la signification profonde de tels propos en ces termes : « Je me pose des questions sur cette relation entre l'homme et la m... (que j'ai entendu nommer à l'école de différentes façons : résidus passifs, excréments, engrais) et je comprends que c'est une sorte de test ; il s'agit (outre l'utilité pratique de l'engrais) de vaincre le plus grand dégoût du petit-bourgeois (j'ajoute : de vaincre *mon* plus grand dégoût)[3]. » La pensée Mao Tsétoung et la « grande révolution culturelle prolétarienne » produisaient quand même de curieux effets sur les intellectuels occidentaux.

Une religion de substitution

Avec son interprétation globale du monde, ses dogmes et sa scolastique, sa détermination des valeurs et de la bonne conduite, le maoïsme avait tous les traits d'une nouvelle

1. Antérieurement, ce responsable rééduqué était vice-directeur des finances et du commerce pour le quartier est de Pékin.
2. Maria-Antonietta MACCIOCCHI, *De la Chine*, *op. cit.*, p. 118.
3. *Ibid.*

« religion séculière », telle que l'a définie Raymond Aron à propos du communisme[1]. Les déçus du stalinisme comme les chrétiens de gauche en rupture de ban pouvaient trouver dans le maoïsme une religion de substitution.

À vrai dire, cette « religion », ainsi que l'a bien montré Alain Besançon, était d'un genre particulier. À la différence des religions traditionnelles, le maoïsme, de même que le léninisme, impliquait une croyance à une idéologie qui se présentait en tant que science, dont la connaissance procurait le salut individuel et collectif[2]. Cette idéologie globale avait l'avantage de dissiper les doutes et les questions, d'accéder à une compréhension nouvelle du monde en décalage avec le commun des mortels. Muni d'une telle idéologie, le communiste avait réponse à tout.

Au lendemain de Mai 68, j'étais encore loin de soupçonner comment les subtilités de la dialectique et les vertus maoïstes pouvaient légitimer un pouvoir totalitaire aux aspects orientaux. Avant que je verse dans un marxisme-léninisme pur et dur, ma lecture empathique de Mao relevait encore d'un mélange paradoxal des restes d'un christianisme de gauche et d'une révolte soixante-huitarde qui, encore une fois, ne se souciaient guère des réalités.

L'importance accordée à la morale et à l'autocritique jouait comme un leurre pour des idéalistes et des chrétiens de gauche. Ne pas être arrogant et méprisant envers les autres, ne pas être orgueilleux, ne pas mettre son moi au premier plan, autant d'exigences qui ne pouvaient manquer de rappeler une morale chrétienne et humaniste pour qui

1. Raymond ARON, *L'Opium des intellectuels*, *op. cit.*, chap. IX « Les intellectuels en quête d'une religion », p. 291 et s.

2. Alain BESANÇON, *Les Origines intellectuelles du léninisme*, *op. cit.*

n'était pas au fait des subtilités du maoïsme et de la nature du bien et du mal communistes en question.

Débarrassée de toute transcendance, mise au service de la lutte des classes et d'un sens de l'histoire révélé par la science marxiste, mêlée indistinctement à la politique communiste, la morale maoïste n'avait pourtant rien d'un altruisme désintéressé. Elle était l'un des modes totalitaires de la mainmise sur les individus par l'intériorisation des normes communistes et de l'allégeance au Parti et à son dirigeant suprême.

La pratique massive de la critique et de l'autocritique était précisément le signe ostentatoire d'un processus de servitude qui avait les aspects d'un débat et d'un examen de conscience librement consenti. Ce processus qui se répétait à l'infini était la méthode maoïste permettant au « grand dirigeant bien-aimé » d'étendre son pouvoir par une dictature combinant la répression ouverte à l'intériorisation forcée des normes et à une « servitude volontaire » qui gardait les aspects d'une libre adhésion. En ce sens, le maoïsme peut être considéré comme une version particulièrement perverse du communisme qui pousse à l'extrême la « falsification du bien[1] ». Que beaucoup y aient adhéré comme moi en toute bonne foi ne change rien à la nature totalitaire du maoïsme et à son propre aveuglement.

Le travail des historiens sur la réalité des pratiques maoïstes a permis de mettre en lumière la réalité d'un des pires régimes totalitaires du XXe siècle. La révolution maoïste fut intimement liée à un système de violence et de terreur mis sur pied dès le début de la guerre contre le Kuomintang ; des dizaines de millions de contre-révolutionnaires furent emprisonnés, soumis au travail forcé, aux sévices et

1. Alain BESANÇON, *La Falsification du bien. Soloviev et Orwell*, Paris, Julliard, 1985.

à la « rééducation » ; la population fut soumise à un système d'encadrement, de surveillance et de délation ; la politique aberrante du Grand Bond en avant[1] menée par Mao aboutit à un désastre économique et à la pire famine de tous les temps, provoquant, d'après les différentes estimations des historiens, entre vingt et quarante-cinq millions de morts ; la révolution culturelle entraîna une situation de guerre civile au cours de laquelle les gardes rouges se livrèrent à des saccages, des humiliations, des arrestations, des tortures et des exécutions ; l'armée mit fin aux affrontements entre fractions rivales par une répression sanglante ; cette révolution culturelle provoqua entre un million et trois millions de morts selon les historiens[2]… L'angélisme maoïste de ces années folles a, de fait, recouvert cette barbarie totalitaire de toutes les vertus.

Maoïsme adolescent

Le livre de Simon Leys *Les Habits neufs du président Mao*[3] était paru la même année que celui de Macciocchi, mais je ne lui avais guère prêté attention. À l'inverse de toutes les idolâtres maoïstes, l'auteur considérait la révolution

1. Politique lancée par Mao de 1958 à 1961 de collectivisation de l'agriculture, de développement de l'industrie dans les campagnes et de grands travaux qui aboutit à une catastrophe économique et à la famine.

2. Voir Jean-Louis MARGELIN, « Chine, une longue marche de la nuit », *in* Stéphane COURTOIS *et al.*, *Le Livre noir du communisme*, *op. cit.*, 1997 ; Roderick MACFARQUHAR, Michael SCHOENHALS, *La Dernière Révolution de Mao. Histoire de la révolution culturelle (1966-1976)*, Paris, Gallimard, 2009.

3. Simon LEYS, *Les Habits neufs du président Mao*, Paris, Champ libre (Bibliothèque asiatique), 1971.

culturelle comme un rideau de fumée dissimulant la lutte de Mao pour reprendre le pouvoir au sein des plus hautes instances du parti communiste chinois après l'échec de sa politique du Grand Bond en avant[1]. Il qualifia, à juste titre, le livre de Macciocchi de « stupidité totale pour ne pas dire [...] escroquerie[2] ».

Des années plus tard, je redécouvris *Les Habits neufs du président Mao* avec cette question insistante : pourquoi avais-je moi-même pu croire et participé comme beaucoup d'autres à ce que Simon Leys appelait justement une « gigantesque imposture » ?

Je faisais sans doute partie de ces « esprits généreux mais faibles » qui accommodaient le maoïsme à leurs propres songeries révolutionnaires déconnectées de la réalité. Je n'étais pas le seul, du reste, à verser dans la mythologie maoïste : « Nos philosophes d'aujourd'hui, écrivait Simon Leys, semblent également peu désireux d'enquêter sur la vérité historique du maoïsme, craignant sans doute qu'une confrontation avec la réalité ne soit dommageable à ce mythe qui les dispense de penser par eux-mêmes[3]. » Tout cela était vrai mais ne suffisait pas à expliquer comment j'avais pu adhérer si facilement au maoïsme.

Au fil des pages, je m'arrêtais sur ce que l'auteur dénommait les « idiosyncrasies les plus remarquables de Mao » et étais surpris de découvrir des traits de caractère et de comportement que j'avais bien connus : « mépris et ignorance des réalités objectives », « approche idéaliste et volontariste

---

1. Cette interprétation triviale de la révolution culturelle provoqua un tollé au sein d'un milieu intellectuel de gauche maoïsant qui considérait le livre comme un ramassis de ragots colportés par des agents de la CIA.

2. Simon Leys face à Antonietta Macciocchi dans l'émission *Apostrophe*, 27 mai 1983.

3. Simon LEYS, *Les Habits neufs du président Mao*, *op. cit.*, p. 19.

des problèmes », « tendance à substituer le verbe à la réalité »[1]... Certains traits de l'« *ego* maoïste » ressemblaient à ceux du peuple adolescent qui, après Mai 68, croyait désormais que tout était possible. « La réalité, écrivait Simon Leys à propos de Mao, ne s'impose pas comme une donnée préalable mais doit s'inventer, se façonner, suivre et épouser les impératifs d'une vision subjective et intérieure[2]. » Le slogan soixante-huitard « Je prends mes désirs pour des réalités car je crois à la réalité de mes désirs » faisait étrangement écho à la subjectivité de Mao.

Celui-ci avait mis au goût du jour le mot d'ordre « On a raison de se révolter », en encourageant les adolescents gardes rouges qui s'étaient crus les nouveaux héros de la révolution. Les idées maoïstes se propageaient ainsi à travers les continents en trouvant des points d'ancrage dans la révolte du peuple adolescent des pays occidentaux.

1. *Ibid.*, p. 25.
2. *Ibid.*, p. 26.

SIXIÈME PARTIE

« Drôle de jeu »

1

Bohème militante

Après la dissolution de l'UJCML en juin 1968, les étudiants maoïstes s'étaient divisés en plusieurs courants et organisations. Une partie d'entre eux avait rejoint le Parti communiste marxiste-léniniste de France (PCMLF) qui était entré dans la clandestinité et publiait le journal *L'Humanité rouge*. Mais les plus bruyants et les plus visibles des maoïstes à l'époque étaient sans conteste ceux qu'on appelait les « mao-spontex » (maoïstes spontanéistes)[1]. Ils se distinguaient des groupes marxistes-léninistes et trotskistes qui se proclamaient l'avant-garde du prolétariat. Leurs déclarations et leurs écrits étaient un hymne à la révolte et constituaient des appels réitérés au passage à l'action violente sans plus attendre.

À l'époque, la Gauche prolétarienne, avec son journal *La Cause du peuple*, exerçait une fascination au sein du mouvement étudiant et lycéen. Il fallait, disait-elle, que la « peur

1. Ceux que l'on appelait les « mao-spontex » renvoyaient à deux organisations distinctes : la Gauche prolétarienne et son journal *La Cause du peuple*, et *Vive la révolution !* qui finit par publier le journal *Tout !*.

change de camp », « opposer la violence réactionnaire à la violence réactionnaire », rendre « coup pour coup »… Autant de slogans qui rencontraient de l'écho auprès de jeunes soixante-huitards avides de bagarres et d'action.

Sympathies militantes

Pour fascinants qu'ils soient, les militants de la Gauche prolétarienne n'en avaient pas moins des aspects qui ne me plaisaient pas trop. Ceux venus de Paris m'avaient fait une drôle d'impression. Je me souviens de l'un d'eux, arrivant à la maison de l'A, habillé comme un « prolo » (prolétaire) et qui portait un badge de Mao à la boutonnière. Ce m'as-tu-vu parisien nouvelle manière, brandissant le *Petit Livre rouge* à l'occasion, me paraissait en décalage avec le terreau provincial et normand plutôt méfiant et réservé.

Après la saisie du journal *La Cause du peuple* et l'arrestation de ses deux directeurs successifs (Jean-Pierre Le Dantec et Michel Le Bris), Jean-Paul Sartre avait accepté de devenir officiellement directeur de publication. Avec Michel Foucault, Maurice Clavel, Jean-Luc Godard et d'autres, il s'était mis à vendre *La Cause du peuple* avant d'être embarqué dans un fourgon de police devant les caméras de télévision. Malgré la renommée du Quartier latin, vu de Caen, ce maoïsme parisien à la mode nous semblait lointain.

Au contraire, les maoïstes caennais de la Gauche prolétarienne n'avaient rien de mondain. J'étais lié à quelques-uns qui participaient aux comités d'action. D'autres venaient je ne sais d'où, comme Gégé, ouvrier établi à l'usine de la Saviem, et qui avait été vite licencié. Il était devenu le représentant type du jeune ouvrier révolutionnaire victime des patrons, du PCF « révisionniste » et de la CGT « collabo ».

Un militant maoïste venu d'ailleurs, surnommé Titi, participait de temps à autre aux interventions des comités d'action. Il avait, disait-on, malencontreusement manipulé un cocktail Molotov, ce qui avait provoqué l'incendie d'un pavillon du campus occupé par des étudiants à Rouen. Il venait de sortir de prison et s'était retrouvé à Caen, où il continuait de militer à sa manière. On pouvait le voir de temps à autre errer dans les couloirs avec une corde de pendu à la main. Il intervenait quelquefois dans les cours avec cet attirail, et cela ne manquait pas de susciter la peur de l'enseignant. Ce type de militant avait des aspects « lumpen[1] » et nous gardions nos distances avec lui.

Parmi les maoïstes venus de Paris, l'un d'eux contrastait avec ceux de la Gauche prolétarienne aux aspects déglingués. C'était un militant de Vive la révolution ! qui venait de sortir de prison, après avoir participé aux affrontements avec la police à la faculté de Nanterre. Ses parents avaient jugé bon de l'envoyer dans une université de province, espérant que le climat y serait plus serein et que, loin de Nanterre et de Paris, il se calmerait un peu. Mal leur en prenait : la faculté des lettres de Caen était en ébullition et Plastic – tel était son surnom – se retrouva emporté par le mouvement.

Il n'avait rien du militant sérieux et sacrificiel et, comme je ne l'étais pas encore devenu, nous nous retrouvâmes d'emblée sur une même ligne anarcho-maoïste, pour qui l'envie d'en découdre se conjuguait encore avec un sens de la fête et une certaine décontraction. Dans les rapprochements

1. *Lumpenproletariat*, littéralement : prolétariat en haillons. Terme utilisé par Marx pour désigner ceux qui ne disposent d'aucune ressource et n'ont pas de conscience de classe. Par extension, le terme « lumpen » désigne les déclassés, les marginaux, les voyous…

militants, les types d'individualité et les affinités comptaient beaucoup.

C'est ainsi que je rencontrai des ex-maoïstes de l'UJCML qui participaient aux événements des comités d'action et, avec quelques camarades de l'institut de philosophie venus en renfort, nous formâmes un cercle marxiste-léniniste qui, dans un premier temps, n'était relié à aucune organisation. Malgré les références dogmatiques et la langue de bois, nous gardions encore l'allure d'une bande de joyeux drilles, toujours prêts à intervenir à la moindre occasion[1].

« Annick aimée »

À vrai dire, mon intérêt pour le maoïsme n'était pas seulement d'ordre idéologue, lié à mon envie de passer à l'action. Il s'accompagnait alors d'une attirance d'un autre ordre. Dans le chaos ambiant, j'avais fait la connaissance d'Annick, une étudiante maoïste en rupture de ban qui me plaisait beaucoup. Elle participait au Comité d'action de sociologie et était manifestement plus politisée que moi. Mais à vrai dire, l'essentiel n'était pas là. Par-delà les dogmes intellectualistes et militants, elle manifestait un vif intérêt pour le cinéma, la littérature et le jazz, et cette sensibilité esthétique nous rapprocha.

Bien plus encore, elle avait rompu avec son mari, ancien maoïste lui aussi, et se sentait libre de faire ce qu'il lui plaisait en dehors de toutes les convenances. Son

---

1. Outre le cercle marxiste-léniniste, deux autres groupes maoïstes, celui de *La Cause du peuple* et celui de la Gauche révolutionnaire issu du PSU, auxquels se joignaient des inorganisés radicaux, débordaient les organisations trotskistes et se montraient les plus déterminés dans les manifestations.

indépendance et sa nonchalance, son charme mi-sérieux mi-décontracté avaient de quoi séduire et faisaient rêver. Je lui rendis visite un soir avec quelques disques de jazz qu'elle m'avait prêtés et nous succombâmes sans tarder à une passion amoureuse sur fond de musique de John Coltrane et de Léo Ferré.

Nous partagions les mêmes goûts artistiques et un même imaginaire, où se mêlaient les surréalistes et le jazz, la vision romantique de la guerre d'Espagne, Federico García Lorca et les poètes espagnols mis en musique et chantés par Paco Ibañez… Cette passion s'ancrait dans le mouvement étudiant post-soixante-huitard avec ses figures familières qui formaient une grande famille bohème et contestataire, vivant dans l'entre-soi, tout en se prenant pour l'avant-garde culturelle et politique d'un monde en plein bouleversement.

J'entrais dans un autre univers plus lumineux que celui de ma chambre d'étudiant sombre et humide d'un vieil immeuble du centre-ville. Annick habitait un petit appartement près du campus, dont les fenêtres donnaient sur les remparts du château. Le soleil du printemps éclairait les vieilles pierres, accompagné par la musique de « More[1] » des Pink Floyd, qui commençait par des chants d'oiseau avant de planer très haut avec le parfum du haschisch fumé à l'occasion. Le rêve et l'imaginaire s'épanouissaient sans fausse honte ; j'approfondissais mon expérience en matière de vie intense et d'amour fou.

Aussi incohérent que cela puisse paraître aujourd'hui, la lecture des ouvrages de sciences humaines s'accompagnait de celle des écrits du président Mao et de la musique de Dizzy Gillepsie, d'Archie Shepp, de John Coltrane…

1. PINK FLOYD, « More », bande originale du film *More* de Barbet Schroeder, EMI/Columbia, 1969.

« Kush[1] », de Dizzy Gillepsie, exprimait une énergie vitale et jubilatoire qui allait *crescendo* ; « Le Matin des noire[2] » d'Archie Shepp me plongeait dans un monde calme entrecoupé d'éclairs et de chaos. Mais j'étais surtout subjugué par le rythme envoûtant d'« Olé[3] » de John Coltrane, qui se mêlait à mes souvenirs des paysages andalous. Je découvrais cette mélodie tournoyante chargée d'intensité. La musique de John Coltrane n'allait plus me quitter.

Quant à l'album de Léo Ferré *Amour, anarchie*, il ne pouvait pas mieux tomber avec « La mémoire et la mer » : « La marée je l'ai dans le cœur qui me remonte comme un signe[4]... » Cette chanson mélancolique à souhait était pour moi comme un hymne à La Hague et aux copains d'avant, que j'avais quittés.

Je ne manquais pas d'amener ma nouvelle compagne à Landemer où la mer et les falaises se révélaient comme des lieux merveilleux et sacrés. L'idéologie et le militantisme n'avaient pas encore érodé le rêve et la beauté. Le poème de Rimbaud chuchoté à la fin de *Pierrot le fou* de Godard devenait à nouveau réalité :

« Elle est retrouvée.
Quoi ? – L'Éternité.
C'est la mer allée
Avec le soleil[5]. »

---

1. Dizzy GILLEPSIE, « Kush », in *An Electrifying Evening with the Dizzy Gillespie Quintet*, Verve, 1961.
2. Archie SHEPP, « Le matin des noire », in *Newthing at Newport Archie Shepp/John Coltrane*, Impulse, 1965.
3. JOHN COLTRANE, « Olé », Atlantic, 1961.
4. LÉO FERRÉ, « La mémoire et la mer », in *Amour, anarchie*, Barclay-Universal, 1970.
5. Arthur RIMBAUD, « L'éternité » (1872), in *Vers nouveaux.*

Un Normand en terre étrangère

Cet été-là, nous reprîmes les routes du Sud en 2 CV, traversant l'Espagne, vers le Maroc où Annick était née et avait passé sa jeunesse. Nous dormions à la belle étoile dans un champ de la campagne andalouse avant de traverser la Méditerranée et d'arriver à l'enclave espagnole de Ceuta. Au moment de passer la frontière, un douanier marocain, estimant que mes cheveux tombaient un peu trop sur mes oreilles, me fit comprendre que je devais aller chez le coiffeur si je voulais entrer dans le pays. Cette remarque me parut d'autant plus injuste que le douanier laissa passer un jeune conducteur en Mercedes, dont la chevelure du genre hippie tombait sur les épaules. La distinction liée à la voiture et le *bakchich* y étaient sûrement pour beaucoup.

Nous étions fatigués, la nuit tombait et nous ne savions pas où dormir, lorsqu'un homme affable nous proposa de nous héberger. Il nous mena en ville dans une famille qu'il réveilla pour qu'on nous cède une chambre et change les draps. Le Normand que j'étais encore se sentait gêné d'être ainsi introduit dans une famille inconnue en pleine nuit. La famille, au contraire, avait l'air contente et je m'étonnais d'une telle hospitalité. Ma naïveté fut vite balayée lorsque l'homme nous fit comprendre qu'il fallait payer en sachant que le petit déjeuner était compris.

Annick qui était née et avait passé sa jeunesse au Maroc à Casablanca connaissait les lieux, la langue et les codes, alors que j'entrais dans un pays qui m'était étranger. Mon dépaysement était total et je plongeais dans un monde bien différent de la Normandie, à laquelle, malgré mon désir d'aventure, je demeurais attaché comme à une terre natale impossible à oublier.

Notre étape à Chefchaouen dans le Rif accentuait le sentiment de goûter à la beauté d'un univers qui m'était culturellement étranger. Je découvrais les mosquées et les appels à la prière, les dédales de rues grouillantes et les échoppes d'un autre âge… Le thé à la menthe, la beauté des petites places et des terrasses ombragées, la musique arabe, l'odeur du kif fumé plus ou moins discrètement à la terrasse des cafés s'entrecroisaient avec des aspects moins agréables. Les promenades dans les rues s'accompagnaient de groupes d'enfants et d'adolescents qui s'accrochaient à vous comme des mendiants et ne vous lâchaient pas tant que vous ne leur donniez pas des cigarettes ou quelque pièce d'argent. Il y avait aussi quelques beatniks ou hippies à l'allure déglinguée dont la « fumette » à haute dose avait visiblement marqué les traits et déchaussé les dents.

Le Rif n'était pas seulement connu pour la culture du cannabis, mais aussi pour son esprit frondeur et sa révolte contre les troupes espagnoles puis françaises dans les années 1920, menée par les troupes d'Abdelkrim. Les communistes de l'époque et les surréalistes avaient soutenu la révolte et dénoncé la répression sauvage des troupes coloniales. À Chefchaouen, cette connaissance livresque prenait une dimension plus charnelle en visitant la petite prison sordide où les soldats européens avaient été enchaînés. On disait même qu'ils remplaçaient les ânes attelés au pivot de bois d'une meule en pierre, réduits à des bêtes de somme tournant en rond. Cette idée troublait mon schématisme militant : les tortures et les atrocités n'avaient pas eu lieu d'un seul côté.

À Casablanca, dans une villa sur les hauteurs, je découvris d'autres usages étonnants. Annick me servait de guide, négociait mes achats dans la médina en parlant arabe, ce qui ne manquait pas de surprendre les marchands. Elle me faisait connaître un café avec son arrière-salle, où l'on pouvait écouter silencieusement pendant des heures un joueur de tam-tam marocain en fumant du haschich, assis sur des tapis aux côtés d'un maigre public quelque peu « défoncé ». J'eus ce soir-là une certaine frayeur à la vue d'un policier en uniforme entrant dans cette arrière-salle, mais à ma grande surprise, celui-ci fit comme les autres : il s'assit par terre et se mit à fumer. Les annonces dans les journaux telle que « Le kif creuse vos poumons et votre tombe » n'avaient pas grand effet.

Au bout de quelques jours, la « barque de l'amour allait se briser contre la vie courante[1] » et la discorde se glissa entre nous. Je demeurais un jeune puriste et ne comprenais pas comment Annick acceptait encore d'être coiffée par sa nounou marocaine qui avait pris soin d'elle depuis son plus jeune âge. Ce mode de vie plutôt heureux des Français du Maroc, qu'elle avait bien connu dans sa jeunesse, me paraissait en porte-à-faux avec le fait de se dire révolutionnaire en défendant la veuve et l'orphelin.

Mais, à vrai dire, j'étais encore un jeune Normand mal dégrossi et je me sentais mal à l'aise dans ce milieu qui n'était pas le mien. Pour je ne sais quel motif futile, je décidai d'écourter mon séjour. Je repris la route, traversant l'Espagne et la France en quelques jours, avide de retrouver la maison de Landemer et de me replonger dans le mouvement étudiant à Caen. L'amour fusionnel s'était retourné comme un gant ; il me laissait un goût amer en même temps que le souvenir indélébile de moments lumineux.

1. Vladimir MAÏAKOVSKI, « Le canot de l'amour s'est brisé contre la vie courante », in *Épitaphe* (1930).

Je partageais le point de vue d'Alain Geismar, qui l'avait dit à sa manière : « L'université ne sert qu'à fabriquer des couillons myopes et trouillards[1]. » Mais paradoxalement, cela ne m'empêchait pas de m'intéresser encore à la philosophie et aux sciences humaines. Deux ans après Mai 68, alors que la contestation et le refus proclamé du savoir bourgeois battaient leur plein, j'obtins une licence d'enseignement de philosophie composée de différentes « valeurs » : philosophie morale et politique, logique et épistémologie, esthétique générale et philosophie de l'art, auxquelles s'ajoutaient la sociologie politique et la psychanalyse.

Je reçus les félicitations de l'enseignant pour ma dissertation sur l'esthétique. Quant à Claude Lefort, mon texte sur la notion d'inconscient chez Claude Lévi-Strauss et chez Freud l'avait intéressé[2]. Il ne put s'empêcher de m'interpeller : « Après avoir lu votre copie, je n'arrive pas à croire que vous vous désintéressez de ce que vous avez écrit. Comment pouvez-vous être maoïste ? »

Je lui répondis que je m'y intéressais, mais que là n'était pas le problème : « Je refuse de jouer le rôle que la société voudrait nous faire jouer. Il y a eu Mai 68, le mouvement étudiant, les grèves ouvrières et des luttes se développent partout dans le monde. Je me sens pleinement partie prenante. » Dans notre échange informel, nous abordâmes la question de la Chine de Mao, sur laquelle il était pour le moins sceptique : « Je ne connais pas la Chine, mais je

1. Citation reprise dans un trac signé du Mouvement du 27 mai à la faculté des lettres de Caen, document en possession de l'auteur.

2. L'ayant relu aujourd'hui, je ne comprends pas tout ce que j'écrivais sur ce sujet, mais à l'époque, dans le domaine des sciences humaines, il était de bon ton d'écrire de façon compliquée.

connais le stalinisme… » Et nous d'affirmer doctement que la révolution culturelle avait su précisément tirer les leçons du stalinisme et que Mao avait rompu avec lui…

Claude Lefort était un intellectuel critique que nous respections, mais il faisait partie d'une autre génération, celle qui avait vu l'échec de ses espoirs révolutionnaires. C'était pour nous une évidence : la nôtre ne connaîtrait jamais une telle situation…

Sa réaction fut encore plus vive à la lecture de la dissertation de l'un de mes amis, devenu lui aussi maoïste. Son texte portait sur l'ouvrage *Matérialisme et Empiriocriticisme* (1908) de Lénine, texte pour le moins philosophiquement indigent. Abasourdi par l'intérêt que mon ami pouvait porter à cet écrit, il sortit de son tiroir un autre texte écrit antérieurement sur *La République* de Platon, qu'il avait trouvé remarquable. Passer de Platon au léninisme était certes déconcertant.

Claude Lefort qui soutenait les étudiants contestataires se trouvait confronté à une question à laquelle il n'avait pas de réponse : comment des étudiants qui manifestement s'intéressaient à la philosophie et aux sciences humaines avaient pu sombrer intellectuellement aussi bas ?

Aujourd'hui encore, je m'interroge sur les raisons qui nous ont finalement amenés à sacrifier l'intellect au profit de l'idéologie léniniste, maoïste, voire stalinienne. Les anciens croyants en rupture de ban pouvaient adhérer à l'idéologie marxiste-léniniste comme on entre en religion. Ce sacrifice de l'intellect était peut-être aussi le prix à payer plus ou moins consciemment pour s'absoudre de ses origines de classe petites-bourgeoises, en épousant des doctrines qui prétendaient représenter le prolétariat.

Mais ces éléments bien réels n'expliquent pas tout. Il existait aussi un refus premier de faire carrière et de devenir un « intellectuel bourgeois ». L'anti-intellectualisme et le besoin d'aventure et d'action trouvaient dans le maoïsme leur justification, aboutissant non seulement au rejet de la « culture du livre », mais au refus des exigences et des efforts qu'implique la formation d'une pensée personnelle et autonome. Le nihilisme était à l'œuvre dans cette dilution de la pensée dans l'action, aboutissant à la bêtise et à un fanatisme que rien ne semblait pouvoir ébranler.

Alors que le chaos et les manifestations allaient bon train, je croisai un jour, dans les couloirs de la faculté, l'un des enseignants qui étaient la cible des comités d'action. Il me prit à part en essayant de nouer le dialogue avec moi : « Pourquoi toute cette hargne et cette violence ? Où tout cela va-t-il vous mener ? J'ai connu la violence pendant la guerre d'Algérie et ce n'était pas beau à voir. Jusqu'où allez-vous aller ? »

Cet enseignant était un grand spécialiste de Kant et pour moi le problème était simple : « Le kantisme a les mains pures, mais il n'a pas de mains[1]. » Comment cet enseignant pouvait-il comprendre que, pour mes camarades et moi, l'humanisme et la morale avaient fait faillite ? Ils n'avaient pas empêché la guerre en Algérie avec ses tortures et ses massacres, l'envoi de jeunes faire cette sale guerre, quitte à ce que nombre d'entre eux reviennent écœurés ou traumatisés par ce qu'ils avaient vu. Si un jour, une telle situation devait se produire, cela me paraissait un choix facile à faire : ne pas y aller.

Je laissai parler ce professeur qui se montrait sous un jour bien différent des quolibets et des insultes dont nous l'avions accablé, mais je refusai de répondre à ses interrogations dérangeantes qui me remettaient en question. Cet enseignant était pour moi l'incarnation de la mauvaise conscience

---

1. Charles PÉGUY, *Victor Marie, comte Hugo* (octobre 1910), Paris, Gallimard (Bibliothèque de la Pléiade), t. III, p. 331.

et de l'échec des générations antérieures. Celles-ci avaient fini par renoncer à changer le monde et la philosophie servait de refuge et de justification à leur impuissance. Je refusai le dialogue avec lui avec l'orgueil souverain et bête du gauchiste qui se croit tout-puissant et ne craint plus rien.

Petits boulots

Après l'obtention de ma licence d'enseignement, j'avais continué de m'inscrire à l'université, mais je militais désormais à temps plein. Mes parents m'avaient coupé les vivres, estimant – à juste titre – qu'il était grand temps que je me préoccupe de mon avenir professionnel. Pour continuer d'assurer ma subsistance, j'obtins une aide sociale du centre régional des œuvres universitaires et scolaires (Crous) après m'être fendu d'une lettre quelque peu alarmante sur ma précarité financière et mon moral qui était censé être au plus bas. Ce courrier fut suivi d'un entretien avec une responsable qui était manifestement une sympathisante du mouvement étudiant et m'accorda une somme qui me permettait d'être tranquille pour quelque temps.

J'entamai en même temps quelques petits boulots. J'interrogeais la nuit les automobilistes sur la route de Paris pour une société de sécurité routière avant de devenir gardien de nuit. Grâce à Samir, un camarade étudiant syrien, admirateur de Nasser et du parti Baas[1], je fus embauché ensuite dans une société de gardiennage où lui-même travaillait pour payer ses études : entre « révolutionnaires », il fallait bien s'entraider. L'uniforme avec casquette était obligatoire et Samir me fit comprendre que je ne devais pas avoir les

1. Parti syrien créé en 1944, ayant pour but l'unification des pays arabes.

cheveux trop longs. Je ne comprenais pas en quoi cela pouvait nuire à cette activité, mais je m'exécutai sans rechigner.

Je passais alors mes nuits en solitaire dans des usines et des grands magasins, effectuant des rondes à heures fixes selon un parcours balisé. C'est ainsi que je me retrouvai dans l'usine Jaeger, située à la périphérie de Caen, où existaient une section CFDT et une section CGT ; cette dernière était tenue par des militants maoïstes qui sympathisaient avec le mouvement étudiant. Ceux-ci m'avaient décrit le travail et les cadences infernales auxquelles étaient soumises les ouvrières. Dans le silence des ateliers, je découvris ces machines et ces chaînes de montage où elles accomplissaient quotidiennement toujours les mêmes gestes de plus en plus rapidement. Comment pouvaient-elles supporter de telles conditions ?

Ces nuits de gardiennage m'avaient fait également connaître un personnage haut en couleur qui faisait partie des figures types honnies des soixante-huitards. Il était comme moi gardien de nuit dans ce grand supermarché d'Hérouville, dans la banlieue de Caen. C'était un ancien militaire, qui avait « fait l'Indo [l'Indochine] et l'Algérie ». Il était très affable et tenait à tout prix à me raconter ses exploits guerriers et sexuels supposés dans ces contrées lointaines.

Je compris vite à qui j'avais affaire quand je le vis emprunter un balai au rayon droguerie et mimer une fusillade de son cru avec un « Tac-tac-tac » censé imiter le bruit d'une mitraillette. Il continua sa tournée en piochant dans différents rayons et m'invita à faire de même pour ne pas passer la nuit l'estomac creux. Il se servait en charcuterie et pâtisserie, mais il était surtout attiré par le rayon des alcools et spiritueux, avec un goût immodéré pour le rhum et le whisky. Au bout de quelques heures, titubant entre les différents étals, il avait fini par mettre par terre une pyramide de boîtes de conserve en tête de rayon que j'eus le plus grand mal à remettre d'aplomb.

Vers six heures du matin arrivaient les premières employées à qui il ne pouvait s'empêcher de « mettre la main aux fesses » sous les cris et les protestations de jeunes filles. J'essayais de le retenir, de l'empêcher d'approcher des employées, mais il recommençait malgré des claques reçues à l'occasion. À l'aube, notre gardiennage étant terminé, il repartait à mobylette en zigzaguant. C'était un vieux garçon qui habitait avec sa « maman » qu'il aimait beaucoup. Pour preuve : il lui rapportait dans ses poches quelques croissants empruntés au rayon pâtisserie pour son petit déjeuner.

Cet homme avait toutes les caractéristiques du militaire colonialiste et alcoolisé. Il venait confirmer mes clichés militants. Mais je ne le haïssais point. Je le trouvais pathétique et dérisoire. Il m'avait fait rire plutôt que m'indigner. Il faisait partie des figures caricaturales peut-être, mais bien réelles, d'un ancien monde en voie de disparition.

Fossé entre générations

Ces nuits de gardiennage ne durèrent pas très longtemps. Un soir, alors que je m'apprêtais à prendre mon service pour une nouvelle nuit de surveillance dans un supermarché, Samir m'apprit que je ne pouvais plus exercer cette activité. Il était désolé mais il avait reçu des directives venant d'en haut, à la suite de la communication de mes états de service au sein du mouvement étudiant. J'allais vite apprendre qu'un imbroglio amoureux et familial avait joué un rôle dans ce licenciement.

Les parents de ma compagne d'alors s'inquiétaient de ses absences nocturnes du foyer de religieuses où ils l'avaient installée. Ayant appris, je ne sais comment, que j'en étais la cause, ils voulaient me rencontrer à tout prix. Je n'en avais aucune envie mais je finis par accepter, sur les conseils de leur fille qui estimait que c'était une corvée sans importance mais nécessaire pour que les choses soient claires aux yeux de ses parents. Ces derniers habitaient à la campagne, dans les environs de Caen, une grande maison bourgeoise qui me fit penser à celle du notable politique joué par Michael Lonsdale dans *La mariée était en noir* de François Truffaut[1].

Je me retrouvai à prendre le café, assis sur un canapé, dans un salon cossu avec tapis et tableaux de plus ou moins bon goût. Le père, directeur commercial d'une grande entreprise automobile pour la région normande, se présentait comme quelqu'un d'ouvert aux idées des jeunes, à condition bien entendu de ne pas tomber dans l'excès… Son costume trois pièces contrastait avec ma tenue décontractée et ses questions embarrassées me faisaient rire intérieurement : « Quels étaient mes projets avec sa fille ? Notre liaison allait-elle durer ? Comment envisageais-je ma carrière ? » S'y ajoutaient d'autres interrogations portant sur le mouvement étudiant et mes opinions politiques. Mes réponses sans fioriture avaient de quoi le décontenancer et nous mîmes fin à la conversation sans tarder. Ce bourgeois distingué n'était pas en mesure de nous comprendre, mais cela n'avait aucune importance : nous étions libres de mener notre vie comme nous l'entendions.

Quelque temps plus tard, je découvris que cette rencontre lui avait laissé un goût amer. Sans doute avait-il été effrayé par mes propos révolutionnaires sans concession. Mes parents m'informèrent qu'ils avaient reçu la visite d'un directeur commercial haut placé et de son épouse (« des gens distingués et courtois ») qui étaient venus leur dire qu'il fallait que je rompe avec leur fille, sinon j'aurais

1. François TRUFFAUT, *La mariée était en noir*, 1968.

quelques ennuis... Au passage, ils leur communiquèrent ce qu'ils avaient appris par la police avec qui ils étaient en bonne relation : j'étais fiché comme l'un des leaders maoïstes étudiants en rapport avec des gens peu fréquentables, côtoyant des drogués, mais n'étant pas drogué moi-même. Décidément, les parents de ma compagne avaient le bras long...

Mes parents leur répondirent que j'étais majeur, qu'ils n'avaient plus prise sur mes comportements et qu'ils n'entendaient guère s'ingérer dans mes relations avec leur fille. Ils étaient certes un peu inquiets : « Fais attention à qui tu fréquentes, cela pourrait te causer des ennuis. » Comme seul ennui, j'avais été renvoyé d'une société de gardiennage et je tenais à les rassurer : je n'en aurais pas d'autres car nous avions cessé de nous plaire et avions librement mis fin depuis quelque temps à notre liaison. D'ailleurs, après notre séparation, mon ex-compagne s'était mise en ménage avec un autre étudiant gauchiste et bagarreur que je connaissais bien. Ses parents avaient encore et toujours des raisons de s'inquiéter. Quant à moi, je voguais déjà vers de nouvelles aventures.

Dans le chaos du mouvement étudiant, les rencontres amoureuses ne manquaient pas et ne duraient pas forcément bien longtemps. Le machisme demeurait dominant et la sexualité se voulait libérée de tout refoulement et de toute morale assimilés à une culpabilité malsaine qui n'avait plus lieu d'être. Cela permettait de justifier le « repos du guerrier » et la diversité des expériences, tout en gardant une dimension romantique selon la conquête du moment.

Le travail m'apparaissait alors comme une corvée, mais il fallait néanmoins gagner quelque argent pour continuer à vivre et à militer au sein du mouvement étudiant. Tout en poursuivant officiellement mes études, j'obtins un poste de surveillant dans un lycée de Bayeux. J'y retrouvai des collègues étudiants qui eux aussi faisaient partie du milieu gauchiste de Caen.

Le poste de « pion » était le symbole même de ce que nous détestions. Il s'apparentait pour nous au rôle de garde-chiourme, chargé de surveiller et de réprimer les (justes) aspirations et révoltes de la jeunesse au sein d'un « lycée caserne ». Occuper une telle fonction s'avérait délicat.

Les heures passées dans ce lycée me semblaient longues et ennuyeuses. Je les occupais en lisant discrètement les écrits de Mao pendant les permanences et, dans la cour de récréation, je me liais à quelques jeunes élèves comme si j'avais affaire à des représentants d'un peuple opprimé. Le soir, dans le grand dortoir dont j'avais la charge, je transgressais les règles de l'établissement en fumant des cigarettes avec les pensionnaires et en discutant avec eux de Mai 68 et de ses répercussions que je mettais en pratique à ma façon.

Avec mes collègues soixante-huitards, je décidai d'organiser une grève surprise sous je ne sais quel prétexte. Cette grève des surveillants provoqua une désorganisation, au grand dam du principal et du censeur qui annoncèrent la nouvelle devant les élèves réunis dans la cour. Le contraste était frappant entre les jeunes qui se réjouissaient d'un tel chambardement et les responsables qui bouillaient de colère et nous traitaient à voix basse de « pauvres petits cons ». Le directeur avait manifestement envie de nous casser la figure, mais il ne s'y risqua pas.

Les sanctions ne tardèrent pas à tomber : nous fûmes congédiés de l'établissement. Mon contrat avec l'Éducation nationale n'avait pas duré bien longtemps et mon avenir dans cette institution était pour le moins compromis. Mais je n'en avais cure : tout projet de carrière me semblait alors hors de propos.

Quitter ce lycée caserne fut un soulagement. J'allais pouvoir retrouver mes camarades au café L'Équipe près du campus où, entre deux parties de flipper et de baby-foot, nous refaisions le monde avec la musique pop du juke-box en arrière-fond. Là se situait la vraie vie qui abolissait les contraintes et les interdits avec un sentiment de solidarité et d'appartenance à un milieu hors des normes dominantes. Dans les réunions des comités d'action et les assemblées générales tumultueuses, nous avions le sentiment d'être les nouveaux acteurs de l'histoire qui créaient l'événement. L'activisme militant était aussi une façon d'intensifier le temps et de fuir la banalité et les contraintes de la vie quotidienne, en refusant ou en reportant indéfiniment le moment où il faudrait affronter une réalité qui n'avait plus rien d'exaltant.

2

Des camarades ouvriers

Avant Mai 68, ma connaissance du milieu ouvrier se limitait aux ouvriers de l'arsenal de Cherbourg, au père d'un copain d'enfance qui travaillait dans le bâtiment et aux ouvriers d'une petite fonderie, située près de la maison de mes parents, dont j'observais le travail de loin. À Caen, j'allais faire directement connaissance avec d'autres ouvriers qui ne leur ressemblaient pas.

« On a raison de se révolter contre les patrons »

Au lendemain de Mai 68, je me confrontai, avec d'autres camarades étudiants bien connus, à une demande singulière de la part d'un petit groupe d'ouvriers de Moulinex qui sympathisaient avec le mouvement étudiant et venaient de temps à autre à la maison de l'A, la maison des étudiants de Caen déjà évoquée. Ces salariés nous demandaient d'organiser une sorte de guet-apens contre leur patron, visant à lui faire peur, au moment où celui-ci rentrerait le soir à son domicile, dont ils nous donnèrent l'adresse. Ce dernier avait la réputation d'être un patron de choc pratiquant la répression syndicale. Bien que l'ouvriérisme régnât en maître dans le mouvement étudiant, je n'étais guère favorable à ce genre d'action. Fort heureusement, je ne sais plus pour quelle raison, le projet de « casser la gueule » au patron de Moulinex resta velléitaire.

Je ne connaissais pas l'entreprise, mais j'avais en tête une affiche militante représentant une ouvrière à son poste de travail, les avant-bras levés, reliés à des chaînes, flanquée du slogan publicitaire détourné ironiquement : « Moulinex libère la femme ! » Les ouvrières qui découpaient les tôles étaient soumises à la cadence des machines avec le risque d'avoir les doigts coupés. Pour éviter les accidents, on n'avait rien trouvé de mieux que de leur attacher aux bras des lanières qui les écartaient automatiquement suivant les cadences des machines. Ces conditions de travail me révoltaient et me paraissaient le symbole même de l'exploitation capitaliste.

Il en allait de même avec les ouvrières de l'usine Jaeger qui fabriquait des tableaux de bord pour l'industrie automobile. Les responsables syndicaux que je connaissais m'avaient décrit l'organisation taylorienne du travail à la chaîne, qui décomposait l'activité de travail en une série de gestes élémentaires et les mesurait en quanta de temps les plus resserrés possible. Une partie du salaire dépendait de la quantité produite selon un chronométrage de l'activité augmentant constamment le rythme des gestes à effectuer. Ces cadences infernales, avec des contremaîtres chargés de les faire respecter, provoquaient des malaises et des crises de nerfs parmi les ouvrières. Travailler dans de telles conditions était inhumain et le slogan « On a raison de se révolter », pleinement justifié.

« Du tiercé à la révolution[1] ? »

Mes camarades maoïstes de Caen m'initièrent à la « liaison avec les masses » et me permirent de faire plus ample connaissance avec les ouvriers. Je commençai par un porte-à-porte à Hérouville-Saint-Clair, où des locataires avaient entamé une grève des loyers. Sonner à la porte d'un appartement, parler à des personnes inconnues de problèmes qui ne vous concernent pas directement n'avait rien de naturel pour un jeune Normand encore imprégné de la mentalité traditionnelle du « chacun chez soi ».

Nous avions également pris contact avec quelques ouvriers du bâtiment qui travaillaient sur le campus et déjeunaient sur place avec leur gamelle. La discussion avec eux s'amorçait après quelques verres de « gros qui tache[2] » qu'ils nous offraient gentiment, ce qui semblaient donner raison à Nino Ferrer dans sa chanson « Mao Moa » : « Le quart de rouge, c'est la boisson du garde rouge[3]. »

La situation de ces ouvriers dehors sur le campus alors que les étudiants étaient en droit, pour une modeste somme, d'aller au restaurant universitaire, nous semblait particulièrement injuste. Après avoir diffusé des tracts à l'entrée du restaurant universitaire pour dénoncer cette situation, nous obtînmes, avec le soutien du personnel du resto U, qu'ils puissent manger tous les jours comme les étudiants. C'était une victoire qui montrait que servir le peuple n'était pas pour nous un vain mot.

Il n'était pas question pour autant d'en déduire que la situation particulière de ces hommes reflétait la condition

---

1. Philippe Gavi, *Les Ouvriers. Du tiercé à la télévision*, Paris, Mercure de France, 1970.

2. Vin rouge de mauvaise qualité.

3. Nino Ferrer, « Mao et Moa », Riviera, 1967.

de l'ensemble de la classe ouvrière. En cette seconde moitié du XXe siècle, celle-ci semblait s'intégrer à la société de consommation, même si la pauvreté existait toujours. Le tiercé, la télévision et les loisirs de masse étaient les signes les plus manifestes d'une mutation culturelle que les soixante-huitards considéraient comme une aliénation : « Rejeté dans un matérialisme morne et désabusé, écrivait le journaliste Philippe Gavi en 1970, l'ouvrier devient rapidement une proie vulnérable au fantastique appareil d'encadrement idéologique dont dispose le pouvoir. Quelle force peut rivaliser d'influence avec une télévision qui distille son venin tous les jours[1] ? »

L'enquête menée par ce journaliste montrait précisément que les thèmes portés par le mouvement étudiant demeuraient globalement étrangers à la classe ouvrière : « Si sa conscience d'appartenir à une classe est très forte, l'ouvrier de France (expression qui inclut les travailleurs étrangers) ne conçoit pas un pouvoir ouvrier. Il n'espère pas. Il semble désabusé, sceptique, écrasé par un sentiment d'impuissance et surtout d'incompétence, laissant aux “grosses têtes” le soin de formuler l'image d'une meilleure société où le budget ouvrier soit un peu amélioré[2]. » Mai 68 avait pourtant montré que la classe ouvrière n'était pas aussi « endormie » qu'on aurait pu le croire : « Du tiercé à la révolution, la route est longue, mais les premiers jalons sont posés[3]. »

1. Philippe GAVI, *Les Ouvriers*, *op. cit.*, p. 12.
2. *Ibid.*, p. 11.
3. *Ibid.*, p. 15.

Contre le taylorisme

À Caen, en janvier 1968, la grève des ouvriers de la Saviem et les violents affrontements avec la police qui avaient duré toute une nuit avaient fortement marqué les esprits[1]. *Le Monde* avait qualifié cette nuit d'émeute de « jacquerie ouvrière », mais nous la considérions comme un Mai 68 ouvrier avant l'heure. De jeunes ouvriers avaient affronté l'appareil d'État bourgeois et les maoïstes les considéraient comme une sorte d'avant-garde de la classe ouvrière qui débordait les syndicats ; leur lutte et leurs affrontements avec la police étaient les signes avant-coureurs d'une révolution qui finirait par triompher. Nous ne cessions de le proclamer dans nos tracts : « Les ouvriers de la Saviem ont montré la voie ! » Nous rêvions de les imiter et de reprendre le flambeau. Nous aussi étions capables d'affronter la police et ces heurts, tout comme la répression, étaient dans notre imaginaire un lien qui nous unissait à eux.

Les nouveaux embauchés de la Saviem étaient de jeunes ouvriers issus des bourgs ruraux qui supportaient mal l'autoritarisme patronal, l'organisation taylorienne du travail avec ses cadences infernales, ses contremaîtres et sa discipline de type militaire d'un autre temps. Les revendications de salaire se mêlaient alors à la révolte contre la hiérarchie et les « petits chefs » autoritaires et méprisants. Cela nous suffisait pour croire que la classe ouvrière demeurait révolutionnaire et qu'elle soutenait notre combat.

1. Lors d'une manifestation de solidarité avec les ouvriers de la Saviem dans le centre-ville de Caen, de jeunes ouvriers avaient débordé les organisations syndicales et affronté violemment les forces de l'ordre dans la nuit du 26 au 27 janvier 1968, entraînant plus de 200 blessés et de nombreux dégâts.

Le conflit des salariés de l'usine de Ferodo à Condé-sur-Noireau, à une cinquantaine de kilomètres de Caen, en était une nouvelle illustration. En décembre 1970, les ouvriers de l'entreprise séquestrèrent des dirigeants et des cadres pendant trois jours et demi ; ils se mirent en grève et occupèrent l'usine pour exiger la réintégration d'un des leurs, mis à pied après une altercation avec son chef d'équipe. La direction soutint la maîtrise « face à l'indiscipline de jeunes ouvriers très turbulents[1] » et licencia onze ouvriers qu'elle rendait responsables de la séquestration des cadres. Un délégué CFDT répliqua aussitôt : « Le personnel portait la responsabilité collective de cette séquestration. S'il doit y avoir des poursuites, il faut inculper tous les travailleurs[2]. »

Ces luttes des jeunes ouvriers contre un pouvoir patronal et une hiérarchie dépassée étaient pour nous exemplaires. Elles renforçaient notre imaginaire révolutionnaire : contrairement aux apparences de la société de consommation, la classe ouvrière n'avait rien d'autre à perdre que ses chaînes et le développement des luttes déboucherait sur la révolution. En attendant, les étudiants maoïstes appelaient à la solidarité avec les ouvriers de Ferodo à l'université, et le Secours rouge, en liaison avec la CFDT, dénonçait les conditions de travail et l'exposition aux poussières d'amiante.

Notre refus de devenir des cadres au service du système capitaliste était clair : « Les étudiants, futurs cadres, sont appelés à jouer ce rôle [de "jaunes" ou de "flics"]. Il faut en prendre conscience et choisir son camp[3]. »

---

1. Déclaration de la direction citée par Jean-Pierre DUMONT, « Les ouvriers de Ferodo poursuivent la grève contre une certaine idée du pouvoir patronal. La direction décide de licencier les auteurs de la séquestration des cadres », *Le Monde*, 24 décembre 1970.

2. Cité par Jean-Pierre DUMONT, in *ibid.*

3. PARTI SOCIALISTE UNIFIÉ, CERCLE MARXISTE-LÉNINISTE, tract « Les atouts du patronat », document en possession de l'auteur.

Des syndicalistes d'un nouveau genre

L'un des cas emblématiques de la revanche patronale contre Mai 68 était celui de Guy Robert, militant syndicaliste de la CFDT, qui avait joué un rôle clé dans la grève de la Saviem en janvier 1968. Ce fils d'ouvrier qui avait suivi des études et était devenu technicien ne s'était pas laissé récupérer par la classe dirigeante et s'était mis au service de la classe ouvrière. À son retour du service militaire, la direction lui avait refusé la réintégration dans son emploi et cette situation avait entraîné une mobilisation syndicale et étudiante dont la presse régionale s'était faite l'écho[1].

Avec la Saviem, l'usine Jaeger à Caen avait nos préférences parce qu'elle contenait des sections syndicales qui ne rejetaient pas le mouvement étudiant. La section CFDT de l'usine était dirigée par un leader ouvrier charismatique, Gilbert Pouthas, fervent partisan de l'autogestion. La section CGT était quant à elle menée par des ouvriers marxistes-léninistes plus radicaux qui se montraient favorables au mouvement étudiant, y compris dans ses affrontements violents avec les forces de l'ordre. C'était pour nous des ouvriers de référence qui, chacun à leur manière, soutenaient le mouvement étudiant, contrairement au PCF et à la CGT traditionnelle, qui ne cessaient de dénoncer les gauchistes.

Les ouvriers marxistes-léninistes de l'usine Jaeger me paraissaient plus « vrais » que les établis de la Gauche prolétarienne. Ils avaient été contactés avant Mai 68 par les maoïstes de l'UJCML et avaient créé une section CGT dite de « Lutte de classes ». Cette situation les mettait en conflit constant avec l'Union départementale de la CGT.

1. Voir Michel FRANÇOIS, *L'Affaire Guy Robert ou la Revanche de 1968*, Caen, Union départementale CFDT du Calvados, 1970.

Celle-ci ne manquait pas de les convoquer à la moindre occasion et de les tancer vertement, comme après avoir collé une affiche sur le panneau syndical, portant les slogans : « À bas la répression policière ! Solidarité avec les camarades étudiants ! » Cela n'avait sur eux aucun effet, bien au contraire…

Constamment en porte-à-faux avec les instances de la CGT, ils finirent par quitter le syndicat, alors qu'ils disposaient d'une centaine d'adhérents dont la moitié environ était d'accord avec leur orientation dite de « lutte de classes ». Ils entendaient désormais mener la lutte à la base, organiser les ouvriers les plus combatifs, développer les contacts entre les usines… tout en étant partie prenante du cercle marxiste-léniniste avec les étudiants.

Gérard, le camarade ouvrier hors des normes

Par-delà l'idéologie, les affinités personnelles avec ces camarades ouvriers comptaient beaucoup. Je sympathisai d'emblée avec l'un d'entre eux, sur des bases où le maoïsme entrait en ligne de compte, mais ne constituait pas l'essentiel de ce qui nous rapprochait.

Gérard, tel était son pseudonyme, était un ouvrier révolté à l'esprit vif et autonome qui ne s'en laissait pas conter. Il avait été reçu brillamment au certificat d'études mais n'avait pu poursuivre son cursus malgré les encouragements de son instituteur. Membre d'une famille pauvre et nombreuse que le père avait quittée, il avait commencé à travailler à 13 ans comme apprenti dans un garage, puis comme jeune ouvrier. Il avait fait partie d'une bande de « blousons noirs » qui bousculaient la tranquillité des braves gens de la commune rurale où il était né. Lors de son service militaire, son attitude rebelle et une bagarre avec son sergent-chef l'avaient amené à faire un séjour en prison. Entré à l'usine Jaeger de Caen, devenu OP (ouvrier professionnel), il avait participé aux manifestations et aux affrontements avec la police aux côtés des ouvriers de la Saviem en janvier 1968. Son parcours était proche de celui que racontait François Béranger dans sa chanson « Tranches de vie » que j'appréciais beaucoup[1].

Gérard était pour moi un ouvrier à part. Il était l'opposé du militant traditionnel de la CGT et du PCF et faisait partie de ces ouvriers que le mouvement étudiant intriguait : « Pourquoi des gens qui pouvaient devenir des cadres ou des patrons s'intéressaient-ils à nos conditions de travail et à nos luttes ? »

Les militantes maoïstes qui l'avaient contacté ne ressemblaient guère aux femmes d'ouvriers et lui faisaient entrevoir un nouveau monde épris de liberté : « J'étais frappé par le côté sympathique et assez libéré de ces étudiantes qui venaient nous voir. Aller à des réunions politiques le soir ne correspondait pas tellement aux normes familiales de l'époque, telles que je les connaissais autour de moi. Ces militantes étaient très différentes des filles de l'usine qui avaient certaines normes de vie : lorsqu'elles quittaient leur travail à 17 heures, ce n'était pas pour aller à des réunions politiques le soir, ni même pour discuter avec des copains, c'était pour rentrer chez elles, s'occuper des enfants ou de la cuisine. Même moi qui faisais figure de gars sans trop de principes, je ne serais pas parti de chez moi sans dire à ma femme où j'allais. Avec les étudiants je me sentais libre, j'avais une véritable liberté de parole, je pouvais dire ce que je pensais. C'est cette liberté qui me plaisait[2]. »

1. François BÉRANGER, « Tranches de vie », CBS, 1970.

2. Maurice LEBOUDER, « Révolte ouvrière », témoignage in *Peut-on encore comprendre Mai 68 ?*, cahier de *Politique Autrement*, septembre 1988.

Bien plus encore, à la différence de la grande majorité des ouvriers, il appréciait la radicalité des étudiants et n'hésitait pas à participer aux manifestations et aux affrontements avec la police : « Les étudiants étaient pour nous des gars qui n'avaient pas peur, qui fonçaient tandis que nous, on piétinait dans l'usine avec nos syndicats. J'étais syndiqué mais je ne voulais pas trop entrer dans ce jeu-là. La façon de lutter des étudiants me convenait mieux. Quand il fallait se bagarrer, on était là[1]. »

Malgré nos différences de classe et de situation, nous partagions une révolte exacerbée et ne craignions pas les coups. La radicalité du maoïsme y répondait avec des aspects « anars » qui n'avaient pas disparu. Nous avions manifestement des atomes crochus.

Étudiants-ouvriers : même culture, même combat ?

L'autre figure ouvrière maoïste de l'usine, dénommé André, également délégué syndical, paraissait tout le contraire d'un « anar ». Il était dogmatique et avait tendance à se prendre au sérieux.

À la fin d'une réunion, il me prit à part pour m'annoncer brutalement : « La camarade Tania [une ouvrière militante de l'usine] est tombée amoureuse de toi. Tu dois la rencontrer. Prends un rendez-vous avec elle et débrouillez-vous. » Ce genre de propos m'avait choqué : il était aux antipodes du « hasard objectif » cher aux surréalistes auxquels je demeurais attaché. Le surréalisme lui était manifestement étranger, ce qui n'avait rien d'extraordinaire dans le milieu ouvrier. Mais son ton sec et autoritaire m'avait laissé sans voix. J'apprendrais bien des années plus tard que c'était un

1. *Ibid.*

fils de gendarme. Dans l'après-Mai 68, il valait mieux ne pas le mentionner. Mais, pour révolté qu'il fût, peut-être avait-il gardé quelques traits de caractère de son gendarme de père.

Je connaissais à peine la camarade Tania avec qui je devais prendre rendez-vous. Lors des affrontements avec la police, elle était venue sur le campus avec Gérard et André. Nous nous étions retrouvés en première ligne pour affronter les CRS et les gardes mobiles à coups de pavés et de cocktails Molotov. Cela créait certes des liens entre camarades ouvriers et étudiants, mais, tout occupé à ma besogne, j'étais loin de me douter que je pouvais fasciner la camarade ouvrière en question.

Je tenais à éviter tout malentendu avec elle : je demeurais fidèle aux rencontres amoureuses partagées et ne tenais pas à entrer dans ce genre de rapport inégal. C'est ce que j'essayai maladroitement de lui dire lors de notre rendez-vous dans un bar d'Hérouville. J'appris que ses rapports avec son mari avaient mal tourné et qu'elle avait des enfants. J'acceptai de lui rendre service en amenant en voiture une nuit ses jeunes enfants chez sa mère qui habitait dans la campagne normande. Cette situation tragique me désolait. L'insouciance et la bohème me semblaient naturels au sein du milieu étudiant, mais elles entraînaient des drames au sein des familles ouvrières. Il était hors de question pour moi d'en rajouter.

Les différences de culture et de mentalité entre étudiants et ouvriers m'étaient également apparues dans le chaos gauchiste régnant dans la faculté des lettres. Malgré les déclarations de solidarité des camarades ouvriers de Jaeger envers le mouvement étudiant, ces derniers n'en demeuraient pas moins choqués par ses aspects destructeurs et nihilistes. Même Gérard, le plus favorable au mouvement étudiant, ne pouvait les accepter : « Le spectacle dans les couloirs était assez incroyable : des inscriptions à la peinture, des affiches, des drapeaux rouges partout… Pour moi, c'était la remise en cause de l'ordre établi, les étudiants ne se gênaient pas pour dire ce qu'ils pensaient, c'était la liberté. Mais, en même temps, j'avais un réflexe de recul, le sentiment que c'était trop, qu'ils ne respectaient rien. Je n'aurais pas pu barbouiller les murs comme ça dans l'usine. J'avais quand même du respect pour les choses établies. Même pour moi ces formes d'action n'étaient pas évidentes, alors dans l'usine[1]… »

Gérard et André avaient assisté à une assemblée générale dans le grand amphithéâtre de l'université où nous débattions de l'opportunité ou non d'aller manifester en ville. Les trotskistes y étaient opposés par peur de se couper du mouvement ouvrier. Je prônais évidemment le contraire en rappelant la lutte des ouvriers de la Saviem, supposée incarner l'esprit d'« oser lutter ». À peine avais-je pris la parole pour appeler à manifester sans plus attendre que les militants trotskistes de l'Alliance des jeunes pour le socialisme se précipitaient sur moi. Ceux-ci étaient furieux d'être sans cesse débordés par des mao-spontex qui avaient de l'écho au sein du mouvement étudiant. Il s'était ensuivi un pugilat où des camarades étaient venus aussitôt me prêter main-forte.

André, le camarade ouvrier de Jaeger, avait alors pris la parole : « Qu'est-ce que c'est que ce foutoir ? Moi, je suis ouvrier et chez les ouvriers, cela ne se passe pas comme ça ! » Silence dans l'assemblée d'étudiants, puis des applaudissements à tout rompre : un ouvrier était là et avait parlé. Il n'avait pas dit grand-chose mais sa parole disposait de l'aura de la fameuse classe ouvrière et il incarnait à lui tout seul l'unité des travailleurs et des étudiants. Pour ma part, j'étais déçu : le camarade André n'avait peut-être pas tort, mais il aurait pu au moins faire preuve de solidarité à notre endroit…

1. Maurice LEBOUDER, « Révolte ouvrière », art. cité.

Front rouge et le « parti » enfin trouvé ?

Parmi les différents journaux d'extrême gauche qui circulaient à l'université, le journal *Front rouge*, issu d'une scission du PCMLF, allait attirer notre attention. Il s'en prenait aux « révisionnistes » du PCF, à l'Unef et aux trotskistes qui plaquaient le schéma des luttes revendicatives sur le mouvement étudiant.

Ce journal développait l'idée d'un « mouvement révolutionnaire de la jeunesse » avec les étudiants, qui refusaient le rôle de chiens de garde que la bourgeoisie était censée leur faire jouer, et les jeunes ouvriers, révoltés par le sort que le capitalisme leur réservait. *Front rouge* appelait à l'unité de ces deux composantes de la jeunesse qui subissaient, à l'en croire, une répression sauvage : « La bourgeoisie dresse sa flicaille dans la haine de la jeunesse. En inventant n'importe quel prétexte (cheveux longs), elle pousse ses chiens à frapper, ramasser, ficher les bandes de jeunes dans les quartiers ouvriers. La bourgeoisie quadrille les centres universitaires. Ella a sorti la toge du professeur, la matraque du flic et du vigile[1]. »

Front rouge publiait également des comptes rendus détaillés de luttes lycéennes dont le rapport avec celles de la classe ouvrière – plus encore que pour les étudiants – n'allait quand même pas de soi. Quelle relation pouvait bien avoir une gifle donnée au censeur au lycée Voltaire à Paris et la dictature du prolétariat[2] ? Mais qu'importait cette rhétorique ubuesque, l'essentiel était de passer à l'action : « Jeunes ouvriers et lycéens, à l'attaque[3] ! »

1. « En avant vers l'unité du mouvement révolutionnaire de la jeunesse », *Front rouge*, n° 2, 7 janvier 1971.

2. « Une gifle pour le censeur (Voltaire-Paris) », *Front rouge*, n° 3, février 1971.

3. « À Amiens, après le suicide de Francis. Jeunes ouvriers et lycéens à l'attaque ! », *Front rouge*, n° 3, février 1971.

Le style des articles n'était pas sans rappeler celui de *La Cause du peuple* avec la référence au marxisme-léninisme en plus : « Les parlottes n'ont jamais rien donné, les meetings paisibles non plus, les grèves calmes non plus et les manifestations promenades non plus[1]. » La conclusion s'imposait : il fallait « passer aux actes » en dehors de la légalité : « Oui, les ouvriers ont raison d'utiliser la violence contre les patrons, ils ont raison de séquestrer leurs ennemis, les cadres-flics, ils ont raison de passer outre aux volontés des syndicats. Leur lutte est totalement juste ! Les marxistes-léninistes les soutiennent à 100 % et ils les soutiendront jusqu'au bout sans arrière-pensée ni réserve[2] ! » Ce genre de propos correspondait bien à notre état d'esprit.

Pour les camarades ouvriers, il fallait sortir de l'amateurisme du cercle marxiste-léniniste local et rejoindre un parti qui prépare sérieusement la révolution. Au départ, en tant que mao-spontex, l'idée d'un parti communiste marxiste-léniniste déjà constitué ne me convenait pas vraiment.

Mais le point de vue des camarades ouvriers de Jaeger comptait beaucoup. La parole de l'ouvrier bénéficiait d'un *a priori* favorable, bien plus encore quand il était révolutionnaire, et les étudiants avaient plus ou moins mauvaise conscience d'être, malgré tout, des « intellectuels petit-bourgeois ».

Nous rencontrâmes un membre de la direction du PCMLF clandestin (tendance Front rouge)[3] qui savait manier le marxisme-léninisme comme il se doit en nous

1. « Les ouvriers ont raison de séquestrer les patrons », *Front rouge*, n° 2, 7 janvier 1971.

2. *Ibid.*

3. Créé en 1967, le PCMLF sera interdit en juin 1968 et deviendra clandestin. Il publiera le journal *L'Humanité rouge*. Après Mai 68, il connaîtra plusieurs scissions, dont le PCMLF-Front rouge implanté au départ dans la région lyonnaise.

exposant l'importance et les bienfaits d'un authentique parti communiste combattant le « révisionnisme », implanté dans la classe ouvrière et menant le combat révolutionnaire dans la perspective de l'« insurrection prolétarienne armée », débouchant sur la dictature du prolétariat. Ces grandes orientations nous étaient exposées avec un léger accent lyonnais et beaucoup de bagout. En l'écoutant parler du « parti », nous avions l'impression d'avoir affaire à une organisation nationale, rigoureusement structurée, composée non seulement d'étudiants mais de nombreux ouvriers et d'anciens résistants communistes. Le fonctionnement clandestin ajoutait une touche de sérieux et d'aventure à cet exposé. Autant d'éléments qui impressionnaient les militants provinciaux que nous étions.

Nous décidâmes de franchir le pas, à la grande satisfaction du responsable du parti. Celui-ci était manifestement content d'avoir gagné de nouveaux adhérents dans la bataille picrocholine que se livraient les différents groupuscules marxistes-léninistes, qui se présentaient tous comme les représentants authentiques du prolétariat. Cet engagement marquait une rupture avec nos aspects de bande d'étudiants maoïstes-anars qui ne se prenaient pas encore trop au sérieux. Le mélange d'idéologie et d'esprit sacrificiel mettait fin aux questions et aux doutes. Il fallait choisir son camp, épouser un peu plus les dogmes et ne plus avoir peur de se salir les mains, comme dans la pièce de théâtre de Jean-Paul Sartre[1] que j'avais lue quelques années auparavant.

---

1. Jean-Paul SARTRE, *Les Mains sales*, Paris, Le Livre de poche, 1967.

L'éducation marxiste-léniniste en question

Dans le PCMLF, tendance *Front rouge*, il fallait s'éduquer sérieusement. Nous avions alors entamé, stylo à la main, une étude approfondie du *Capital* de Karl Marx publié par les Éditions sociales.

Je découvris alors les secrets de « l'achat et la vente de la force de travail », de « la production de valeurs d'usage et la production de la plus-value », du « capital constant » et du « capital variable »[1]... Comme j'étais fâché depuis longtemps avec les chiffres et les équations, quelques formules de type mathématiques donnaient à ces notions un caractère scientifique qui m'impressionnait. À vrai dire, je ne dépassai pas les deux premiers tomes du livre I, avec une préférence marquée pour les descriptions de « la division du travail et la manufacture » et « le machinisme de la grande industrie »[2] qui me paraissaient moins abstraits. Je complétai cette initiation à l'économie marxiste par la lecture des *Lois fondamentales de l'économie capitaliste*[3] de Jean Baby, ex-intellectuel du PCF qui sympathisait avec le maoïsme.

Je ne connaissais rien à l'économie et ces écrits me semblaient la révélation des lois ésotériques d'une « infrastructure » qui déterminait souterrainement le monde. J'avais désormais un bagage économique d'un genre particulier avec l'autorité intellectuelle de Marx et de ses épigones. Nous pouvions alors affirmer tout bêtement que, contrairement aux apparences de cette seconde moitié du XXe siècle, la paupérisation (absolue et non relative) de la classe ouvrière était une réalité, réalité qui n'avait pas

1. MARX, *Le Capital*, livre I, tome I, Paris, Éditions sociales, 1948.
2. MARX, *Le Capital*, livre I, tome II, Paris, Éditions sociales, 1948.
3. Jean BABY, *Les Lois fondamentales de l'économie capitaliste*, Paris, Gît-le-Cœur, 1969.

fondamentalement changé depuis que Karl Marx en personne l'avait analysée un siècle plus tôt.

Après avoir assimilé une petite partie du *Capital*, nous entreprîmes de la faire connaître aux ouvriers, en la diffusant de manière condensée dans un tract distribué à l'usine Jaeger. Nous y exposions le plus pédagogiquement possible les questions des salaires et de la plus-value, tel que Marx nous l'avait doctement enseigné.

La cellule marxiste-léniniste de Jaeger, qui ne dépassait pas cinq membres, diffusait clandestinement cet enseignement dans l'usine par l'intermédiaire d'un petit bulletin, *Drapeau rouge*. Les ouvrières sur les chaînes étaient ainsi en mesure de prendre conscience de quelques lois du *Capital* qu'elles ne soupçonnaient pas, puisque leur travail produisait de la plus-value sans même qu'elles s'en rendent compte. La suite du programme devait porter, pour autant que je m'en souvienne, sur la différence entre la plus-value relative et la plus-value absolue. *Le Capital* comptant au total huit tomes, l'éducation de la classe ouvrière pouvait durer longtemps… Nous abandonnâmes rapidement.

Le bulletin *Drapeau rouge* entendait également éclairer les ouvriers sur les luttes impérialistes dans le monde, ce qui n'était pas, tant s'en faut, leur préoccupation première. Comme le témoignera plus tard mon camarade Gérard : « Dans ce bulletin, il y avait pas mal de petits articles sur la situation internationale et l'un d'eux exposait la situation à Madagascar et les différents courants politiques en présence. Je ne sais pas qui dans l'usine pouvait se montrer intéressé par ce qui se passait à l'intérieur de telle ou telle organisation dans une île aussi lointaine. À vrai dire, personne ne le lisait ou ceux qui le lisaient ne devaient pas y comprendre grand-chose, car c'était assez compliqué[1]. »

1. Maurice LEBOUDER, « Révolte ouvrière », art. cité.

Parant la classe ouvrière de toutes les vertus avec mes camarades étudiants, je demeurais aveugle à cette réalité que je mettrais du temps à reconnaître. Selon l'idéologie marxiste-léniniste, cette classe ouvrière n'avait « rien d'autre à perdre que ses chaînes » et serait amenée à s'emparer du pouvoir par l'insurrection prolétarienne armée sous la conduite d'un authentique Parti communiste qui saurait lui montrer la voie. Vaste perspective qui allait nous entraîner vers de nouveaux affrontements et de nouvelles impasses.

3

Violences et réminiscences historiques

À cette époque, les militants de la Gauche prolétarienne étaient, sans nul doute, les plus bagarreurs et les plus violents des maos. Les unes du journal *La Cause du peuple* mettaient en scène des policiers reculant sous les assauts de jeunes manifestants lançant des cocktails Molotov. Les appels à la violence étaient nombreux : « Patrons, c'est la guerre[1] ! », « Pas de quartiers pour la police syndicale ! » ; « Pour un œil les deux yeux ! Pour une dent toute la gueule ! » ; « Patrons, syndicats, numérotez vos abattis, l'explosion est proche »[2]... Ces militants maoïstes ne cassaient pas seulement la figure aux « petits chefs » dans les usines, aux « milices patronales », aux « fascistes » en tout genre. Ils n'hésitaient pas à affronter physiquement les « gros bras » de la CGT et du Parti communiste.

---

1. *La Cause du peuple*, n° 11, août 1969.
2. *La Cause du peuple*, n° 14, 10 décembre 1969.

Des maos bagarreurs et fascinants

Leurs actions violentes et minoritaires savaient attirer l'attention des médias par leur aspect spectaculaire : cocktails Molotov lancés contre le commissariat de Mantes-la-Jolie à la suite de l'arrestation de militants, sabotage d'une grue aux chantiers navals de Dunkerque, cocktails Molotov lancés dans les bureaux de la direction du personnel des Houillères à Hénin-Liétard après le décès de seize mineurs lors d'un coup de grisou à Fouquières-lès-Lens, distribution gratuite de billets de métro volés, pillage des produits de luxe de l'épicerie Fauchon place de la Madeleine, redistribués dans les bidonvilles de la région parisienne... Cette guérilla était d'un genre particulier : elle ne visait pas à anéantir l'ennemi, mais à détruire son autorité et son prestige.

Après la dissolution de la Gauche prolétarienne, en novembre 1970, les militants clandestins de la Nouvelle Résistance populaire (NRP) enlevèrent, frappèrent et enfermèrent dans une malle pendant quelques heures Michel de Grailly, député de la majorité de la circonscription de Paris, vice-président de la commission des lois à l'Assemblée nationale. Le communiqué de la NRP proclamait aussitôt : « Cette arrestation a valeur d'avertissement pour tous ses semblables : patrons, juges serviles, policiers fascistes. À chaque fois que leurs agissements les amèneront à s'opposer aux droits fondamentaux du peuple à vivre, à agir, à s'exprimer, la justice populaire pourra les arrêter et les juger[1]. »

1. « M. de Grailly a donné le signalement d'un de ses agresseurs », *Le Monde*, 26 novembre 1970. En mars 1972, après la mort de Pierre Overney tué par balle par un vigile de Renault, la NRP, sous le nom de « Groupe Pierre Overney », enlevait et séquestrait pendant deux

Les militants de la Gauche prolétarienne se présentaient comme les porte-parole authentiques des révoltes ouvrières et populaires et s'affirmaient tout bonnement comme les « nouveaux partisans ». Ils en avaient même fait une chanson[1].

Les luttes qui se développaient en France étaient censées être solidaires de celles qui se passaient dans le vaste monde, et participaient – qu'elles en aient ou non conscience – d'un mouvement révolutionnaire aux vastes ambitions. Elles rejoignaient les combats des peuples en lutte contre l'impérialisme américain au Vietnam, au Laos, au Cambodge, en Amérique latine, sans oublier la lutte du peuple palestinien, les manifestations contre la guerre au Vietnam, les émeutes des quartiers noirs, les Black Panthers qui défilaient armés dans les rues contre les *pigs* (« porcs », surnom donné aux policiers américains), les combats de l'Armée républicaine (IRA) en Irlande du Nord… Les Rolling Stones l'avaient proclamé d'une façon rock et désabusée dans l'une de leurs fameuses chansons de l'époque : « Street Fighting Man[2] » (« Combattant de la rue »).

Il était alors facile d'opérer le rapprochement avec la déclaration du président Mao selon laquelle, partout dans le monde, la tendance générale était à la révolution.

---

jours Robert Nogrette, chef adjoint des relations sociales à la Régie Renault.

1. Chanson écrite et composée par Dominique Grange, 1968.

2. Mick JAGGER, Keith RICHARDS, « Street Fighting Man », in *Beggars Blanquet*, Decca/ABKCO, 1968.

De la « guerre populaire » étudiante et lycéenne

La Gauche prolétarienne développait les analogies les plus grossières entre la « guerre populaire » version Mao Tsé-toung et ses actions spectaculaires et minoritaires. Ses jeunes dirigeants se piquaient de théorie militaire, et maniaient une rhétorique parlant de stratégie et de tactique, de « front », de « bases d'appui », d'« arrière », de « troupes de choc », de « déplacements de troupes », de « guérilla », de « campagnes d'encerclement de l'ennemi »[1]...

La réalité était moins grandiose. Les « bases d'appui » en question étaient les facultés (des lettres, tout particulièrement) et les lycées, auxquels s'ajoutaient les usines, où les maos étaient plus ou moins implantés, sans oublier les cafés ouvriers qui pouvaient aussi servir de base arrière à l'occasion. Quant aux « troupes de choc », elles étaient composées d'étudiants, de lycéens accompagnés ou non de jeunes ouvriers ou d'éléments déclassés toujours prêts à faire le coup de poing, à manier la barre de fer ou le manche de pioche. Les affrontements étaient violents et les protagonistes pouvaient se retrouver à l'hôpital, mais on était loin de la guerre populaire de Mao.

À l'époque, dans le genre guerrier, les propos du groupe maoïste Vive la révolution !, qui s'était lui aussi lancé dans des actions violentes, me paraissaient, malgré tout, moins délirants que ceux de la Gauche prolétarienne : « La guérilla urbaine sera pour l'essentiel une lutte politique et idéologique appuyée par des actions violentes sans commune mesure avec la guerre prolongée chinoise, vietnamienne, ou même avec la Résistance en France[2]. » La tactique prônée

1. « Pour la résistance », *Cahiers de la Gauche prolétarienne*, n° 2, mai 1970.

2. *Vive la révolution !*, n° 6, 5 juin 1970.

par VLR retenait mon attention et était source d'inspiration pour les manifestations que j'allais, avec d'autres, impulser : « Utiliser les bases d'appui provisoires que sont les facultés, pour tenter les sorties, harceler les flics, se replier dans les facs, ressortir, etc., bref prendre la parole sur le pas de sa porte et emmerder les flics[1]. » Cela me paraissait plus à portée de main que les usines qui étaient loin du campus.

Jusqu'alors, j'ignorais tout de l'art de la guerre et je n'avais pas fait mon service militaire, perspective à laquelle j'espérais bien échapper. Un étudiant maoïste bien connu de Caen avait vu son sursis résilié et avait passé plusieurs mois en prison lors de son service militaire pour « insolence » envers ses supérieurs. L'armée était pour nous associée aux exactions coloniales et aux tortures en Algérie. Elle avait de plus la réputation de « mater les fortes têtes » et nous étions résolus à résister quoi qu'il nous en coûtât. Ce fut avec soulagement que je reçus, lors de la fin de mon sursis, un document officiel m'annonçant que j'étais exempté de service militaire. La fantasmagorie maoïste et guerrière, les affrontements de rue en étaient peut-être le succédané.

Si, comme le disait Mao, « le pouvoir est au bout du fusil », en attendant, on pouvait s'inspirer de quelques principes tactiques dans les affrontements de rue avec la police. J'en notai quelques-uns qui pouvaient être utiles dans les manifestations : « garder constamment l'initiative en acculant l'ennemi à la passivité qui le fait s'exposer aux coups » ; « l'ennemi avance ; nous reculons ; l'ennemi s'immobilise, nous le harcelons ; l'ennemi s'épuise, nous le frappons ; l'ennemi recule nous le pourchassons »[2]. Nous allions être quelques-uns à les mettre en pratique, jusqu'à constater que

1. *Ibid.*

2. *Le Président Mao Tsé-Toung sur la guerre populaire*, éditions en langues étrangères, Pékin, 1967, p. 34-35.

l'« ennemi » en question symbolisé pas les CRS et les gardes mobiles, malgré quelques succès éphémères de notre part, était vraiment plus fort que nous.

De la Résistance et du cinéma

Dans la violence militante contre la police et l'extrême droite, l'idéologie maoïste n'était pas seule en cause. Les souvenirs de la Résistance contre l'occupant nazi constituaient une autre référence tout aussi importante, sinon plus, pour des jeunes militants qui cherchaient à inscrire leurs luttes dans une filiation historique.

Dans ce cadre, le film de Jean-Pierre Melville *L'Armée des ombres* (1969)[1] m'avait impressionné. Les résistants gaullistes que ce dernier avait mis en scène n'avaient rien des militants révolutionnaires exaltés et pétris de certitudes, luttant pour un avenir radieux. Bien au contraire, c'étaient des êtres déterminés et solitaires qui vivaient et luttaient dans un climat crépusculaire et oppressant, avec la torture et la mort en arrière-fond.

Leur action n'avait pas besoin de grands mots. Ils luttaient et se sacrifiaient pour la patrie qui leur était sacrée, sans pour autant verser dans le lyrisme et le triomphalisme. Le courage et l'audace des héros de *L'Armée des ombres* allaient de pair avec une lucidité sur eux-mêmes, sur les faiblesses et les lâchetés du commun des mortels. Leur détermination et leur sang-froid dans l'action n'effaçaient pas le dialogue intérieur avec ses peurs, ses doutes et ses interrogations. Ils donnaient la mort, alors qu'ils n'y étaient pas préparés, accomplissant des actes qui leur répugnaient, comme

1. Jean-Pierre MELVILLE, *L'Armée des ombres*, d'après le roman de Joseph Kessel, 1969.

l'exécution par strangulation d'un jeune traître dans une villa lugubre. La couleur gris-bleu des images, la sobriété des dialogues, les silences et la voix off accentuaient le tragique des situations.

Cette armée secrète constituait une sorte d'aristocratie soudée et sacrificielle, défendant une certaine idée de l'homme, de la France et d'eux-mêmes dans une des périodes les plus sombres de l'histoire. Pour impressionnants qu'ils fussent, les héros de *L'Armée des ombres* avaient des aspects glaçants et funèbres. Ils étaient comme des « morts en sursis », à l'inverse de l'insouciance et de l'irresponsabilité des jeunes soixante-huitards, même si les militants d'extrême gauche avaient tendance à se prendre au sérieux.

Ce film bouleversant me paraissait tout l'opposé de celui de René Clément *Paris brûle-t-il ?*, sorti en salle trois ans auparavant et que j'avais interprété comme une caricature apologétique de la Résistance à l'heure du gaullisme d'État. À la fin des années 1960, celui-ci paraissait un pouvoir à la fois modernisateur et vieillissant avec son réseau d'anciens combattants. Dans ces conditions, même si l'épopée de la France libre continuait de fasciner, la référence à de Gaulle avec sa sacralité sacrificielle semblait dépassée.

J'avais vu au ciné-club *La Bataille du rail*[1] de René Clément, sorti en salle au lendemain de la Seconde Guerre mondiale, et qui avait connu à l'époque un grand succès. Ce film m'avait donné une vision plus collective de la Résistance, bien différente de celle de *L'Armée des ombres*. Les cheminots étaient soudés par leur appartenance de classe et l'amour de leur métier. Leur engagement dans l'action, leur dévouement et leur sacrifice semblaient aller de soi, portés par une dynamique historique dont l'issue victorieuse était connue d'avance.

1. René CLÉMENT, *La Bataille du rail*, 1946.

La participation de cheminots, les images en noir et blanc, le déraillement réel d'un train filmé sans trucage rapprochaient *La Bataille du rail* d'un documentaire d'époque. Le rythme rapide, la musique héroïque, la solidarité collective qui s'affichait au grand jour contrastaient avec le temps étiré, les silences et les retenues des sentiments des héros de *L'Armée des ombres*. Les actions clandestines et les sabotages des voies, l'exécution des cheminots pris en otage témoignaient d'une lutte et d'une solidarité collective, bien loin de la solitude et des doutes des personnages du film de Melville. À travers la lutte héroïque des cheminots, c'étaient la classe ouvrière et les couches populaires qui étaient entrées en résistance et ce récit mythique faisait écho à ma mentalité militante de l'époque qui n'entendait plus s'encombrer de questionnements. Le militant que j'étais devenu y retrouvait les thèmes chers au marxisme-léninisme : la classe ouvrière et le peuple – plus précisément les cheminots – étaient les véritables héros.

Les individualités de *L'Armée des ombres* n'en continuaient pas moins de m'impressionner. À sa façon, ce film témoignait que l'histoire n'était pas mue par la lutte des classes et les lois « scientifiques » du matérialisme historique conduisant nécessairement à un avenir radieux. L'histoire demeurait ambiguë et tragique. Pour ceux qui s'étaient engagés d'emblée dans la Résistance, l'avenir n'avait rien de certain et la possibilité de la mort était assumée. Dans ses moments les plus tragiques, le cours de l'histoire ne dépendait-il pas d'une minorité d'individus hors du commun qui demeuraient fidèles et s'étaient sacrifiés pour une certaine idée de l'homme, de la France et d'eux-mêmes, au moment où tout semblait perdu ?

Après 1968, de nouveaux livres parurent sur la collaboration et la Résistance et j'en lus quelques-uns avec passion. Je découvris à travers les livres de Philippe Aziz les horreurs commises par la Gestapo française[1]. Celle-ci avait disposé d'un réseau de dénonciateurs, de tueurs, de truands, de détachements paramilitaires qui avaient tué, torturé et semé la terreur à un point que je n'avais pu imaginer. Il en ressortait l'idée que « la gangrène était partout » et qu'existait une « conspiration du silence » pour préserver une certaine image de la France résistante avant tout.

Cette découverte allait de pair avec la lecture des *Lettres de fusillés*[2] qui provoqua en moi une forte émotion. Ces militants communistes avaient écrit à leur famille juste avant de mourir et parmi eux figuraient Guy Môquet, 17 ans, et des jeunes de mon âge. Leur adresse tragique à leurs parents et leurs amis s'accompagnait d'une foi ardente en la victoire contre le nazisme, alors qu'ils se savaient condamnés. Dans sa préface, le dirigeant communiste Jacques Duclos citait Saint-Just : « Les circonstances ne sont difficiles que pour ceux qui reculent devant le tombeau. »

Les lettres des militants plus âgés à leur femme et à leurs enfants étaient tout aussi émouvantes. Parmi celles-ci figurait celle de Manouchian, chef des Francs-tireurs et partisans-main d'œuvre ouvrière immigrée (FTP-MOI), dont

1. Philippe AZIZ, *Tu trahiras sans vergogne. Les tortionnaires français de la Gestapo*, Paris, Fayard, 1970, et *Au service de l'ennemi. La Gestapo française en province (1940-1944)*, Paris, Fayard, 1972.

2. *Lettres de fusillés*, préface de Jacques Duclos, Paris, Éditions sociales, 1970.

Aragon s'est inspiré dans un superbe poème[1], mis en musique et chanté par Léo Ferré[2] et que nous écoutions souvent. L'« affiche rouge » était pour nous le symbole même de la résistance contre le nazisme qui dépassait les appartenances nationales[3].

Le Parti communiste se présentait alors comme le « parti des fusillés », avançant le chiffre de 75 000 victimes, et Jacques Duclos n'hésitait pas à écrire : « C'est l'honneur du PCF d'avoir été l'avant-garde indomptable de la Résistance française, d'avoir été le premier à organiser la lutte armée contre les envahisseurs[4]. » Duclos n'hésitait pas non plus à se réclamer de l'héroïsme de ces combattants de la Résistance pour faire valoir le programme du PCF : lutte pour une « démocratie nouvelle s'attaquant à la toute-puissance des monopoles capitalistes et ouvrant la voie au socialisme[5] ». Ces propos m'apparaissaient comme une grossière récupération et une preuve de plus du « révisionnisme » du PCF qui avait abandonné ses idéaux révolutionnaires.

Le livre de Claude Angeli et Paul Gillet, *Debout partisans*[6] *!*, allait me faire connaître d'une autre façon les aventures des communistes résistants. Les deux auteurs avaient interviewé deux cents anciens résistants communistes et

1. Louis ARAGON, « Strophes pour se souvenir », in *Le Roman inachevé*, Paris, Gallimard, Paris, 1956.

2. Léo FERRÉ, « L'affiche rouge », in *Les Chansons d'Aragon chantées par Léo Ferré*, Barclay, 1961.

3. Affiche de propagande allemande de couleur rouge avec les photos, les noms et les nationalités de dix membres des FTP-MOI qui allaient être fusillés, dont Manouchian.

4. Jacques DUCLOS, « Préface », in *Lettres de fusillés*, *op. cit.*, p. 22.

5. *Ibid.*, p. 23.

6. Claude ANGELI et Paul GILET, *Debout partisans ! Les communistes dans la Résistance. De la débâcle aux FTP*, Paris, Fayard, 1970.

recueilli de nombreux documents. Je trouvai ce livre passionnant et édifiant. Il brossait des portraits de militants qui avaient spontanément résisté sans attendre les ordres de la direction du Parti communiste ; il décrivait le climat angoissant de la clandestinité, les premiers sabotages et attentats, les manifestations et les grèves, les arrestations, les tortures et la mort de héros qui m'étaient jusqu'alors inconnus.

Parmi eux, Pierre Georges, dit Frédo, qui prendrait le nom de Colonel Fabien, retenait l'attention par son parcours, sa détermination inébranlable et son audace. Il s'était engagé à 17 ans en Espagne au sein des Brigades internationales et dirigeait les premiers groupes armés des jeunesses communistes qui commirent les attentats contre les troupes d'Occupation. Pierre Georges montra lui-même l'exemple en tuant un militaire de la Kriegsmarine sur les quais de la station de métro Barbès en août 1941. Tous ces faits d'armes contrastaient avec les positions de la direction clandestine du PCF qui, en juin 1940, avait envoyé une délégation communiste au siège de la Kommandantur pour demander l'autorisation de refaire paraître le journal *L'Humanité*.

La résistance communiste revisitée

Le livre de Charles Tillon *Les FTP*[1] allait achever mon éducation en matière d'histoire de la Résistance vue à travers les résistants communistes. L'auteur bénéficiait alors d'un prestige auprès des militants d'extrême gauche. C'était un résistant de la première heure, devenu chef des FTP, qui avait parrainé le Secours rouge.

1. Charles TILLON, *Les FTP*, Paris, Union générale d'édition, 10/18, 1971.

Son témoignage venait confirmer l'idée d'une résistance spontanée des militants communistes qui n'avaient pas attendu les directives pour combattre l'occupant. Il justifiait au passage le pacte germano-soviétique et critiquait vertement ce qu'il appelait la politique attentiste de l'état-major de la France libre, « associée à la stratégie des Anglo-Américains[1] ». Il fallait, écrivait-il, « frapper l'ennemi sans attendre », créer des « groupes mobiles de guérilla » capables de « fluidité dans l'action »... Autant d'éléments qui pouvaient faire rêver les maoïstes en mal de guerre et de révolution.

Il m'a fallu du temps – tout comme pour la guerre d'Espagne – pour en finir définitivement avec les contre-vérités que l'histoire communiste de la Résistance véhiculait. L'étude minutieuse menée par deux historiens, Jean-Marc Berlière et Franck Liaigre, à partir de la découverte et du dépouillement d'archives[2], a rétabli la part des choses entre la générosité, les sacrifices des jeunes militants et la façon dont le PCF a su les utiliser pour réécrire l'histoire en faisant silence sur ses ambiguïtés dans la lutte contre l'occupant au début de la guerre.

Les livres de ces deux historiens démontent méthodiquement cette relecture de l'histoire qui a longtemps prévalu. Ils montrent, archives à l'appui, comment en 1940, le PCF renvoyait dos à dos les deux « impérialismes » de Londres et de Paris, appelait à la fraternisation avec les soldats allemands, menait des tractations avec l'occupant et incitait ses militants à agir au grand jour, ce qui permit à la police française d'effectuer des centaines d'arrestations.

---

1. *Ibid*, p. 157.

2. Jean-Marc Berlière, Frank Liaigre, *Le Sang des communistes. Les bataillons de la jeunesse dans la lutte armée (automne 1941)*, Paris, Fayard, 2004 et *Liquider les traîtres. La face cachée du PCF (1941-1943)*, Paris, Robert Laffont, 2007.

Quant aux actions menées à partir de 1941 par une poignée de jeunes combattants à Paris, elles ont été surévaluées pour répondre aux injonctions du Komintern après l'invasion de la Russie par les nazis. Les attentats contre les soldats allemands aboutissaient à des représailles et à des fusillades d'otages. Ces actes menés par une poignée de jeunes communistes, dont le célèbre Colonel Fabien, étaient désapprouvés par la population et par des militants[1]. « Ces vérités ne diminuent pas d'une once les mérites, l'héroïsme, la générosité, la pureté des combattants... S'ils en relativisent les exploits, s'ils en éclairent les faiblesses, en soulignent les erreurs, ils leur rendent, en même temps que leur réalité, leur humanité et rendent plus palpables leur grandeur et leur sacrifice, le dénuement, l'abandon dans lequel ils ont agi[2]. »

Après Mai 68, l'engagement des jeunes militants et leur adhésion à une idéologie qui entendait détenir les clés d'un « vrai communisme » demeuraient dans la vision d'une résistance populaire qui, contre les trahisons du PCF, était peuplée de héros sans faille et sans reproche. « Aucune foule, écrivait Malraux après la guerre, n'aime la vérité lorsque celle-ci heurte ses illusions vitales ; et s'il y a une foule enragée dans ce domaine, c'est bien celle des communistes. Tu auras contre toi l'union de tous les menteurs et des gens qui veulent qu'on leur mente[3]. » Après 1968, ces mensonges n'avaient pas disparu.

---

1. Comme l'indiquent les deux auteurs, le général de Gaulle, après avoir salué ces actions à la BBC, donnait l'ordre de les arrêter ; Marcel Cachin, figure historique du Parti communiste, les désavouait.

2. Jean-Marc BERLIÈRE, Frank LIAIGRE, *Le Sang des communistes*, *op. cit.*, p. 19-20.

3. André Malraux, citée *in* Jean-Marc BERLIÈRE, Frank LIAIGRE, *Le Sang des communistes*, *op. cit.*, p. 260.

De nouveaux partisans ?

Le roman de Roger Vaillant, *Drôle de jeu*[1], n'entrait pas dans ce schéma et m'avait beaucoup plu. L'auteur, ancien surréaliste[2], était devenu communiste et son parcours de vie était marqué par le passage de la révolte solitaire à la Résistance et au communisme. Son héros prénommé Marat était une individualité singulière qui mêlait l'engagement dans la Résistance aux plaisirs de la vie et de la transgression. « Il y a de tout dans la Résistance », écrivait-il, mais par-delà leurs différences, les résistants partageaient « la ferme volonté de “ne pas chercher par tous les moyens à sauver notre vie”, de ne pas nous incliner devant le plus fort, de ne pas céder au destin contraire, de ne pas NOUS RÉSIGNER, la volonté de RÉSISTER »[3].

Ces mots qui renvoyaient à un moment tragique de l'histoire trouvaient encore de l'écho dans la France des années 1960 et les jeunes militants les reprenaient à leur compte en les retournant contre le général de Gaulle qui, après avoir incarné la figure suprême de la Résistance, était devenu le chef d'État d'une société qui nous semblait tout entière absorbée par la recherche du bien-être par la consommation. Avec notre orgueil souverain, nous reprochions, plus ou moins consciemment, à de Gaulle comme aux communistes d'avoir abandonné et trahi leurs idéaux de jeunesse.

---

1. Roger VAILLANT, *Drôle de jeu* (1945), Paris, Le Livre de poche, 1969.

2. Roger Vaillant avait fondé la revue *Le Grand Jeu* en 1928 et fut exclu du groupe surréaliste à la suite d'un procès monté par André Breton et Aragon. En 1948, Roger Vaillant publia une critique acerbe d'André Breton et du surréalisme dans *Surréalisme contre la révolution*.

3. Roger VAILLANT, *Drôle de jeu*, *op. cit.*, p. 431.

Orphelins d'épopée et de révolution, il nous fallait retrouver des ennemis anciens et en fabriquer de nouveaux en les mettant tous dans le même sac d'une lutte antifasciste, dont nous voulions être les héros. Nous aussi, à notre manière, nous pratiquions un « drôle de jeu » qui était dérisoire au regard des combats de la Résistance.

À l'époque, les groupes d'extrême gauche avaient tous un SO (service d'ordre) pour faire le coup de poing contre l'extrême droite et encadrer les manifestations. À Paris, celui des trotskistes était impressionnant. Les mao-spontex avaient un aspect plus « commando », menant des opérations coup de poing spectaculaires. Le PCMLF tendance Front rouge, quant à lui, entendait faire preuve de sérieux en organisant un stage national de service d'ordre auquel je participai. Dans mon imaginaire, j'allais faire connaissance avec d'anciens résistants communistes FTP que Front rouge, comme les autres groupes maoïstes, glorifiait.

Le stage de SO avait lieu dans la région lyonnaise que je découvrais, avec en tête mes lectures portant sur la Résistance et le roman *Drôle de jeu* de Roger Vaillant. Les rendez-vous clandestins au moyen de signes de reconnaissance et d'heures de rattrapage dans la ville de Lyon, « capitale de la Résistance », l'attention constante à la sécurité, l'emploi de « pseudos » (pseudonymes) créaient un climat favorable à la réminiscence du passé. Nous avions le sentiment de nous inscrire dans une continuité historique en prenant la relève des anciens communistes qui avaient vu leurs espoirs révolutionnaires déçus à la Libération.

La réalité se montra moins glorieuse. Point d'anciens FTP, mais une quinzaine de jeunes de mon âge qui se retrouvaient dans une vieille ferme abandonnée dans les monts du Lyonnais pour apprendre au plus vite les techniques de base du Vo Vietnam[1]. Les exercices répétés à longueur de journée de coups de poing, de pied et de bâton permettaient d'acquérir des automatismes qui pouvaient s'avérer utiles dans les affrontements. La venue d'un cadre du parti d'origine vietnamienne, maître dans la discipline, avait de quoi nous impressionner. Au terme de cette formation quelque peu spartiate, chaque participant était chargé de former localement un service d'ordre de la même façon.

À Caen, un camarade étudiant dont les parents étaient paysans mit à disposition un terrain et une grange pour s'entraîner discrètement avec une dizaine de militants. Nous dormions sur la paille, réveillés par quelques souris, et cette situation, elle aussi, tendait à nous faire croire que nous étions de nouveaux partisans.

Une demande impossible de filiation

Ce *remake* adolescent de la Résistance m'apparaît aujourd'hui comme une tentative à la fois grossière et maladroite de se réinsérer dans une filiation et une épopée historiques dans une période de mutation sociale et culturelle et de rupture dans la transmission. En fin de compte, malgré la fantasmagorie du parti d'avant-garde et la fascination pour la Résistance, nous demeurions une bande de maoïstes qui, ayant appris à se battre, avaient surtout envie de passer à l'action.

Les violences et les affrontements pouvaient servir d'exutoire et de mise à l'épreuve de soi pour de jeunes étudiants qui n'avaient pas connu la guerre ni effectué leur service militaire. L'armée qui sortait de la guerre d'Algérie était

1. Art martial vietnamien.

discréditée et rejetée par la jeunesse soixante-huitarde, tout comme les rites de passage traditionnels, religieux et laïques, qui permettaient antérieurement le passage à l'âge adulte et l'insertion dans la société. Le besoin propre à l'adolescence d'éprouver sa force et de prendre des risques, ne trouvant plus les canaux traditionnels de son expression et son débouché social, passait désormais par les manifestations sauvages et les affrontements de rue avec la police.

À l'époque, celles-ci étaient encore marquées par la volonté de s'inscrire de façon imaginaire dans une continuité historique en puisant dans la culture de la révolte et les mouvements révolutionnaires passés de quoi légitimer leur expression. Pour paradoxal que cela puisse paraître, l'extrême gauche, imbue de rupture révolutionnaire, cherchait à faire revivre à tout prix des luttes et des combats antérieurs, comme si, dans cette seconde moitié du XXe siècle, les enjeux et les engagements n'avaient pas fondamentalement changé. Les groupes d'extrême gauche – surtout les maoïstes – forçaient particulièrement le trait en décrivant une société de misère comparable à celle du XIXe siècle et une répression de type fasciste.

La rhétorique révolutionnaire et ses références aux luttes des peuples du monde et au communisme d'un nouveau genre apparent – comme Cuba ou la Chine de Mao – s'accompagnaient d'une nostalgie et d'une fascination des temps passés de la lutte des classes, du combat contre le fascisme et de la résistance contre l'occupant nazi. La majorité de la population qui avait connu les guerres, les sacrifices et les privations n'entendait pas revenir en arrière. Il était alors facile d'y voir la résignation ou la trahison des idéaux de jeunesse, de traiter de « collabos » ou de « fascistes » tous ceux qui s'opposaient à la révolution.

Les militants d'extrême gauche, dont je faisais partie, prétendaient reprendre le flambeau d'un combat qui n'était pas allé jusqu'au bout, en affirmant, avec une fierté présomptueuse, qu'ils allaient réparer les fautes et les échecs passés de leurs pères. La violence remise en scène était « défoulatoire » en même temps que rédemptrice. Elle rejouait sous une forme minoritaire et caricaturale les grands combats entérinés en prétendant réparer les échecs et les trahisons des générations passées, servir d'exemple et montrer la voie aux larges masses. Celles-ci avaient d'autres soucis en tête que de rejouer une époque révolue.

Sous les aspects de la résurgence révolutionnaire perçait le refus d'une société démocratique moderne qui avait l'air terne et ennuyeuse en regard des anciennes épopées. Les militants post-soixante-huitards vivaient dans un imaginaire révolutionnaire pour le moins en décalage avec la réalité d'un pays moderne et républicain. Qu'en est-il aujourd'hui avec la décomposition des idéologies et des grands récits du passé ?

4

Approche de la limite

Après l'intervention des forces de l'ordre à la faculté des lettres en décembre 1970, les maoïstes entraînèrent une minorité d'étudiants qui ne craignaient pas les coups et faisaient fi de toute légalité, tandis que la majorité se tenait à distance. Les violences contre des militants d'extrême droite et les affrontements de rue avec la police atteignirent leur paroxysme. Les inculpations et les procès en justice relancèrent la mobilisation contre la répression, tandis que le chaos et la violence allaient *crescendo*. Le mouvement étudiant caennais de l'après-Mai 68 s'exacerba jusqu'à déboucher sur une nouvelle impasse dont il ne se remit pas.

Démystifier et attaquer l'extrême droite

L'extrême droite était pour nous le symbole de tout ce que nous détestions : le pétainisme et la collaboration avec le nazisme, le colonialisme, le racisme et les ratonnades avec en mémoire les exactions et la torture de l'armée en Algérie… le tout au nom de la défense de l'Occident.

Certains étudiants catholiques de l'Unef n'entendaient pas répondre aux provocations de l'extrême droite. C'était pour nous un faux fuyant qui cachait mal la peur de l'affrontement physique. Il est vrai que ces « cathos » à l'âme tiède ne faisaient pas le poids face aux militants d'extrême droite bardés de cuir et sachant se battre. L'extrême droite bénéficiait d'une réputation sulfureuse qui en impressionnait plus d'un et la crainte qu'elle inspirait pouvait se mêler à une sorte de fascination.

Pour nous, le problème était simple : il fallait renverser la situation, briser l'aura mythique dont elle bénéficiait en montrant qu'on pouvait la vaincre sur son propre terrain. Pour ce faire, nous n'hésitions pas à lui tendre un piège, la nuit, sur le campus, en organisant un faux collage d'affiches pour attirer les militants d'Occident, tandis que nous étions tout un groupe embusqué quelques mètres plus loin. Cette nuit-là, nous étions rentrés bredouilles d'une « chasse aux fascistes » dont l'extrême gauche avait fait sa spécialité.

Le meeting d'Ordre nouveau à Paris, à la porte de Versailles, le 9 mars 1971, nous fournit l'occasion de régler nos comptes. Le service d'ordre impressionnant des trotskistes de la Ligue communiste, auquel étaient venus s'ajouter des militants maoïstes, avait affronté violemment les militants d'Occident et la police qui tentait de maintenir le calme. C'était pour nous un exemple et comme une invitation à s'attaquer aux militants d'extrême droite présents à l'université. S'ils ne venaient pas à nous, c'était à nous d'aller les débusquer.

Une quinzaine de militants, dont j'étais, firent ainsi irruption dans un cours de géographie pour s'en prendre à deux membres d'Ordre nouveau qui s'étaient vantés de faire partie du service d'ordre du meeting à Paris. À leur sortie du cours, ils reçurent des œufs sur la tête et des coups. L'un d'eux réussit à s'enfuir, tandis que l'autre fut rattrapé et amené dans la salle du foyer des étudiants, où fut improvisé un pseudo-procès de l'extrême droite. Quelques militants excités proposaient de lui peindre une croix gammée sur la tête. Ce genre d'acte me révulsait et je m'y opposai avec d'autres camarades. Ces militants hystériques qui ne brillaient pas par leur courage physique dans les affrontements me faisaient penser aux « résistants de la dernière heure », les plus acharnés pour frapper les prisonniers et tondre les femmes à la Libération.

Le président de l'université intervint pour négocier la libération du militant d'Ordre nouveau. Finalement, celui-ci fut relâché sans plus de coups et d'outrages. J'éprouvai un certain soulagement : cette action n'avait rien d'un affrontement collectif mais revêtait des allures de lynchage.

Soutenu par des enseignants de droite, le militant d'Ordre nouveau porta plainte et je me retrouvai avec d'autres camarades dans le bureau d'un juge d'instruction, inculpé de « violences avec préméditation ». Nous avions préparé avec soin un récit qui contredisait les propos de la victime. Je le déroulai devant le juge d'instruction, après quoi l'un de mes camarades fit de même. Le juge interrompit ses propos avec un sourire malicieux : « Je peux vous raconter la suite… » Et de reprendre point par point le récit qu'il avait entendu précédemment. C'était en effet le même, à quelques détails près : « Ce jour-là, nous étions dans les couloirs de la faculté, nous avions entendu du bruit et avions vu une bousculade, nous nous étions approchés pour voir ce qui se passait, mais sans plus… » Le juge n'était pas dupe, mais il ne semblait pas s'en offusquer. Il avait même plutôt l'air amusé.

Lors de la confrontation, il s'adressa à la victime : « Reconnaissez-vous parmi ces messieurs quelques-uns de vos agresseurs ? » Le responsable d'Ordre nouveau déclara qu'il en reconnaissait un tout particulièrement, et me désigna du doigt. Je ne m'y attendais pas et trouvai même cette accusation quelque peu injuste, car je m'étais opposé à ceux qui entendaient le juger à leur manière et je l'avais laissé s'échapper.

Le responsable d'Ordre nouveau était accompagné de deux enseignants bien connus pour leur engagement à droite, voire à l'extrême droite. Ceux-ci étaient visiblement satisfaits d'une telle accusation. Il faut dire que je m'étais distingué en participant aux interventions des comités d'action qui avaient interrompu quelques-uns de leur cours et que j'avais reçu un avertissement du doyen pour « injures et menaces ». Ma réputation n'était plus à faire mais je m'en fichais éperdument.

Quelques mois plus tard, je reçus l'avis du juge d'instruction, m'informant d'une « ordonnance de non-lieu ». Je me disais alors avoir eu de la chance de m'être trouvé devant un jeune juge antifasciste, qui n'aimait pas l'extrême droite. Peut-être était-il affilié au syndicat de la magistrature qui s'était créé dans la mouvance de Mai 68 ?

Les membres de la section disciplinaire du conseil de l'université de Caen allaient prendre le relais. En juin 1971, je fus convoqué pour la même affaire avec dix autres étudiants. Nous refusâmes de déposer devant cette instance, laissant le soin à un avocat de nous défendre collectivement contre ce nouvel acte de « répression ». Après une séance houleuse qui vit arriver dans la salle du conseil un groupe de camarades venus nous soutenir, je fus exclu pour un an de l'établissement, cette sanction étant assortie du « bénéfice du sursis ».

Cette condamnation plutôt clémente n'eut aucun effet sur moi. Bien qu'étant encore inscrit à l'université, j'avais, après ma licence, abandonné mes études. Le militantisme maoïste occupait désormais l'essentiel de mon temps.

Un rendez-vous raté de peu

Parmi les enseignants qui accompagnaient le mouvement étudiant, Mabboux-Stromberg, professeur de physique, membre du SNESUP et du Secours rouge, occupait une place de premier plan. Son bureau était ouvert aux militants pour taper et reproduire des tracts, y compris les plus virulents. Nous en profitions allègrement.

Avec Claude Lefort, il était devenu la bête noire des enseignants de droite et des militants d'extrême droite. Il recevait de nombreuses menaces de mort et fut l'objet d'une attaque d'un commando d'extrême droite qui marqua les esprits et contribua à relancer le mouvement.

Le lundi 15 mars 1971, nous étions plusieurs dizaines d'étudiants dans une salle de la faculté des lettres, équipés comme il se doit, attendant impatiemment d'affronter un groupe d'extrême droite dont nous avions appris, par je ne sais quel biais, qu'il interviendrait incessamment sans pour autant connaître sa cible exacte. Pendant que nous nous préparions à des affrontements, un commando d'une vingtaine d'individus intervenait dans le cours de Mabboux-Stromberg à la faculté des sciences. Devant les étudiants médusés, ils s'emparèrent de la personne du professeur, le plaquèrent sur son bureau, lui baissèrent le pantalon et lui peignirent les fesses en rouge.

Lorsque nous apprîmes la nouvelle, il était déjà trop tard ; le commando avait quitté l'université. Nous fûmes scandalisés et surtout furieux de n'avoir pas pu intervenir. Nous étions déterminés à les affronter comme il se doit, malgré la réputation sulfureuse de l'extrême droite locale qui, disait-on, était composée d'anciens membres de l'OAS, du SAC et d'anciens « paras ». Nous étions amers et frustrés de n'avoir pas pu nous mesurer à eux : par-delà ses aspects militants, cet affrontement attendu – pour ne pas dire désiré – était comme une épreuve qui nous aurait permis de mesurer notre propre force, quitte à risquer d'être blessés plus ou moins gravement.

L'action était revendiquée par le mouvement Défense des valeurs et renouveau de l'université (DRU) qui déclarait dans un tract : « Il est inadmissible que des individus de cette sorte puissent continuer aux frais des contribuables à participer à la destruction des valeurs occidentales par la manipulation idéologique de ce qu'une société a de plus sacré : la jeunesse. [...] Le DRU par son intervention dans l'université et en ridiculisant Mabboux-Stromberg [...] a voulu démontrer que des groupes de personnes décidées peuvent entreprendre l'œuvre de nettoyage de l'Éducation nationale[1]. »

Le DRU s'était déjà fait connaître en agressant des lycéens qui distribuaient des tracts et son intervention à l'université renforça une mobilisation antifasciste qui débordait l'institution. Des professeurs d'éducation physique qui pratiquaient les arts martiaux et s'entraînaient régulièrement s'en prirent un soir à des colleurs d'affiches du DRU qui se retrouvèrent à l'hôpital avec quelques fractures.

Affrontements et barricades

L'agression du DRU contre Mabboux-Stromberg suscita l'indignation et relança aussitôt la mobilisation. Les

1. *Ouest-France*, 16 mars 1971, cité dans « L'année 70/71 à l'université de Caen », récit construit à partir de témoignages d'acteurs de l'époque, de la lecture de la presse locale et d'archives personnelles militantes. Ce récit fait suite à une communication lors des cinquante ans de reconstruction de l'université qui s'est tenue le 6 octobre 2007 sur le thème « Agitation étudiante et conflits universitaires : les événements de 1970-1971 » par le maître de conférences Benoît Marpeau, http://unicaen.free.fr/documents/1970-1971.pdf.

syndicats d'enseignants condamnèrent l'agression et appelèrent à une grève de quelques jours, tandis que les comités d'action et les organisations d'extrême gauche relançaient l'agitation. Des enseignants de droite qui n'avaient pas clairement condamné l'agression virent leurs cours de nouveau interrompus et reçurent quelques œufs sur la tête. Le drapeau rouge flotta une nouvelle fois sur la faculté des lettres et des sciences humaines. Les assemblées générales, animées d'une main de maître par Jean-Louis Cardi, militant du PSU, se remplirent à nouveau et se succédèrent, tout comme les manifestations qui ne craignaient plus d'affronter la police.

Nous continuions d'affirmer qu'il ne fallait pas se couper de la classe ouvrière. Des tracts furent distribués aux portes des usines pour informer les ouvriers de notre lutte et en appeler à la solidarité et à l'unité. Celles-ci avaient pour le moins des difficultés à se réaliser sur une large échelle.

À vrai dire, nous ne comptions pas attendre que les ouvriers se mobilisent en notre faveur. C'était à nous de prendre l'initiative et de riposter en ne craignant pas d'employer la violence. Cette orientation était présentée comme de l'autodéfense légitime, alors qu'il était clair, pour moi comme pour d'autres, qu'il fallait en finir avec les « manifestations traîne-savates » et que nous saisirions la moindre occasion pour nous confronter aux forces de l'ordre. En d'autres termes plus idéologiques et militants, il s'agissait d'opposer la violence révolutionnaire à la violence réactionnaire de l'État bourgeois avec « l'esprit d'oser lutter et d'oser vaincre »...

Les maoïstes dont j'étais ne cessaient d'intervenir dans ce sens dans les assemblées générales, au grand dam des trotskistes qui se trouvaient dépassés par une frange d'étudiants radicaux. Nous entraînions plusieurs centaines d'étudiants, un millier tout au plus, en comptant ceux qui sympathisaient avec nous, tout en se tenant à distance lors des affrontements. Les étudiants communistes et parfois même les trotskistes essayaient de s'opposer à notre ligne aventuriste, mais c'était précisément cette aventure qui nous importait.

Le lendemain de l'agression de Mabboux-Stromberg, une manifestation en ville d'un petit millier d'étudiants se heurta aux forces de l'ordre. Après plusieurs charges, les étudiants se replièrent sur le campus, s'emparèrent des extincteurs et des lances à incendie de la faculté des lettres pour atténuer les effets des grenades lacrymogènes et harcelèrent les forces de l'ordre à coups de cocktails Molotov qu'ils avaient stockés auparavant dans une salle de la faculté. Le président de l'université, quelque peu affolé, tenta de jouer les médiateurs entre les étudiants et la police. Deux étudiants furent touchés par des tirs tendus de grenade lacrymogène ; les CRS et les gardes mobiles comptèrent vingt blessés dans leurs rangs[1]. Les affrontements prirent fin dans la soirée, faute de combattants étudiants.

Le lendemain, nouvelle assemblée générale et nouvelle manifestation bien que celle-ci fût interdite par le préfet après les affrontements de la veille. Des gardes mobiles et des CRS prirent position dans les rues qui mènent à l'université. Une voiture de police munie d'un haut-parleur circula dans la ville pour mettre en garde la population : « Attention, attention, aujourd'hui, certaines organisations appellent à une manifestation dans la soirée. Il est rappelé que cette manifestation est interdite. La population est instamment priée de demeurer éloignée, afin de ne pas s'exposer aux risques de poursuites judiciaires éventuelles[2]. »

1. Voir « L'année 70/71 à l'université de Caen », art. cité.
2. *Ibid.*

Une assemblée générale décida finalement un *sit-in* dans la rue longeant l'université avec une attitude d'autodéfense en cas d'intervention des forces de l'ordre. En fait, nous n'envisagions pas seulement ce *sit-in* comme une nouvelle forme de protestation contre la répression, mais ce jour de mars 1971 était celui de l'anniversaire du centenaire de la Commune de Paris et nous entendions le célébrer à notre manière.

Nous avons occupé la rue qui borde les facultés, dépavé la chaussée, dressé deux grandes barricades et attendu l'intervention de la police. Nous étions quelques centaines, tandis que d'autres, moins déterminés, nous observaient de loin. L'ambiance était tendue mais gardait un petit air de fête. Quelqu'un jouait de l'accordéon et chacun fut appelé à s'exprimer : « Qui veut parler ? Qui veut parler ? » « Attention ! attention ! un camarade ouvrier va prendre la parole : "Eh bien, je dis que je suis complètement d'accord avec les étudiants contre les flics et tout ça…" » Et de se lancer dans une diatribe difficile à suivre contre la police et les bourgeois avant de proclamer : « Ouvriers et étudiants tous unis ensemble et en avant ! » On l'applaudit très fort.

Nous étions quelques-uns à ne pas être dupes : l'ouvrier en question était un chauffeur routier en bleu de travail qui avait l'air quelque peu éméché et dont on se demandait comment il avait pu se retrouver là… On en rit sous cape.

Les heures passèrent et à notre grand regret la police n'intervint pas. De guerre lasse, nous quittâmes les lieux et nous retrouvâmes dans une salle de la faculté des lettres pour y tenir une assemblée aux allures de fête bien arrosée qui se prolongea tard dans la soirée. Pendant ce temps-là, les occupants d'une voiture qu'on soupçonna être des militants d'extrême droite aspergèrent d'essence les barricades et y mirent le feu. Quelques heures plus tard, ils lancèrent un cocktail Molotov dans la salle de la faculté des lettres où étaient stockés matériel et substances inflammables. L'incendie fut finalement maîtrisé. Tard dans la nuit, le personnel de la ville, protégé par les forces de l'ordre, démantela les barricades ; la célébration du centenaire de la Commune, version étudiante post-soixante-huitarde caennaise, prit fin…

Mauvaise rencontre ?

Cette « petite guerre » avec la police où se mêlaient le goût du risque adolescent et l'idéologie maoïste allait franchir un pas de plus le 4 mai 1971.

Ce jour-là avait lieu le procès en appel de trois manifestants, dont le professeur Mabboux-Stromberg, interpellés à la fin d'une manifestation intersyndicale pour l'emploi qui avait donné lieu à quelques incidents. Ils avaient été écroués à la prison de Caen et à la suite du procès, Mabboux-Stromberg ainsi qu'un jeune ouvrier avaient été relaxés. Mécontent d'un tel jugement, le garde des Sceaux avait alors fait appel[1].

Ce nouveau procès suscita notre indignation et nous étions bien décidés à le montrer en manifestant à nouveau dans la ville, malgré l'interdiction du préfet. Les maoïstes entraînèrent quatre à cinq cents manifestants qui, au détour d'une rue, se retrouvèrent face à une voiture de police banalisée avec deux inspecteurs des Renseignements généraux à son bord. Le véhicule fut aussitôt encerclé, les policiers, roués de coups. L'affrontement aurait pu très mal tourner sans le sang-froid de ces derniers qui réussirent à se dégager. Nous poursuivîmes notre chemin sans insister.

Comme les barrages de gardes mobiles et de CRS empêchaient tout accès vers le tribunal où avait lieu le procès, le

1. *Ibid.*

groupe d'étudiants très mobile retourna vers le campus et affronta violemment les gardes mobiles et les CRS avec des projectiles et des cocktails Molotov. Ceux-ci répondirent par des grenades lacrymogènes et offensives, chargeant, puis reculant, puis chargeant à nouveau sous une pluie de projectiles.

Un command-car de CRS qui passait devant les facultés fut atteint par un cocktail Molotov et son conducteur abandonna son véhicule, alors que ses vêtements commençaient à prendre feu. Un étudiant reprit aussitôt le volant et amena le command-car sur la pelouse du campus. L'exhibition de ce trophée de guerre attira la curiosité de nombreux étudiants qui regardaient de loin les événements. Les manifestants mirent le feu au command-car, puis poussèrent sa carcasse dans la rue en pente en direction des CRS postés en contrebas. Elle finit heureusement sa course à mi-parcours.

CRS et gardes mobiles lançaient beaucoup de grenades à tir tendu. Comme j'étais en première ligne parmi les manifestants, l'une d'elles finit par m'atteindre derrière la tête, tandis que les forces de l'ordre entamaient une charge qui ne me laissait pas grande chance d'y échapper. Par bonheur, un camarade assez robuste parvint à me tirer de là et un autre m'emmena au plus vite à l'hôpital.

À peine arrivé au service des urgences, j'aperçus à quelques mètres l'un des fonctionnaires des Renseignements généraux agressé quelque temps auparavant. Il était allongé sur un brancard, entouré de personnalités et d'officiers de police venus le réconforter. J'allais me retrouver nez à nez avec lui, quand soudain un étudiant en médecine qui effectuait un service de garde ce jour-là surgit je ne sais d'où et m'entraîna rapidement dans une autre salle. Je le connaissais et il soutenait le mouvement étudiant.

Ma blessure était sans gravité et après m'avoir fait boire un petit verre de calva, il me recousit le cuir chevelu. Il ne laissa aucune trace de mon passage aux urgences. J'avais décidément de la chance et retournai aussitôt sur les lieux des affrontements qui touchaient à leur fin.

Des vitres de la faculté des lettres avaient été brisées par des grenades, tandis que, sur le toit de la faculté, des militants maoïstes criaient victoire après avoir copieusement « arrosé » les forces de l'ordre de bouteilles enflammées et de projectiles divers. CRS et gardes mobiles avaient fini par rentrer dans leurs cars et s'étaient retirés.

Nous nous étonnions de notre témérité et de notre victoire. Nous avions franchi un nouveau seuil dans la violence avec un sentiment de toute-puissance et d'impunité. Il régnait néanmoins sur le campus une drôle d'atmosphère d'excitation baignée d'une sourde crainte de la répression. Comment les autorités allaient-elle réagir et jusqu'où pourrions-nous encore aller ?

Les CRS ne sont pas des « tigres de papier »

Après les affrontements du 4 mai, un tract maoïste proclamait : « Les CRS sont des tigres de papier[1] » et appelait de nouveau à manifester en ville. À l'entrée du restaurant universitaire, une sono diffusait l'appel du Komintern et les chants guerriers des *fedayin* palestiniens… Rien ne semblait entamer la détermination des maoïstes comme moi qui étaient prêts à « remettre ça ». Leur proposition de manifester en ville l'emporta en assemblée générale, mais la moitié des étudiants présents s'abstint et la majorité ne fut pas prête à descendre dans la rue et risquer de se faire arrêter.

1. Allusion à la déclaration de Mao Tsé-toung : « L'impérialisme américain est un tigre de papier. »

L'euphorie de la victoire contre les forces de l'ordre avait laissé la place à un climat tendu. Des informations judiciaires furent lancées après les affrontements du 4 mai ; le préfet interdit toute manifestation sur la voie publique ; un hélicoptère survolait la ville et le campus ; CRS et gardes mobiles encerclaient l'université. Il était impossible de faire un pas en dehors du campus sans subir un contrôle d'identité…

Force était de constater que les CRS n'étaient pas des « tigres de papier » et que l'« esprit d'oser lutter et d'oser vaincre », brandi comme un mantra, se heurtait à la réalité d'un appareil d'État qui entendait fermement faire usage de sa violence légitime contre nous. Que nous le voulions ou non, nos grands discours maoïstes et guerriers tombaient à l'eau. Nous décidâmes alors de nous regrouper sur la pelouse du campus de l'université et d'organiser un *sit-in* d'un genre particulier, dessinant avec nos corps alignés le slogan : « CRS = SS », destiné à être vu et photographié par les occupants de l'hélicoptère de la police qui tournoyait au-dessus de nos têtes.

Le campus était comme une forteresse assiégée, mais les autorités universitaires s'étant bien gardées cette fois de demander l'intervention de la police, il demeurait inviolable pour ne pas renforcer le chaos ambiant et les affrontements.

Le soir, beaucoup de militants ne rentrèrent pas chez eux de peur d'être interpellés à leur domicile et je me retrouvai avec ma nouvelle compagne maoïste dans un appartement prêté par une sympathisante. Nous savourions le calme après ces jours de tension et de chaos. Les chansons mélancoliques à souhait de Leonard Cohen nous plongeaient dans un univers qui n'avait plus rien de guerrier. Malgré notre dénonciation virulente du capitalisme et de ses aspects aliénants, nous continuions d'apprécier les repos des week-ends, des vacances et des jours fériés.

Nous nous étions confrontés violemment à l'« État policier » qui nous avait fait comprendre par le déploiement de sa force qu'il n'était vraiment pas dans notre intérêt d'aller plus loin. Nous étions entrés en toute irresponsabilité dans une zone limite comme dans une sorte de jeu qui avait fini par se prendre au sérieux. Il n'était pas question pour nous de commettre l'irréparable ; en d'autres termes, nous ne cherchions pas à tuer qui que ce soit, mais à certains moments, peut-être s'en était-il fallu de peu pour que les affrontements avec la police prennent une dimension plus tragique.

À notre façon, nous avions rejoué mai-juin 1968 à Caen. Comme l'écrirait plus tard Maurice Grimaud, préfet de police à Paris : « Le rituel de l'affrontement de rue, dans le climat passionnel de Mai, passe par une violence d'autant plus forte qu'elle jugule et qu'elle remplace le désir de tuer. Je ne crois pas manier le paradoxe : je pense vivement que la violence, c'est le prix que nous avons payé au refus, de part et d'autre, de tuer[1]. »

Cela n'excusait en rien les violences et les exactions commises, mais témoignait de la réflexion et du sang-froid des élites de l'époque. Nous ne voulions pas le reconnaître, mais les responsables et les policiers de l'époque avaient fait preuve d'une retenue peu commune dans la répression de notre violence et de nos exactions.

Désillusion et rectification

Après l'épreuve du réel et la limite imposée par les forces de l'ordre, la mobilisation reprit à l'université mais l'agitation qui avait prévalu depuis des mois commença à s'effriter.

---

1. Maurice GRIMAUD, *En mai fais ce qu'il te plaît*, *op. cit.*, p. 169.

Les habitants de la ville en avaient assez des « casseurs » étudiants. L'idée d'une grande manifestation un moment évoquée fut vite abandonnée. Il fallait de nouveau « ne pas se couper de la classe ouvrière » en lui expliquant le sens de notre lutte comme si elle était la seule à même de nous comprendre. Une énième fois, nous dénonçâmes la répression, affirmâmes notre solidarité avec les luttes de la classe ouvrière, notre refus de devenir des « chiens de garde » au service du capitalisme... Mais cela n'avait gère d'effet.

Lors d'une journée d'action de la métallurgie organisée par les syndicats, nous rejoignîmes la manifestation. L'accueil fut pour le moins inamical : le service d'ordre de la CGT nous traita de tous les noms, déchira et jeta nos tracts par terre, et nous empêcha de nous joindre à la manifestation. Nous parvînmes à quelques-uns à nous faufiler dans le cortège et à nous placer à côté de nos camarades ouvriers de l'usine Jaeger qui étaient comme des grands frères nous protégeant des méchants.

Force était de constater que les revendications de salaire n'avaient pas grand-chose à voir avec le sens de notre lutte (au demeurant évanescent) et que la masse des ouvriers s'en fichait. Il n'y avait rien à faire, nous étions pour eux des fils à papa et des casseurs invétérés. Il faut dire que les affrontements qui avaient lieu depuis des semaines avaient de quoi renforcer cette idée. Nous avions beau proclamer que nos actions n'étaient qu'une juste riposte contre la répression et que nous luttions comme eux contre l'affreux système capitaliste, la grande majorité des ouvriers ne nous prenaient pas au sérieux.

Le camarade Gérard qui, avec quelques ouvriers, avait participé aux affrontements à nos côtés, était obligé lui aussi de l'admettre, malgré sa sympathie envers les étudiants : « On était venus à plusieurs en prenant des heures de délégation syndicale et on avait été en première ligne. J'étais rentré à l'usine très content et j'en discutais autour de moi : "On s'est sacrément bagarrés. Chez les flics, c'était la débandade. C'est une victoire !" Le gars avec qui je discutais a rigolé : pour lui, c'était des bêtises. Je l'ai traité de tous les noms. Pour moi, c'était un imbécile qui ne comprenait rien. Quelque temps après, il adhérait au PCF. En fait, dans l'usine, on ne pouvait pas expliquer, justifier ce qui se faisait dans le milieu étudiant. Tout le monde le condamnait, à part la petite quinzaine d'ouvriers et d'ouvrières que nous avions autour de nous[1]. » À vrai dire, c'était surtout cette frange très minoritaire qui nous intéressait et nous amputions le rejet de nos élucubrations révolutionnaires par la grande masse de la classe ouvrière au PCF et à la direction de la CGT.

C'en était fini de l'insouciance et de la joyeuse bande des maos étudiants, il fallait sortir du « ghetto universitaire », travailler prioritairement en direction des usines, partir à la conquête des « forteresses ouvrières », s'implanter dans les « bastions ouvriers »... Malgré tous les démentis que nous avions pu constater, il n'y avait rien à faire : la classe ouvrière demeurait potentiellement révolutionnaire, c'était le « révisionnisme » du PCF qui empêchait ses véritables aspirations de s'exprimer. Après nos échecs en milieu étudiant, c'était désormais vers elle qu'il fallait se tourner. La révolution prendrait plus de temps que nous l'avions imaginé.

Au risque de la prison

Alors qu'avait lieu ce changement de perspective, le PCMLF tendance Front rouge subissait la répression. En juin 1971, à Lyon, où il était implanté, quatre militants se

1. Maurice LEBOUDER, « Révolte ouvrière », art. cité.

firent arrêter par la police lors d'une réunion clandestine et furent inculpés de reconstitution de ligue dissoute.

Le journal *Front rouge* appela aussitôt à leur libération, considérant qu'il s'agissait tout bonnement d'une « nouvelle mesure fasciste » liée à la montée des luttes révolutionnaires et aux nouvelles orientations prolétariennes du parti. À en croire *Front rouge*, « les services de Marcellin [le ministre de l'Intérieur] ne pouvaient supporter que ces perspectives s'ouvrent à la classe ouvrière : tôt ou tard, elles risquaient de mettre en danger l'équilibre de la répression fasciste, de la collaboration de classe révisionniste et de l'impuissance "gauchiste"[1] ». À n'en pas douter, ces arrestations étaient censées prouver *a contrario* la justesse de ces orientations qui effrayaient la bourgeoisie...

Ce genre de raisonnement filandreux et « mégalo » n'avait, à vrai dire, pas grande importance : ce qui comptait avant tout, c'était notre solidarité envers les camarades emprisonnés. La direction entama aussitôt une campagne pour leur libération qui passa par une série de mots d'ordre à peindre sur les murs et les endroits les plus visibles à proximité des usines et dans les quartiers ouvriers.

La tâche n'était guère facile : à l'aide d'une bombe de peinture, il fallait écrire correctement le nom des quatre camarades emprisonnés dont l'un, de consonnance russe, était particulièrement difficile à retranscrire. Il fallait y ajouter la signature complète du PCMLF, ce qui prenait du temps et accentuait les risques de se faire prendre en flagrant délit. L'autre slogan des plus sommaires était plus facile à reproduire, puisqu'il proclamait sans conteste : « À bas la Gestapo de Marcellin ! »

Appliquant ces directives, nous nous retrouvâmes à « bomber » la nuit les murs du centre commercial

1. *Front rouge*, n° 6, juillet 1971.

d'Hérouville-Saint-Clair avant qu'un gardien, indigné en voyant ces inscriptions, nous insulte et nous pourchasse.

Nous avions également jeté notre dévolu sur un pont près de l'usine de la Saviem. Un des camarades ouvriers qui était à nos côtés n'était pas très rassuré. Visiblement stressé et pressé d'en finir, il ne parvint pas à écrire correctement le slogan qui s'en prenait au ministre de l'Intérieur. C'est ainsi qu'« À bas la Gestapo de Marcellin ! » devint : « À bas la Gestap de Marcel ! » Cette contribution involontaire à la révolution prolétarienne avait de quoi étonner les ouvriers de la Saviem qui, chaque matin, empruntaient cette route pour se rendre à leur travail. Cette anecdote nous faisait rire, même si nous commencions à nous prendre au sérieux.

Après avoir repéré les lieux et organisé soigneusement un plan d'action, nous menâmes de nuit une autre opération de « bombage » de slogans signés du PCMLF clandestin près des usines. Cette opération de peinture impliquait quatre voitures munies de fausses plaques d'immatriculation et remplies de militants prêts à en découdre en cas d'intervention de la police ou de rencontre malencontreuse avec des équipes de collage d'affiches du SAC, du DRU ou d'Ordre nouveau. Fort heureusement, cette nuit-là, nous ne rencontrâmes personne.

Derniers feux

À l'université, l'agitation continuait, mais sans retrouver le niveau des mois passés. En décembre 1971, la tenue d'une conférence à l'université sur Israël par Jacques Soustelle, ethnologue et personnalité politique bien connue, était l'occasion rêvée pour relancer la mobilisation antifasciste.

Ce résistant gaulliste et ancien ministre condensait tous les traits politiques honnis par l'extrême gauche, ce qui en faisait une cible parfaite. Ancien gouverneur général de l'Algérie, il avait fait le choix de l'OAS ; sa conférence portait sur Israël et, qui plus est, elle devait se dérouler dans le grand amphithéâtre de la faculté de droit qui avait la réputation d'être le bastion de la droite et de l'extrême droite. Les groupes gauchistes appelaient à s'opposer à la tenue de cette conférence et la Ligue communiste (trotskiste) avait fait venir pour l'occasion des responsables de son service d'ordre national à la solide réputation.

Des militants firent irruption dans l'amphithéâtre avant que la conférence ne commençât. Ils parvinrent à se saisir de Jacques Soustelle et l'amenèrent devant le restaurant universitaire, tandis que les étudiants venus assister à sa conférence se portaient à son secours. Le face-à-face avec les militants d'extrême gauche donna lieu à des invectives et à quelques coups. En fin de compte, Jacques Soustelle parvint à s'échapper avec un œil au beurre noir après avoir perdu ses lunettes.

Je n'avais pas participé à l'intervention dans l'amphithéâtre, mes camarades estimant que je ne devais plus me mettre trop en avant. Mais je ne pus m'empêcher de les rejoindre quand ils faisaient face aux partisans de Soustelle avec de longs bâtons qui ne servirent à rien. Cette action se termina en « eau de boudin ».

Elle marqua pour nous la fin d'une époque où l'université avait été le terrain privilégié de la mise en pratique de nos élucubrations révolutionnaires et maos-spontex. L'idéologie marxiste-léniniste et l'ouvriérisme déjà bien présents prenaient désormais le dessus. Ils nous enfermaient dans un imaginaire passéiste et un entre-soi militant comme un nouveau refuge qui nous protégeait du réel et des remises en cause des dogmes les plus fous.

Nos préoccupations avaient changé. Ce qui importait avant tout n'était plus l'agitation étudiante, mais la propagande et l'éducation révolutionnaire en vue d'édifier un parti communiste authentique qui saurait s'implanter dans la classe ouvrière.

Pour ce faire, la direction me demanda d'aller m'installer dans le Nord-Pas-de-Calais comme dans une nouvelle terre de mission, non pour m'établir comme j'étais prêt à le faire et comme d'autres camarades étudiants le feraient[1], mais pour développer une organisation qui semblait plutôt mal en point.

Quitter ce milieu où vivaient tous mes amis, les couchers de soleil sur le campus, les soirées joyeuses entre « camarades » qui ressemblaient encore à des copains… tout cela impliquait de rompre avec un mode de vie bohème plus ou moins confortable qui me plaisait. En même temps, j'avais le sentiment d'avoir vécu pleinement ces années folles en milieu étudiant ; elles ne menaient nulle part et ne pouvaient durer plus longtemps. Partir dans le Nord-Pas-de-Calais était comme un nouveau défi et le début d'une nouvelle aventure que je finis par accepter.

J'y mis cependant une condition : que ma nouvelle compagne maoïste, à laquelle j'étais très attaché, accepte, elle aussi, de s'exiler en « terre étrangère ». Ce qu'elle fit. Ce départ scella un engagement où l'amour-passion se mêlait à l'idéologie marxiste-léniniste et à un ouvriérisme forcené.

Dans tous les cas, je n'entendais pas faire carrière dans l'enseignement ni mener une vie tranquille. Il fallait mettre en cohérence ses idées et ses actes : aller rencontrer cette fameuse classe ouvrière dans une région profondément

1. Marnix Dressen, *De l'amphi à l'établi. Les étudiants maoïstes à l'usine (1967-1989)*, Paris, Belin, 1999.

marquée par l'histoire du mouvement ouvrier et concurrencer le PCF sur son propre terrain.

Cette nouvelle étape dans mon engagement mêlait des aspects sacrificiels et la volonté de s'insérer dans une filiation communiste révolutionnaire qui rompait avec la révolte et le nihilisme du peuple adolescent auxquels j'avais pleinement participé. Le gauchisme étudiant se disait « révolutionnaire », mais il m'apparaissait désormais inconséquent et « petit-bourgeois ». Mon engagement serait total ou ne serait pas.

Je vendis la plupart de mes livres et de mes disques. C'était une nouvelle vie inconnue qui m'attendait. J'allais découvrir un autre monde, celui des ex-communistes, des mineurs, des sidérurgistes, des travailleurs immigrés… qui ne ressemblaient pas à mes camarades ouvriers de Caen, en même temps que j'allais devenir un *apparatchik* d'un groupuscule reproduisant les mécanismes idéologiques et organisationnels du communisme d'antan. Le temps de la désillusion finale et de la critique du totalitarisme qui me réconcilierait avec la démocratie et mon héritage culturel premier n'était pas encore venu. À chacun son destin…

5

Le gauchisme culturel à l'état naissant

Trois ans après Mai 68, malgré les appels réitérés de l'extrême gauche au développement des luttes, la révolution tant attendue n'arrivait pas. Certains, comme moi, allaient continuer de projeter sur la classe ouvrière leur rêve de révolution, d'autres remettaient déjà en question leur engagement militant.

Au sein du mouvement post-soixante-huitard, la question sociale et la lutte des classes continuaient d'être présentes, mais un glissement significatif commençait à s'opérer. Le Mouvement de libération des femmes (MLF) avait déjà vu le jour, et le journal *Tout !* appelait à la création d'un Front de libération de la jeunesse. Les déclarations incendiaires du MLF et les appels du journal *Tout !* à la libre disposition de son corps faisaient apparaître au grand jour un gauchisme culturel qui entendait subvertir la société d'une tout autre manière que l'extrême gauche. La révolution se voulait avant tout culturelle et n'avait plus grand-chose à voir avec la prise de pouvoir par le prolétariat. Elle commençait ici et maintenant et s'affirmait comme la mise en pratique des désirs infinis d'une jeunesse qui s'érigeait en nouvel acteur historique, porteuse de nouvelles valeurs qui allaient changer la société.

« *Rage de vivre* » *et désenchantement*

Dès 1970, le journal *Tout !* créé par les maoïstes de *Vive la révolution !* rompait avec le sérieux et les effigies édifiantes de l'extrême gauche. Son sous-titre le déclarait sans ambages : « Ce que nous voulons : tout ! », auquel on aurait pu ajouter : « Et tout de suite ! » Le style de ce journal, son graphisme, ses caricatures et son impression aux couleurs psychédéliques le rapprochaient d'*Actuel*[1] et de la presse *underground*.

Le numéro 9 de *Tout !* publiait la photo de Richard Deshayes et un texte-manifeste du Front de libération de la jeunesse rédigé par ses soins, juste avant qu'il ne perde un œil et ne soit défiguré. Cet écrit exprimait on ne peut mieux la révolte de la jeunesse, sa rage de vivre en même temps que ses déchirements et ses drames.

« Ces révolutions qu'on nous a demandé de faire étaient tellement abstraites qu'elles se plaquaient sur notre vie comme un corps étranger », déclarait le manifeste du Front de libération de la jeunesse. Le présent apparaissait à nouveau désenchanté : « Il y a quelque chose de pourri dans ce pays. L'air s'y fait irrespirable. Un monde s'effondre dans la médiocrité des jours qui succèdent aux jours, des nuits qui succèdent aux nuits alors que sous notre ciel rien ne change[2]. »

La jeunesse ne pouvait plus attendre, sa révolte devait désormais « aller au plus court » : « *C'est maintenant que nous avons fait le choix d'être libres*, que notre choix, notre

1. Dirigé alors par François Bizot, *Actuel* était un magazine dans le sillage du courant culturel libertaire de Mai 68 et de la presse anglo-saxonne *underground*.

2. FRONT DE LIBÉRATION DE LA JEUNESSE, texte de Richard Deshayes, *Tout !*, n° 9, 18 février 1971.

révolte nous suffit. [...] LA RÉVOLTE, C'EST NOTRE FAÇON À NOUS DE PRENDRE NOS DESTINS EN MAIN ET D'AVOIR PRISE SUR NOTRE PROPRE VIE et, si nous sommes aussi impatients, c'est que nous en avons marre d'être acculés à nous dire : "Ça ne peut plus durer comme ça...", "Il va se passer quelque chose..." car rien ne passe et *notre jeunesse fout le camp sans espoir de retour.* »

Le tableau brossé de la société était sombre : « fric », « égoïsme », « misère insupportable », « monde de cons » et « études à la con »... Les « flics fascistes », les « éducateurs terroristes », les « parents abusifs », les « lecteurs de *L'Aurore*, du *Figaro*, de *Minute* et autres coupeurs de cheveux » agressaient la jeunesse ; la société et le monde étaient marqués par le malheur et le chaos.

De la crèche à la faculté ou à l'usine, l'éducation était assimilée à un « long processus de répression, d'acceptation et de reproduction des valeurs de non-vie : la soumission, l'insatisfaction sexuelle comme norme de bonne moralité, le travail pénible et stupide, la bêtise (éducateurs vous êtes serviles et vous êtes bêtes !) ». La famille et l'école étaient les instruments et les rouages d'un système qui broyait la jeunesse et l'amenait à la résignation : « On peut dire que toute l'enfance et l'adolescence sont l'apprentissage du renoncement à assumer ses désirs, une sorte de train de laminage à froid et à chaud continu qui vise l'acceptation par le jeune de toutes les désillusions sur le bonheur et l'amour et ce renoncement se consomme en gros avec l'entrée dans la vie active et le mariage. [...] Pensez à la violence qui s'exerce sur un type pendant vingt ans pour que du bébé nu et souriant au monde qui l'entoure, on arrive à cet étudiant de sciences-éco creux, blafard et cravaté ou à ce jeune prolo super crevé qui somnole dans le métro qui l'emmène travailler. La paix dans ces conditions, plutôt crever ! »

La conclusion s'imposait : « Vous nous poussez au désespoir et vous croyez que vos études à la con on va les supporter longtemps et ingurgiter des programmes de merde qui ne nous servirons jamais à rien » ; « Il est plus temps de pleurer. Nous devons aujourd'hui nous résoudre à détruire la famille et l'école. Il en va de notre vie. »

Face à la répression, la police demeurait une cible privilégiée à qui on entendait tôt ou tard faire payer ses forfaits : « Allez-y, flics, tabassez-moi, écrivait Richard Deshayes, foutez-vous de ma gueule parce que vous êtes au chaud à quinze dans votre commissariat mais bientôt vous n'aurez plus le haut du pavé et même dans vos trous à rats vous ne serez plus en sécurité – crevez –, salopes dès qu'il sera en notre pouvoir de le faire, vous raserez les murs comme vous les rasiez en mai 68. »

Les raisons invoquées pour justifier la violence n'en avaient pas moins changé. Antérieurement, celle-ci se voulait exemplaire et avait en vue une prise de pouvoir de la classe ouvrière sur le modèle des insurrections passées. Désormais, elle était davantage revendiquée comme une autodéfense et une forme légitime d'expression de la jeunesse contre une société qui l'opprime : « Nous sommes devenus particulièrement violents – non par nature – on ne nous a pas laissé le choix. [...] Tout concourt à nous mutiler et à nous nuire et la paix qu'on nous offre est la paix sociale du gouvernement, des partis, des syndicats, la paix des esclaves – celle-là nous n'en voulons pas. »

Nouvelle fracture entre les générations

Ce tableau sinistre de la société plaçait au centre un nouveau conflit entre les générations.

Il y avait d'un côté les adultes avec leurs échecs et leurs renoncements : « Nos parents ont fait de leur vie une pile de croix qu'ils ont tirées sur tout ce qu'ils avaient envie de devenir », de l'autre la jeunesse soixante-huitarde qui ne renoncerait jamais à ses désirs et les accomplirait jusqu'au bout : « Que tous les jeunes refusent tous, toute forme de renoncement vis-vis de ce qu'il leur plairait de faire et de ne pas faire et luttent pour affirmer l'intégralité de la jeunesse. » À la formation de l'adulte synonyme de l'« acceptation du déplaisir, de la non-joie et de l'ennui » s'opposait la « période de l'apprentissage de la jouissance, le stade où les capacités de créativité et de plaisir sont optimums ».

« Nous ne sommes pas contre les vieux mais contre ce qui les a fait vieillir », affirmait ce manifeste, qui appelait les adultes soumis à « réalis[er] qu'ils ne sont eux-mêmes que des ombres et qu'ils doivent cesser de nous faire vieillir ». Une « nouvelle société d'hommes libres » était en marche, où « les jeunes ser[aie]nt aimés et respectés », où « la jeunesse comme épanouissement de la vie sera[it] une vertu qui n'aura[it] pas de fin ».

À une société jugée vide de tout idéal et de toute passion, composée d'adultes et de vieux conformistes résignés, s'opposait la révolte d'une jeunesse rédemptrice annonçant un nouveau monde régénéré. Ce monde était le parfait contrepoint de celui des « vieux cons ». À l'inverse de la société honnie, la « société des jeunes » allait « développer toutes les facultés qui sont propres à chaque individu quand il naît, facultés de libre jouissance de son corps et de son intelligence, facultés de coexister harmonieusement, de se respecter, de s'aimer, de s'entraider, de se comprendre les uns les autres ». La passion de la vie, l'amour, la fraternité l'emporteraient sur la survie, la haine et l'égoïsme. Le manifeste du Front de libération de la jeunesse annonçait la naissance d'une nouvelle société et d'une nouvelle civilisation où les frustrations, les renoncements et les interdits assimilés à des violences injustes seraient enfin abolis. La jeunesse régnerait alors en maître selon les principes d'un épanouissement et d'un plaisir sans entrave.

Le dessin imprimé en arrière-fond de ce texte représentait un poing qui continuait de tenir un fusil comme on en voyait dans la presse d'extrême gauche à l'époque. Mais s'y ajoutaient désormais une fleur et une guitare, et ce sont ces deux symboles qui allaient finalement l'emporter. Il ne s'agissait plus d'attendre un supposé « grand soir », mais de créer des ébauches de communauté de vie différentes, d'expérimenter de nouveaux modes de vie alternatifs dans l'entre-soi.

Dans cette nouvelle société, la libération de la sexualité, de tous les interdits et les tabous occupait une place de choix : « Faire l'amour est de loin une des choses les plus agréables que nous connaissons, plus on baise, mieux on se porte, et mieux on baise, mieux on se supporte. Personne n'a plus rien à nous interdire et sur ce plan encore moins que le reste si on considère le naufrage sexuel de nos parents. ON NOUS BRISE LE SEXE ! mais ça ne va pas durer. BAISONS ! est donc aussi un bon mot d'ordre. Y a beaucoup de choses à dire là-dessus. »

Le texte de Richard Deshayes s'arrêtait là. Il était suivi de la phrase : « Texte interrompu par une grenade », comme la concrétisation de la haine contre la jeunesse et l'opposition irréconciliable entre deux mondes.

« Bourgeois, vous n'avez rien compris ! », « Sois jeune et tais-toi ! », « Cours, camarade, le vieux monde est derrière toi »... autant de slogans de Mai 68 que ce Front de libération de la jeunesse reprenait à sa façon. Trois ans après Mai 68, cette révolution juvénile affirmait à nouveau sa spécificité au sein même d'un courant qui avait tenté de concilier de façon paradoxale le maoïsme (interprété de façon libertaire) et la révolte du peuple adolescent.

L'adolescence antérieurement considérée comme une période intermédiaire, instable et difficile entre l'enfance et l'âge adulte s'affirmait désormais comme la marque d'une inadaptation essentielle : « On est jeune ou on ne l'est pas et si on se sent au départ et pendant longtemps très mal à l'aise dans sa peau et à la place qu'on occupe, c'est un bon signe qui ne trompe pas. » Le mal-être et le comportement de rupture propres à ce moment particulier qui n'est pas fait pour durer étaient érigés en modèle de la « vraie vie » qui devait durer éternellement. À l'aune de cet absolu adolescent, la maturité et la vieillesse ne signifiaient que compromission et déchéance.

Derrière le reproche qui était fait aux adultes de vieillir et de « faire vieillir la jeunesse » s'affirmait l'épreuve douloureuse d'une adolescence qui avait le plus grand mal à entrer dans le monde adulte : « La scission dans l'homme s'accomplit irrémédiablement dès qu'il a renoncé à sa jeunesse, c'est-à-dire à vivre, dès qu'il la juge en termes de souvenirs, de regrets, le "bon temps", le "temps des copains". Le bon temps est celui qu'on prend *maintenant* et *ici* ! La jeunesse, c'est le refus de cette scission dans l'être, c'est la rupture dans le processus dévitalisant du renoncement. » De quoi susciter les commentaires des psychanalystes – tout particulièrement lacaniens – qui pouvaient y voir la tentative de rejeter toute castration symbolique, au profit de l'attachement à un monde premier de l'enfance où régnerait en maître le principe du plaisir satisfait dans l'instant.

La frustration n'était plus de mise : « La jeunesse a tous les besoins et elle doit tendre à les satisfaire dans les plus brefs délais, sur tous les plans » : « Si on veut vivre et satisfaire ce qui nous plaît de faire quand ça nous plaît, [...] il n'y a qu'une chose à faire : LE FAIRE ! ICI ET MAINTENANT... pas quand on sera devenus des cadavres. Notre passion de vivre est la force la plus révolutionnaire et la plus radicale qui soit. » Richard Deshayes écrivait encore : « Notre jeunesse enragée jusqu'aux dents donne enfin à la vie et à la mort toute leur signification. »

La vie se devait d'être toujours passionnée et intense, dans un état d'exaltation et de révolte permanent, balayant les interdits et les obstacles pour obtenir une pleine et entière satisfaction. L'amour fou, l'excès et la transgression, le risque et la violence, voire le « dérèglement de tous les sens » par l'usage de stupéfiants constituaient les modalités d'une recherche d'intensification du temps et de l'existence poussée à son point culminant.

La pop musique, comme l'a montré magistralement Paul Yonnet, constituait précisément la montée d'une « culture de vertige » du peuple adolescent, marquée par « les amplifications et distorsions audiovisuelles, l'utilisation de produits modificateurs de conscience, par la réunion des foules à l'occasion de festivals s'étendant sur plusieurs jours et plusieurs nuits[1] ». Les solos hallucinants de guitare de Jimy Hendrix, la chanson *The End* des Doors aux relents œdipiens qui finit comme un orgasme, le blues à la voix éraillée de Janis Joplin... exprimaient on ne peut mieux cette rage de vivre dans sa recherche éperdue d'un point limite d'incandescence dissolvant la conscience et flirtant avec la mort.

1. Paul YONNET, « Rock, pop, punk. Masques et vertiges du peuple adolescent », in *Jeux, modes et masses*, Paris, Gallimard, 1985, p. 161-162.

Deux mois après la publication du manifeste du Front de libération de la jeunesse, le journal *Tout !* titrait : « Oui notre corps nous appartient », « Y en a plein le cul. Libre disposition de notre corps », avec en arrière-fond la photo d'une paire de fesses à la couleur psychédélique[1].

Les révolutionnaires se devaient désormais de reconnaître que les questions sexuelles étaient au « centre de la vie » et de nouveaux mots d'ordre étaient mis en avant : « – Avortement et contraception libres et gratuits ; – droit à l'homosexualité et toutes les sexualités ; – droit des mineurs à la liberté du désir et à son accomplissement. » Ces nouvelles exigences, pouvait-on lire, « posent des questions sur des points limites de la vie : sur l'inceste, sur le viol, sur l'euthanasie, sur le suicide »... La « libre disposition de notre corps » devenait le mot d'ordre central d'une révolution qui avait désormais pour finalité la « perfection du bonheur ».

Le ton et le contenu des articles n'avaient pourtant rien de charmant. La parole était donnée aux « pédés », aux « gouines », aux femmes, aux emprisonnés, aux « avortées », aux « asociaux », aux « fous »... qui « sur la base de leur désir et de leur oppression exigent de pouvoir faire ce qu'ils veulent de leur corps ». Certains propos, pour le moins provocateurs, n'épargnaient personne : « Nous sommes plus de 343 salopes[2]. Nous nous sommes fait enculer par des Arabes. Nous en sommes fiers et nous recommencerons. Signez et faites signer autour de vous. *Le Nouvel Observateur* le publiera-t-il ??? Et discutons-en avec les camarades arabes. »

1. *Tout !*, n° 12, 23 avril 1971.
2. Allusion au « Manifeste des 343 salopes » pour l'avortement libre et gratuit paru dans *Le Nouvel Observateur*, 5 avril 1971.

L'homosexualité masculine et féminine y occupait une bonne place avec des témoignages de la vie quotidienne et un appel à en parler ouvertement dans l'espace public : « Arrêtons de raser les murs... Nous prenons ici la parole. » Sans oublier les « mineurs qui ont droit au désir » avec le témoignage d'un « pédé mineur et devenu joyeux » âgé de 15 ans.

Ces articles ne s'attaquaient pas seulement à l'idée selon laquelle l'homosexualité relèverait du registre de la pathologie, mais attribuaient à cette dernière une portée subversive qui faisait sauter tous les tabous. Le FHAR appelait ainsi à mettre à bas la « sexualité réduite à la famille procréatrice », le « racisme sexuel des hétéro-flics », la « normalité sexuelle fasciste »[1]. L'homosexualité ne remettait pas seulement en cause « ce que la bourgeoisie appelle stupidement la loi de la nature », mais « l'enfer du surpeuplement », les « institutions sacro-saintes de la famille et du patriarcat monogamique », les « conduites masculines d'autorité, de puissance, d'agressivité et d'hystérie qui naissent du refoulement homosexuel », et, par la sodomie, « les plus solides tabous de la société bourgeoise, le tabou de la merde et du trou du cul »[2].

Les militants d'extrême gauche se devaient ainsi de reconnaître que l'homosexualité contenait un potentiel subversif hors du commun et de l'intégrer comme une composante essentielle du combat révolutionnaire. Il ne s'agissait pas seulement de s'attaquer au couple et à la famille traditionnelle, mais d'abolir tous les interdits qui structuraient la vie en société : « La famille ne disparaîtra en tant qu'"usine idéologique de la répression", et donc en tant que pilier du capitalisme, que lorsque nous aurons tous commencé à

1. « À ceux qui sont comme nous », *Tout !*, n° 12, 23 avril 1971.
2. « Les pédés et la révolution », dans *ibid.*

nous débarrasser du patriarcat, du tabou de l'inceste (entre parents et enfants, entre frères et sœurs). La liberté réelle est à ce prix[1]. »

Ce genre de propos me paraissaient fous et renforçaient mon rejet de ces gauchistes d'un nouveau genre. Comme on le disait entre militants marxistes-léninistes à l'époque, il y avait les « anars de gouttière » et les « anars de salon ». Ce genre de littérature appartenait sans doute aux deux catégories avec un aspect nouveau : tout en se réclamant encore des luttes sociales auxquelles ils entendaient se joindre, pour nous, ils se préoccupaient surtout « de leur nombril et de leurs fesses », et se coupaient, quoi qu'ils en disent, des couches populaires.

Des femmes « déchaînées[2] »

Dans la critique des comportements de l'extrême gauche, les militantes féministes avaient montré la voie. En mai 1970, le journal *L'Idiot international*[3] publiait un article intitulé « Combat pour la libération des femmes », qui annonçait la rupture : « Nous ne voulons pas perdre notre énergie et notre force à lutter contre le chauvinisme mâle à l'intérieur des organisations déjà existantes. Il est fini le temps où nous demandions aux hommes – fût-ce des militants révolutionnaires – la permission de nous révolter[4]. »

---

1. MOUVEMENT COMMUNARD « NOUS SOMMES TOUS DES ANORMAUX », « Question à ceux et à celles qui n'ont pas perdu tout contact avec leur corps », in *ibid.*
2. V. et C. « Déchaînées », *Tout !*, n° 6-7, 10 janvier 1971.
3. Journal gauchiste créé en 1969 par Jean-Edern Hallier.
4. Monique WITTIG, Gille WITTIG, Marcia ROTHENBURG, Margaret STEPHENSON, « Combat pour la libération de la femme », *L'Idiot international*, n° 6, mai 1970.

Quelques mois plus tard, dans le numéro spécial de la revue *Partisans*, « Libération des femmes années zéro », les militantes féministes déclaraient qu'elles n'acceptaient plus d'« être un *post-scriptum* de Marx ou de Mao Tsé-toung » et d'ajouter : « Tout révolutionnaire qui dit : je veux d'abord savoir si le mouvement de libération des femmes est sur des positions justes avant d'être "pour" ou "contre" est un faux révolutionnaire[1]. » Tout en continuant encore de se référer à la question sociale et à la lutte des classes, le combat contre le patriarcat devenait premier[2].

La création du journal *Le Torchon brûle. Journal menstruel* en 1971 marqua un pas de plus dans l'expression d'une radicalité qui allait subvertir de l'intérieur nombre d'organisations : « Ah ! pauvres hommes oppresseurs, à quelque classe que vous apparteniez, vous allez en prendre plein la gueule[3] ! » Ceux-ci devenaient les représentant et les symboles d'un système qu'il fallait abattre : « Par son rôle de Père oppressif, il [l'homme] est l'incarnation de Dieu, du chef de l'État, du patron et de tous les leaders[4]. »

Une ancienne militante du MLF écrirait plus tard : « Nous avions une stratégie, vider les partis politiques des femmes qui s'y sont égarées. En commençant par les organisations gauchistes. Et d'abord, les maos les moins "durs, les plus ouverts, ceux de VLR"[5]. » Cette stratégie avait

---

1. *Ibid.*

2. Pour une analyse critique globale du Mouvement de libération des femmes, voir les deux chapitres consacrés à ce sujet : « L'irruption du féminisme et l'implosion du gauchisme », « MLF : le fantasme de toute-puissance », *in* Jean-Pierre LE GOFF, *Mai 68*, *op. cit.*

3. « Troyes », *Le Torchon brûle*, n° 1.

4. « Le Torchon brûle », livre journal, supplément à *L'Idiot liberté*, n° 1, décembre 1970.

5. Élisabeth SALVARESI, « Auto-itinéraire », *Mai en héritage*, Paris, Syros, 1988, p. 135.

porté ses fruits. *Tout !* donnait la parole à des femmes qui n'entendaient pas laisser parler les « mecs » à leur place : « Nous, quand nous parlons avec d'autres femmes, nous parlons de ce que nous avons en commun, nous ne parlons plus avec notre sac de politique à écouter. Nous parlons de nous, de notre révolte et de notre oppression à nous et pas à quelqu'un d'autre qu'on ne connaît pas, le prolétariat, les masses, et j'en passe[1]. »

À l'inverse des discours dogmatiques des groupuscules d'extrême gauche, toute parole pour être authentique devait partir de soi, de ses sentiments, de son vécu en tant que femme victime d'une oppression spécifique à nulle autre pareille. La lutte contre cette oppression faisait sauter la séparation entre vie privée et vie publique : « Chaque fois qu'une femme a une réaction de révolte, au bureau, au lit, à la cuisine, dans la rue, elle est MLF. Parce que la lutte contre notre oppression se mène autant dans un meeting ou une manifestation que dans la vie quotidienne, pour chacune, au niveau et dans la situation particulière où elle est. Elle se mène aussi bien contre le patron ou l'ami, dont les comportements sont également phallocrates, à un degré ou à un autre[2]. »

Les problèmes dits « personnels » et intimes sortaient de l'espace privé ou des cabinets feutrés des thérapeutes pour s'exprimer collectivement, de façon sauvage, sur la place publique, en cherchant à provoquer une prise de conscience de l'oppression. La provocation et la catharsis collective devenaient des armes de destruction du militantisme traditionnel.

1. V. et C. « Déchaînées », art. cité.

2. Anne DE PISAN, Annie TRISTAN, *Histoires du MLF*, Paris, Calmann-Lévy, 1977, p. 58-59.

Des militants mis à mal

Les féministes pouvaient s'en prendre aux manifestations de l'extrême gauche dans le plus grand chaos. Un article de *Tout !* relatait alors avec sympathie la façon dont des militantes féministes s'en étaient prises à une fête du Secours rouge à la Mutualité[1] : après avoir distribué un tract exaltant la masturbation féminine, elles étaient montées sur scène avec une affiche représentant un grand phallus et avaient commencé à se déshabiller. Les responsables et le service d'ordre du Secours rouge n'avaient pas trop apprécié, tout en leur accordant quelques minutes pour parler.

Mes camarades et moi, pour qui la virilité n'avait rien de fasciste, n'étions guère disposés à tolérer ce genre de propos et de provocation. Nous les considérions dédaigneusement comme des manifestions hystériques de « petites-bourgeoises » centrées sur leurs « histoires de cul », rejetant la perspective plus glorieuse de l'engagement dans la lutte du prolétariat. Il faudrait attendre quelques années – quand l'échec de l'engagement marxiste-léniniste serait consommé – pour que les critiques virulentes du MLF contre le comportement militant, par-delà leurs déclarations incendiaires, en viennent à nous concerner directement et entraînent des remises en question.

Mais si le gauchisme culturel a pu jouer un rôle de catharsis et de remise en cause de la fantasmagorie et des comportements des militants de l'extrême gauche, il n'en était pas pour autant, lui non plus, dépourvu d'idées folles. Contrairement aux clichés qui se formeraient bien des années plus tard, il n'avait rien de « cool » et de gentillet. Il faisait valoir une subjectivité débridée et sauvage contre les partis, l'État

1. MOUVEMENT COMMUNARD, « Nous sommes tous des anormaux », art. cité.

et les institutions ; il pratiquait l'invective et la dénonciation contre ceux qui émettaient la moindre critique à son endroit.

Le rappel des conditions de l'époque avec son moralisme et sa sexualité honteuse, la critique des groupuscules d'extrême gauche, de leur langue de bois et de leur idéologie totalitaire ne peuvent faire oublier que le gauchisme culturel est marqué dès ses origines par une radicalité et un nihilisme sociétal d'un autre genre que la version rejouée du totalitarisme communiste. Dans les années qui suivraient, ce dernier finirait par être rejeté et critiqué par nombre d'anciens militants d'extrême gauche, y compris par les maoïstes les plus virulents dont je fus. Il n'en serait pas de même du gauchisme culturel qui finirait par se présenter comme un mouvement modernisateur et démocratique, dont l'idéologie se diffuserait dans la société et les institutions.

Conclusion

L'étrange destin du gauchisme adolescent

Un demi-siècle est passé depuis ces années folles, et pour ceux qui les ont vécues, l'impression est celle de vivre dans un tout autre monde que celui qu'ils ont connu. Nous n'étions pas « les enfants de la télé », et encore moins des réseaux sociaux ; nous demeurions encore ceux de la littérature et du cinéma, auxquels s'ajoutait la musique rock. Ce sentiment d'avoir connu le monde d'hier trouve une acuité particulière, parce que, dans ces années-là, le peuple adolescent s'est cru éternel et tout-puissant.

Victor Hugo a su traduire dans un poème l'ambivalence de ce sentiment :

> « Nous avons l'ivresse,
> L'amour, la jeunesse,
> L'éclair dans les yeux,
> Des poings effroyables ;
> Nous sommes des diables,
> Nous sommes des dieux[1] ! »

1. Victor Hugo, « Les Tuileries » (1850), mis en musique et chanté par Colette Magny, CBS, 1964.

Quand tout semblait possible

Après Mai 68, tout semblait possible à la jeunesse étudiante en révolte, y compris ses rêves les plus fous. De l'anarcho-situationnisme au marxisme-léninisme, en passant par le mao-spontanéisme, je fus de ceux qui cherchèrent jusqu'au bout une « révolution introuvable[1] » dans un pays démocratique parvenu à un nouveau stade de son développement.

Ma génération était élevée dans une société marquée par la dynamique d'expansion des Trente Glorieuses, qui relançait l'idée de rupture avec la tradition et d'un progrès sans limite. Le développement des loisirs, du cinéma et des médias donnait une plus grande place à l'imagination et au rêve. La mentalité adolescente s'y retrouvait en prenant ses désirs pour des réalités. « Vivre sans temps mort » et « jouir sans entraves » paraissait désormais réalisable dans une société nouvelle où tout semblait possible. L'empêchement de ce désir était jugé rétrograde et vécu comme une insupportable atteinte à l'expression d'une subjectivité débridée à laquelle rien ne devait résister. Le principe de plaisir ne tolère pas le détour et les ajournements.

Quand on parle aujourd'hui de ces années-là, on fait souvent allusion à une « libération sexuelle » qui, face aux tabous et au moralisme de l'époque, a eu des effets d'émancipation. Mais on oublie au passage que les discours étaient souvent délirants. La « libération du désir » et ses transgressions avaient leur part de nihilisme en remettant radicalement en cause les idées mêmes de normalité et d'interdits constitutifs de la vie en société.

La volonté exacerbée des jeunes soixante-huitards dont je faisais partie de « ne pas vieillir » ne se comprenait pas

---

1. Raymond Aron, *La Révolution introuvable. Réflexions sur la révolution de Mai*, Paris, Fayard, 1968.

seulement comme une révolte contre la résignation, l'amertume et le conformisme de ceux qu'on appelait les « vieux cons ». Il s'agissait plus fondamentalement d'un refus des contraintes de la vie sociale et des limites de la condition humaine au profit de l'affirmation orgueilleuse de la jeunesse dans une période historique de bouleversements.

Les soixante-huitards les plus radicaux érigeaient la révolte adolescente en absolu, défiaient la mort et la vieillesse dans leur recherche éperdue d'une vie intense. Le mélange de l'imagination, du rêve, de l'esthétique et de la provocation rompait avec les contraintes et les « temps morts » de la vie quotidienne.

Les situationnistes ont exprimé on ne peut mieux cette *hubris* adolescente, affirmant une subjectivité souveraine qui se voulait sans limite et devait s'accomplir ici et maintenant. Ils ont été à l'avant-garde d'un individualisme autocentré et radical qui a fini par devenir un nouveau type de comportement.

La « révolution introuvable[1] *»*

Les idéologies se sont greffées sur nos affects et sur nos passions adolescentes. Nous avons projeté sur la classe ouvrière nos propres fantasmagories révolutionnaires, fussent-elles enrobées de savantes analyses et justifications. La classe ouvrière demeurait attachée aux acquis de la République et à une société de consommation et de loisirs, qui ne correspondait pas aux schémas misérabilistes issus d'un autre siècle que nous avions en tête, même si l'exploitation et la pauvreté n'avaient pas disparu. La rencontre entre la révolte de la jeunesse soixante-huitarde et la révolution

1. *Ibid.*

prolétarienne était fondée sur un malentendu, comme l'avait été celle des surréalistes et des communistes dans l'entre-deux-guerres. Le Quartier latin et Saint-Germain-des-Prés, avec ses intellectuels révolutionnaires, jouissaient encore d'un prestige certain. Ceux-ci retrouvaient à travers nous la figure de leur jeunesse passée, et nous apportaient leur soutien, voire leurs encouragements.

Pour les orphelins d'épopée et de révolution, tout était bon à prendre (révolution bolchevique, cubaine et chinoise, lutte des peuples du tiers-monde…) contre une société où la « garantie de ne pas mourir de faim s'échange contre le risque de mourir d'ennui[1] ».

Les maoïstes ont rejoué jusqu'à la caricature une petite guerre en se réclamant effrontément de la Résistance. Cette incongruité et les parallèles grotesques entre la France encore gaullienne et la collaboration vichyste m'apparaissent aujourd'hui comme une tentative pathétique de retrouver une filiation imaginaire et un « drôle de jeu » adolescent. Dans un pays qui gardait encore une certaine idée de lui-même à laquelle la majorité de la population était attachée, la « guerre civile » invoquée par des groupuscules ne pouvait avoir lieu, et n'a pas eu lieu. Les jeunes militants ne savaient pas l'histoire qu'ils faisaient et la nouveauté s'était drapée une nouvelle fois dans les habits du passé[2].

Un des aspects frappants de la conception gauchiste que j'ai partagée dans ma jeunesse est celle d'un État essentiellement répressif et d'un fascisme qui n'en finit pas d'arriver. La vision du monde était binaire, en noir et blanc. Elle ne concernait pas seulement la bourgeoisie parée de tous

1. Raoul VANEIGEM, *Traité de savoir-vivre à l'usage des jeunes générations*, *op. cit.*, p. 8.

2. Sur l'extrême gauche, voir notamment Philippe RAYNAUD, *L'extrême gauche plurielle*, Paris, Autrement, 2006.

les vices et le peuple, de toutes les vertus. Elle véhiculait l'image totalitaire d'une société démocratique soumise de part en part à des mécanismes d'oppression et d'aliénation. L'État de droit, le suffrage universel, les corps intermédiaires étaient ignorés ou considérés comme des réalités formelles et des mystifications participant du conditionnement social généralisé. En contrepoint, une révolte multiforme venue d'en bas dans une logique du « tout ou rien » était censée incarner la vraie démocratie, authentique et populaire, annonçant l'avènement d'un monde et d'un homme nouveaux, débarrassés des scories du passé. Cette vision propre à l'idée révolutionnaire n'est pas nouvelle, mais le peuple adolescent qui s'est érigé en nouvel acteur historique l'a poussée jusqu'à la caricature.

L'échec des groupuscules révolutionnaire dans leur folle prétention à rejouer sous différentes formes le communisme totalitaire n'a pas signifié la fin du gauchisme mais la persistance de ses principaux schémas de pensée et la prédominance de ses aspects culturels. Avec la montée des thèmes féministes puis écologistes dans les années 1970, ce que j'ai appelé le gauchisme culturel prend le dessus. Celui-ci se démarque de l'extrême gauche traditionnelle qui se référait encore à la lutte de classes et au prolétariat. Il introduit de nouveaux thèmes centrés sur la sexualité, l'écologie, la culture et l'éducation des enfants[1]. Sa perspective n'est pas celle d'une prise de pouvoir par la violence sur les modèles révolutionnaires passés, mais il entend changer

1. Sur ce point, le livre d'Alexander S. Neill, *Libres enfants de Summerhill* (Paris, Maspero, 1970) expose une conception libertaire de l'éducation des enfants qui aura de nombreux adeptes. Sur sa critique et celle des nouveaux maîtres à penser dans le domaine de l'école et de l'éducation, on peut se référer au chapitre qui leur est consacré dans *Mai 68. L'héritage impossible*, *op. cit.*

les mentalités par une révolution culturelle et des pratiques alternatives au sein même des sociétés démocratiques. Il n'en diffusera pas moins sous une nouvelle forme les principaux thèmes du gauchisme soixante-huitard. Critique de toute forme d'autorité, de pouvoir et de hiérarchie assimilés à des phénomènes de domination, revendication d'une autonomie érigée en absolu, vision noire de notre propre histoire… ces thèmes vont façonner la mentalité des nouvelles générations.

À front renversé

Ces années folles ont constitué le creuset premier et bouillonnant d'un gauchisme qui a connu un curieux destin. Alors qu'il avait les traits d'une contre-culture portée par la révolte d'un peuple adolescent, il a fini par former un nouvel air du temps. De minoritaire, voire marginale dans ses formes les plus extrêmes, cette contre-culture s'est répandue dans la société, a pénétré les partis de gauche et les institutions, devenant culturellement dominante dans le secteur de l'éducation, de la culture, du journalisme devenu militant, et même du showbiz s'érigeant en nouveau donneur de leçons. L'anticonformisme d'antan est devenu un nouveau conformisme drapé sous les habits de l'ancien, la transgression et les risques en moins. Que peut encore signifier la révolte contre les tabous, l'autoritarisme, le moralisme d'une autre époque dans une société nouvelle devenue permissive ?

Ayant été éduqués dans l'ancien monde où l'histoire, la littérature, la philosophie occupaient encore une place importante dans l'enseignement, nous étions, à notre façon, des « héritiers rebelles », en rupture, mais des « héritiers quand même », malgré nous, tout au moins pour la frange la plus cultivée de notre génération. Nous disposions d'acquis intellectuels qui ne s'effacent pas si facilement.

Les élites au pouvoir de l'époque se sont trouvées confrontées à une révolte de jeunes lettrés nourris par la même culture et nous étions encore considérés comme les futures élites de la nation. Contrairement à la légende noire d'une répression sauvage entretenue par les soixante-huitards et leurs descendants, elles ont fait preuve d'une relative tolérance et mansuétude à notre égard.

Quand ils sont devenus adultes et ont commencé à vieillir, les gauchistes soixante-huitards se sont trouvés dans une situation paradoxale : comment assumer clairement une position d'autorité, tout particulièrement dans l'éducation des enfants, quand les repères traditionnels de l'autorité ont été mis à mal ? Quel héritage culturel transmettre aux nouvelles générations quand celui-ci a été rejeté ?

En guise d'héritage, nombre de soixante-huitards ont laissé derrière eux les ruines de l'ancien monde et leurs désillusions révolutionnaires sans comprendre ce qui s'était passé et sans souci de reconstruction. Leurs héritiers en mal de filiation reprirent à leur compte une posture faite de provocation et de dérision dans une société marquée par l'« ère du vide[1] » des années 1980.

La victoire politique de la gauche en 1981 marque de ce point de vue un tournant décisif. Elle eut lieu sur fond de crise de sa doctrine issue du XIXe siècle et le gauchisme culturel lui servit de substitut. Celui-ci fut institutionnalisé et instrumentalisé par la gauche au pouvoir, acquérant ainsi une légitimité et un statut sans précédent. Alors qu'il se voulait autonome au sein de la société et s'opposait

1. Gilles LIPOVESTSKY, *L'Ère du vide. Essai sur l'individualisme contemporain*, Paris, Gallimard, 1985.

frontalement à l'État, ce dernier lui assurait désormais les moyens de son hégémonie.

La provocation s'éleva au rang des beaux-arts et s'étala dans les médias ; la transgression devint socialement assistée dans les multiples manifestations festives du peuple adolescent, tandis que des ex-soixante-huitards et des journalistes militants se faisaient les gardiens du temple de la belle histoire de Mai 68 racontée aux enfants.

Nous sommes passés d'un gauchisme adolescent radical et minoritaire à un gauchisme culturel intégré. Considérée auparavant comme une période intermédiaire de la vie, l'adolescence a été érigée en nouveau modèle de comportement valorisé socialement. Ceux qu'on appellera les « bobos » incarneront ce modèle. Vivant dans l'entre-soi et se prenant pour le centre du monde, ils ne cesseront de donner des leçons de morale au reste de la population considérée comme des « réacs » et des « beaufs », voire des « fascistes » à l'occasion.

Nombre de discours critiques se réfèrent surtout à ce gauchisme culturel de deuxième génération qui se proclame moral[1] à l'heure du mitterrandisme triomphant et de SOS Racisme[2]. Si ce gauchisme n'est pas sans rapport avec les années folles, il intervient au terme d'un parcours fait de croisements de différents courants, avec le féminisme et l'écologie en ligne de pointe, passant d'un aspect transgressif et sauvage à une relative pacification pour devenir partie intégrante d'une identité de gauche et d'une nouvelle *doxa*.

---

1. Laurent JOFFRIN, *Un coup de jeune. Portrait d'une génération morale*, Paris, Arléa, 1987.

2. Paul YONNET, *Voyage au centre du malaise français. L'antiracisme et le roman national* [1993], Paris, L'Artilleur/Toucan, 2022.

Un nihilisme banalisé

L'un des traits les plus marquants de ce changement est le nouveau rapport du gauchisme avec l'État. À l'époque, les militants se considéraient comme des acteurs autonomes et révolutionnaires ; le « pouvoir était dans la rue » et non au Parlement. Désormais, ils jouent sur tous les plans à la fois : ils sont non seulement présents dans les manifestations mais au sein même de l'appareil d'État, passant de l'un à l'autre avec le même type de comportement dénonciateur et justicier. Les restes décomposés des luttes de classes et des idéologies révolutionnaires d'antan se combinent avec un gauchisme culturel qui entend changer les mentalités et les mœurs en s'appuyant sur les institutions.

Dans un nouveau contexte marqué par la crise, la dénonciation hargneuse et victimaire va de pair désormais avec l'exigence indéfinie de nouveaux droits. La méfiance et la colère, voire la haine envers l'État, s'accompagnent paradoxalement de l'exigence qu'il réponde au plus vite aux demandes des individus et de groupes, sous peine d'être traité de tous les noms.

Cette logique déborde les aspects économiques et sociaux. Elle s'investit dans les domaines culturels et anthropologiques, mettant en jeu la condition humaine. Au nom de la lutte contre les discriminations et d'une modernisation culturelle de bon aloi, les lois dites sociétales ont brouillé la façon dont les êtres humains conçoivent la transmission de la vie et la filiation.

L'*hubris* dans ce domaine est désormais présente dans la loi et les institutions. Nous sommes passés d'un nihilisme actif, revendiquant la transgression et le renversement des valeurs, à un nihilisme banalisé qui se présente désormais sous les traits d'une adaptation inéluctable à une modernité problématique et aux demandes de groupes de pression minoritaires.

Depuis plus d'un demi-siècle, cette révolution culturelle a bouleversé le tissu éducatif et sociétal, accentuant les fractures sociales et culturelles du pays. Conjuguées avec le chômage de masse, les décompositions familiales et éducatives ont abouti à ce j'ai appelé la « déglingue » dans certaines catégories de la population. Celle-ci se distingue de la pauvreté ancienne par un état de désaffiliation et de déstructuration identitaire qui favorise les débordements pulsionnels incontrôlables. La reconstruction du tissu démocratique et républicain prendra du temps.

Nous sommes arrivés à un point limite de cette révolution culturelle, avec en réaction le retour possible d'un parti de l'ordre. Même s'il dispose de relais dans les médias et les institutions, le gauchisme continue d'être rejeté par une majorité de la population. L'attachement à « une certaine idée de la France » et aux acquis de la civilisation européenne n'a pas disparu. Mais encore faut-il avoir le courage de se démarquer et de rompre clairement avec le gauchisme sous toutes ses formes. Pour affronter les nouveaux défis du XXIe siècle, il est temps de renouer le fil de la transmission.

Merci à la « camarade » Alice d'Andigné de m'avoir accompagné dans l'écriture de ce récit.

Imprimé en France par
CPI Firmin-Didot
en août 2023

Composition réalisée par PCA/CMB Graphic

#lisez! engagé
www.lisez.com
Pour plus d'information :
Imprimé sur du papier issu de forêts gérées durablement.

N° d'édition : 65678/01 – N° d'impression : 176073